本书由暨南大学高水平大学建设"华侨华人与国际问题研究"项目资助出版

澳门历史文献辑译

（第二辑）

张廷茂 编译

暨南大学出版社
JINAN UNIVERSITY PRESS

中国·广州

图书在版编目（CIP）数据

澳门历史文献辑译. 第二辑/张廷茂编译. —广州：暨南大学出版社，2018.3
ISBN 978 - 7 - 5668 - 2306 - 9

Ⅰ.①澳⋯　Ⅱ.①张⋯　Ⅲ.①澳门—地方史—文献资料　Ⅳ.①K296.59

中国版本图书馆 CIP 数据核字（2018）第 009013 号

澳门历史文献辑译（第二辑）
AOMEN LISHI WENXIAN JIYI (DIERJI)
编译者：张廷茂
⋯⋯⋯

出 版 人：徐义雄
责任编辑：沈凤玲　黄　球
责任校对：黄志波　王莎莎
责任印制：汤慧君　周一丹

出版发行：暨南大学出版社（510630）
电　　话：总编室（8620）85221601
　　　　　营销部（8620）85225284　85228291　85228292（邮购）
传　　真：（8620）85221583（办公室）　85223774（营销部）
网　　址：http://www.jnupress.com
排　　版：广州良弓广告有限公司
印　　刷：佛山市浩文彩色印刷有限公司
开　　本：787mm×960mm　1/16
印　　张：20.25
字　　数：380 千
版　　次：2018 年 3 月第 1 版
印　　次：2018 年 3 月第 1 次
定　　价：68.00 元

前　言

　　《澳门历史文献辑译》第二辑为"澳门港华工出洋"资料专辑，收录笔者所见在澳门本地遗存的有关华工出洋的文献。

　　随着全球化进程的开始，国家之间的人口流动呈现了不同的形态和规模。先是欧洲殖民者通过欧洲、非洲和美洲之间的三角贸易，将大量非洲黑奴贩运至美洲殖民地，投入大种植园的生产。19 世纪初，这一罪恶的人口贩运活动被取缔后，在亚洲的一些口岸，开始兴起另一种形式的契约劳工贩运，继续为欧洲的海外殖民地提供劳动力。鸦片战争后，伴随着条约港口体系的渐次形成，中国东南沿海的厦门、汕头、香港、广州、澳门等口岸，相继参与了华工出洋的贩运活动，成千上万的华工被贩运到欧洲国家在亚洲和美洲的殖民地，进而在 19 世纪中后期形成了一次华工出洋的高潮。

　　澳门港以其自身的独特条件，积极参与了这个时期的华工出洋活动，并在其中扮演了特殊的角色。华工出洋的运输活动，是新时期澳门海上航运和贸易活动的重要组成部分，一度成为澳门远洋航运发展的主要推动力。[①] 因此，不论就澳门历史本身而言，还是就中外关系史、国际移民史、华侨华人史等领域而言，澳门口岸的华工出洋活动，都是一个值得花大气力进行研究的历史课题。

　　对一个重大历史课题开展研究，前期的资料搜集是不可或缺的条件，在这方面，前辈学者做出了重要贡献。20 世纪 80 年代，陈翰笙等一批前辈学者相继出版了 10 卷本的《华工出国史料汇编》，辑录、翻译了一大批有关华工出洋的中外文献，为这个领域的研究打下了坚实的基础。就澳门而言，该书除了搜集各类中文文献的有关记载外，还从《英国议会文件》中选译了若干直接记载或评论澳门口岸华工出洋活动的文献。[②] 这些资料为我国学者研究澳门华

---

　　① 参见张廷茂：《晚清澳门海上贸易研究》，北京：社会科学文献出版社；澳门：澳门特区政府文化局，2015 年，第 56、58 页。

　　② 参见陈翰笙主编：《华工出国史料汇编》第二辑《英国议会文件选译》，北京：中华书局，1981 年。

工出洋的有关论著广泛征引，对推动该课题的早期研究发挥了重要作用。

葡萄牙学者在此方面也做出了值得关注的贡献。20 世纪 70 年代，少年时代即来澳定居的文德泉神父（Pe. Manuel Teixeira）出版了小册子《澳门的奴隶贸易》。作者以洗刷葡萄牙在奴隶贸易方面的污点为基本立意，搜集了一定数量的葡语档案，披露了澳门苦力贩运的若干细节，对有关方面展开了辩论。① 1994 年，另一位葡萄牙学者施白蒂（Beatriz Basto da Silva）出版了《澳门档案中的苦力贸易》。书中勾勒了澳门参与苦力贩运的基本过程，并在附录部分汇集了若干篇相关的历史文献，其中包括刊登在《澳门宪报》的文献和里斯本出版的《1874 年关于废除苦力贸易的报告与文献》中的片段。②

以上简单的梳理显示，作为 19 世纪中叶华工出洋的重要口岸之一，澳门港本地生成的华工出洋史料，尚未得到全面的搜集和整理。

近年来，笔者在阅读《澳门宪报》和澳门档案馆所藏相关文献的过程中，搜集了大量有关澳门本地的华工出洋文件。这些文件涉及葡萄牙语和西班牙语两个语种，以前者居多。按照文件生成部门和文献内容相结合的方法，可将这批文献分为以下 10 类：关于华工出洋的训令与章程、澳门港华工出洋统计报表、澳门辅政司署文件、抵澳华工遣返交接公文、澳门华工出洋监理局文件、葡萄牙驻安德列斯群岛哈瓦那总领事馆文件、葡萄牙驻秘鲁总领事馆文件、澳门船政厅文件、澳门华政理事官文件、专题报告。这批文献的总体规模预计在百万字上下，将分三辑陆续出版中译本。收入本辑的是上述前八类文献中截至 1871 年的内容；1872 年以后的文献将在第三辑刊出；专题报告将在第四辑刊出。

依据这批文献，我们可以对澳门华工出洋的历史做出更加全面的考察，在一系列要点上获得新的认知，例如澳葡当局在华工出洋事务中的角色，华工出洋对澳葡当局的财政贡献，华工出洋各个环节上的管理和操作，航行进程中的华工死亡率，华工出洋活动参与者的国籍、船舶结构等。可以相信，这批文献的汉译、出版，将对澳门港华工出洋历史的深入研究做出积极的贡献。

此外，需要对本书的译文做两点说明。其一，收入本书的统计表和报告中涉及人数的资料，个别地方出现分项与合计数不符的情况。因不能确定错误之

① Pe. Manuel Teixeira, *O Comercio de Escravos em Macau*, Macau: Imprensa Nacional, 1976.

② Beatriz Basto da Silva, *Emigração de Cules – Dossier Macau 1851 – 1894*, Macau: Fundação Oriente, 1994.

所在，故照原刊文件录入，不做修改。其二，关于遣返华工的籍贯，《澳门宪报》原刊文献的葡语拼写多有变化，有些地名还会重复出现。为了便于研究者的考察，对于已经确定回译的地名，括注葡语原文；未能回译汉文的地名，则保留葡语原文。

张廷茂

2017 年 12 月

目 录

二、澳门港华工出洋统计报表

三、澳门辅政司署文件

四、抵澳华工遣返交接公文

五、澳门华工出洋监理局文件

六、葡萄牙驻安德列斯群岛哈瓦那总领事馆文件

七、葡萄牙驻秘鲁总领事馆文件

八、澳门船政厅文件

一、关于华工出洋的训令
与章程

O BOLETIM ✠ DO GOVERNO

Da Provincia de Macao, Timor, e Solor.

| Vol. II. | SABBADO 27 DE OUTUBRO DE 1855. | No. 1 |

"O BOLETIM DO GOVERNO DE MACAO."

Esta Folha he publicada na Imprensa do abaixo-assignado em todos os Sabbados, e á sua responsabilidade á face da Lei é só na parte não official. Admitte toda a especie decorrespondencias, comtanto que seja respeitada a moral publica, o Governo, e que não ataquem a vida privada de pessoa alguma, e que não dem lugar á polemicas desagradaveis, e enfadonhas: os correspondentes ficarão responsaveis pelos seus escritos, sendo conhecidos da redação, e não lhe sendo habilitar-se-hão competentemente; não admittidos todos os avisos, editaes e noticias relativas á compras, e vendas. Publicar-se-hão preços correntes, entradas e sahidas de navios, e de mala &c

Preços de Assignatura:

Por Um Anno,	- - - - - -	$8
Por Seis Mezes,	- - - - -	5
Por Tres Mezes,	- - - - -	3

Avisos:

Não excedendo de 10 linhas,	- - -	$1

Excedendo de 10 linhas, 10 avos por linha pela Primeira publicação, e 5 avos por cada subsequente publicação.

As pessoas, que mandarem inserir n'esta folha qualquer aviso, deverão declarar em quantos numeros querem que tal aviso appareça, na certeza de que não o declarando sahirá em todos os numeros.

As pessoas que quizerem subscrever por *Boletim do Governo* podem dirigir-se a Officina da Redação.

J. da Silva.

PARTE OFFICIAL.

Quartel do Governo da Provincia, em Macao,

23 de Outubro de 1855.

Ordem á Força Armada

No. 29.

Devendo festejar-se no dia 29 do corrente o anniversario natalicio de Sua Magestade El-Rey o Senhor D. Fernando 2o., ordena Sua Exa. o Governador que se observe o seguinte:

1o.—Todas as Fortalezas terão Bandeira larga desde ao nascer até ao por do sol, assim como as embarcações surtas no Rio e a Corveta D. João 1o. e Lorcha Amasona embardeirarão ás 8 horas.

2o.—A Fortaleza do Monte e a Corveta D. João 1o. darão ao meio dia uma salva de 21 tiros.

3o.—O toque de arvorada e de recolher será feito pela muzica do Batalhão de Artilheria na forma do estilo, e todo o serviço da guarnição será feito de grande uniforme.

4o.—Á uma hora Sua Exa. receberá as corporações, Empregados, e mais pessoas, na forma do costume.

Jozé Carlos Barros.
Secretario Interino do Governo.

Quartel do Governo da Provincia em Macao,

22 de Outubro de 1855.

Ordem á Força Armada

No. 28.

Sua Exa. o Governador manda publicar á mesma Força a Portaria abaixo trans-cripta para que haja o devido conhecimento.

No. 62.

O Governador da Provincia de Macao, Timor e Solor, determina o seguinte:—

Conformando-me com a proposta que fez o Commandante do Batalhão Provizorio; hei por conveniente promover o Official e mais Praças do mesmo Batalhão abaixo nomeadas, aos postos que lhes vão designados.

Tenente.—O Alferes, Agostinho de Miranda. Alferes.—O Io. Sargento, Antonio Augusto Zequinelle, e o 2o. dito João Antonio da Luz. As Authoridades a quem o conhecimento e execução desta pertencer assim o tenham entendido e cumpram.—Macao 22 de Outubro de 1855.

Jozé Carlos Barros.
Secretario Interino do Governo.

No. 63.

O Governador da Provincia de Macao, Timor e Solor, determina o seguinte:—

Attendendo ao que me reprezentou Thomas C. Leslie, Consul de S. M. F. em Cantão; hei por conveniente exonerar-l-o dito lugar para que fora nomeado por Portaria deste Governo No. 12 do 1o. de Março deste anno, e que dezempenhou com zello, intelligencia, e distinção. As Authoridades a quem o conhecimento e execução desta pertencer assim o tenham entendido e cumpram. Macao 23 de Outubro de 1855.

Isidoro Francisco Guimaraes.

No. 64.

O Governador da Provincia de Macao, Timor e Solor, determina o seguinte:—

Attendendo ao prestimo, intelligencia e mais circumstancias que concorrem na pessoa de Guilherme Dent, negociante estabelecido em Cantão; hei por conveniente uzando da Authorização que me confere a Portaria do Ministerio da Marinha e Ultramar No. 612 de 19 de Dezembro de 1848 nomear ao mencionado Guilherme Dent no sobredito Porto do Cantão, cujas funções exercerá na forma das instrucções e segundo as ordens que receber deste Governo, posto que a sua nomeação fique dependente da Regia confirmação de Sua Magestade e perceberá durante o seu exercicio todos os emolumentos e mais proes e precalços que á aquelle lugar pertencer. As Authoridades a quem o conhecimento e execução desta pertencer assim o tenham entendido e cumpram.—Macao 23 de Outubro de 1856.

Isidoro Francisco Guimaraes.

Por ordem superior se publica o seguinte:—

No. 45.

O Governador da Provincia de Macao, Timor e Solor, determina o seguinte:—

Sendo conveniente regularizar o embarque de Colonos Chinas que costumam sahir deste Porto de modo que se combinem os interesses commerciaes do estabelecimento com as medidas que a humanidade, e a hygiene publica reclamam, tendo ouvido o Conselho do Governo hei por conveniente determinar o seguinte:

Artigo 1o.—Os encarregados da remessa, e embarque dos Colonos darão parte ao Governo do local onde pertendem depozita-los, seu numero, e navio, ou navios em que hão de embarcar.

2o.—Serão obrigados os mesmos encarregados a tratar em lugar separado os doentes, e os que por qualquer motivo forem regeitados até que sejam reenviados para as suas terras.

3o.—O Cirurgião-mór da Provincia só, ou accompanhado dos Facultativos que formam a Junta de Saude deverá inspeccionar amiudadas vezes os locaes onde se acham tanto os Colonos escolhidos para embarque, como os regeitados em quanto não forem reenviados para as terras das suas naturalidades.

4o.—O Facultativo que os encarregados do transporte dos Colonos escolherem para os inspeccionar—será obrigado a dar parte ao Governo do modo como se desempenha este Serviço, e de qualquer circumstancia que lhe pareça que póde comprometter a saude publica.

5o.—Os encarregados do transporte dos Colonos enviarão ao Governo copia do regulamento do depozito dos Colonos.

6o.—O Capitão do Porto examinará antes da sahida dos navios se elles tem capacidade para o numero de Colonos que se pertendem embarcar, bem como se a aguada e mantimentos são proporcionaes á viagem que tem a fazer.

7o.—Os encarregados do transporte dos Colonos são obrigados a fazer sahir da Cidade aquelles Chinas que forem regeitados, bem como a trata-los no caso de doença, e a sustenta-los em quanto não partirem para os seus destinos. Por cada China que fôr encontrado vagabundo na Cidade para a ella tenha vindo com o fim de se transportar para fora do paiz, pagará o encarregado uma multa de cinco patacas, ficando-lhe o direito salvo contra o corretor pelas contravenções deste artigo. As Authoridades a quem o conhecimento e execução desta pertencer assim o tenham entendido e cumpram.—Macao 12 de Setembro de 1853.

Isidoro Francisco Guimaraes.

REGULAMENTO DO DEPOSITO DOS COLONOS.

Ao primeiro aviso por mim assignado que for aprezentado se farão recolher os Chinas no Telheiro contiguo á Porta do Caes para serem inspeccionados pelo Dr.

图 1   1853 年 9 月 12 日第 45 号总督训令 (《澳门宪报》1855 年 10 月 27 日)

按照葡萄牙宪法和相关立法的规定，各海外省总督有权根据本省实际需要，颁布具有法律效力的行政命令，澳葡当局汉译为"训令"。随着华工出洋活动的展开，各种弊端不断暴露，成为各方面关注的问题。由政府介入，通过行政法规对华工出洋的过程加以规范，越来越显示出了必要性。于是，1853 年 9 月 12 日，澳门总督基马良士（Guimarães）发布第 45 号总督训令，核准实施由 7 条款组成的华工出洋章程，对华工交付、装船、检查、医疗、遣返等有关环节做出了初步的规范。此后，针对华工出洋业务中出现的问题，历任澳门总督相继颁布多项训令，或对具体问题做出批示，或制定有关的章则，对华工出洋的过程加以规范和管理。

01. 1853 年 9 月 12 日第 45 号训令核准的华工出洋章程

Regulamento para o Embarque de Colonos Chinas de Porto de Macau Aprovado pela Portaria N.º 45 de 12 de Setembro de 1853

澳门—帝汶梭罗省总督决定：

必须对本港出洋华工（Colonos Chinas）的运输加以规范，以使本地商业利益与人性和公共健康所必需的措施相一致，经与总督公会（Conselho do Governo）酌商，兹决定如下：

第一条　出洋华工交付和装运的承办者（Encarregados），必须向当地政府通报所装载的人数和将要登上的船只。

第二条　承办者必须在隔开的地方处理病人，照顾那些因任何理由而被拒绝登船的人，直至将他们送回原籍。

第三条　本省的大医生（Cirurgião mór）应单独或在医局（Junta de Saude）医生陪同下，经常检查已被招募出洋的华工或被拒绝者遣返原籍之前的收容站（deposito）①。

第四条　华工承运者选择的对华工进行检查的医生，必须向政府报告其履行职务的情况，以及他认为可能对公共健康产生不良影响的其他情况。

---

①　亦译作"屯舍"。

第五条 华工承运者应将华工收容章程的抄件寄送政府。

第六条 船政官应在船只离港前检查其是否具备运载拟登船的华工人数的能力，以及其储水和食物是否足够用于其将要进行的航行。

第七条 华工承运者必须将那些被拒绝出洋的华人运离该市，并在他们生病时予以治疗，在他们没有启程返回原籍期间向他们提供生活费用。若发现有为出洋目的而来此地的华人在街上游荡，承运者须按每位游荡者 5 元（pataca）① 的标准缴纳罚金，他有权指控经纪人（corrector）② 违反该条而免交罚金。

相关部门遵照执行。

基马良士（Isidoro Francisco Guimarães），1853 年 9 月 12 日，于澳门。

——*Boletim Official*，Vol. VIII，N°. 27，10 - 11 - 1853，pp. 110 - 111；Vol. II，N°. 1，27 - 10 - 1855，p. 1.

02. 1853 年 8 月 22 日颁布之出洋华工收容章程
Regulamento do Deposito dos Colonos Chinas, 22 de Agosto de 1853

在第一次签署公告时，即将华人收容于码头（Porta do Caes）附近的瓦房（Telheiro），以便让医生对他们进行检查，然后开具进入者的号数收据（Recibo do Numero），上有领班（Capataz）签署的日期，并由该承办者和该医生签署，由承办人寄送给本官；同样，该收据也被载入经纪人册簿（Livro dos Correctores），被拒绝者即被遣返原籍。

被检查过的华人很快被带到井口边，洗漱、剃头，并领到一套换洗的衣服、一条毛巾、新的扎头绳、梳子和牙刷。他们很快洗晒他们带来的旧衣服，然后就被收容到一个收容站（deposito），将旧衣服收拾整洁。被医生检查过的华人，在编号（将写有编号的一个薄竹片挂在脖子上）之后，即被视为雇佣移民（Emigrados assalariados）。

---

① "pataca" 为 "墨西哥元"（pataca mexicana）的简称，澳葡当局汉译为 "元"，也作 "圆" 或 "员"。1906 年，大西洋海外汇理银行（Banco Nacional Ultrmarina，即今日之大西洋银行）受葡萄牙政府委托，在澳门发行货币，"pataca" 之名被采用，是为 "澳门币" 或 "澳门元" 之始。

② 亦译作 "掮客"，俗称 "蛇头"。

本澳收容的华工须遵守下列规定：

从早上5点到6点，按照规定的时间起床，然后洗漱，直到6点半之前将衣服收拾整洁。然后喝茶或者南瓜汤（Agoa da Cambalenga），逢周日，喝鸡肉汤（Agoa de Canja），接着整理好床铺，卷起席子，清扫全部地方，从7点到8点前完成这些事项。

早餐8点开始，时间不可延长。

早饭之后开始消遣活动（serecrearão），直到9点钟；此后开始劳动，直到12点钟；然后消遣活动到下午1点钟。之后再开始劳动，直到下午3点钟；接下来，进行消遣活动，洗手、洗脸，直到下午4点钟。

晚餐开始于下午4点，时间不可延长。

晚餐之后锻炼身体和消遣，直到5点30分。然后冲洗腿脚，穿上裤子去睡觉。在周日，华人不得抽烟，也不能喧闹；有任何吵闹，都将被训斥和谴责。

华人每天的饭食遵守下列的规定：

周日：点心—鸡肉汤；早餐：鲜鱼和蔬菜；晚餐：猪肉和蔬菜。

周一：点心—南瓜汤；早餐：咸鱼和蔬菜；晚餐：鲜鱼和蔬菜。

周二：点心—茶水；早餐：鲜鱼和蔬菜；晚餐：鲜鱼和蔬菜。

周三：点心—茶水；早餐：鲜鱼和蔬菜；晚餐：咸鱼和蔬菜。

周四：点心—南瓜汤；早餐：牛肉和蔬菜；晚餐：鲜鱼和蔬菜。

周五：点心—茶水；早餐：咸鱼和蔬菜；晚餐：鲜鱼和蔬菜。

周六：点心—南瓜汤；早餐：鲜鱼和蔬菜；晚餐：鲜鱼和蔬菜。

按规定，每个华工每顿饭应有1碗米饭、2两猪肉或牛肉、3两咸鱼、4两鲜鱼、半斤蔬菜。华工吃饭每6个人一组，每组有1张席子，1小篮米饭，1个盛饭的勺子，2个装肉或鱼和菜的盘子，6个瓷碗，6双筷子，2把瓷勺；每组还有一个桶用于洗脸，另一个用于洗衣服；这些用具交给他们，其中一人要保证它们的整洁，注意清洗，放于指定位置；华工的人数检查后就确定了每顿饭的口粮；晚餐的口粮一旦确定，即是次日午餐口粮的标准。

在吃饭的地方绝对禁止食用鸦片，同样禁止各类赌博活动，参与任何一种活动都将被逐出这个房子，并被交给当局严厉惩处。华工必须从事的劳动每天由领班确定；他将根据看守们（Guardas）所提供的信息对他们的表现做出评判，给予奖励，即第一名20文（sapecas），第二名15文，第三名10文。同样对体育锻炼进行评比奖励，即按照体重大小分为三等，分别奖励4文、3文和2文。

华人旷工者将受到谴责，若获得奖金，则被剥夺奖金。

若泽·维森特·若热（José Vicente Jorge），1853 年 8 月 22 日，于澳门。

——*Boletim Official*，Vol. VIII，Nº. 27，10 – 11 – 1853，pp. 111 – 112；Vol. II，Nº. 1，27 – 10 – 1855，pp. 1 – 2.

03. 1855 年 11 月 10 日第 68 号总督训令
Portaria Provincial Nº. 68 de 10 de Novembro de 1855

澳门—帝汶梭罗省总督决定：

必须动用政府所能实施的一切手段，以避免华工出洋过程中所犯的违法行为：诸如违反本人意愿将华工装上船，在前往的目的地以及他应该从事的工作等方面欺骗他们。兹决定，除了 1853 年 9 月 12 日本政府颁布的训令外，还必须遵守下列各条：

第一，意欲移居外国、从本澳乘船的华人与移民代理商（agentes）之间所订立的合同，必须在华政衙门理事官面前注册，一如华人之间以及华人与基督徒之间订立合同的相关规定。这些注册须当利益各方到场时进行，并须有两名证人在场作证。

第二，理事官在对华工储存点进行例行检查时，应该仔细了解他们之间有无某种违反意愿或者船只前往目的港的欺骗；如果发现有任何强迫或欺骗，立即令其离开收容站，对欺骗他的经纪人提起诉讼。

第三，前条所指的检查，总是要在开船前夕进行，为此，代理人应该提前通报理事官。

第四，除了 1853 年 9 月 12 日训令对船政官的规定之外，他还必须在登船之后了解船上是否有华人被迫上船或受到欺骗；如果有，立刻令他们下船，向政府通报情况，以便于进行起诉。

第五，第二条和第四条的规定，不得理解为是指那些已经按照第一条的规定签署了合约并且已经收取了代理人提前给付的款项和开销的费用而不愿意航行的人，因为这些应被视为自愿合约的责任。

第六，再次要求严格遵守 1853 年 9 月 12 日训令第二条关于对因病或被拒绝登船者进行治疗和运回原籍的规定。

有关部门遵照执行。

基马良士，1855 年 11 月 10 日，于澳门。

——*Boletim Official*，Vol. II，Nº. 3，27 – 11 – 1855，p. 9.

04. 1856 年 6 月 5 日第 39 号总督训令核准之华工出洋章程

Regulamento para os Colonos Chinas Saida de Porto de Macau Approvado pela Portaria N.º 39 de 5 de Junho de 1856

澳门—帝汶梭罗省总督决定：

必须采取一切可能的措施，在不损害经由本港出海之华人权利的情况下，避免在运输那些作为劳工或移民登船前往外国的华人的过程中可能出现的滥用，将有关这方面的规定汇编为一个章程，以便让所有人都知晓，经与总督公会酌商，兹决定如下：

论经纪人

第一条　从事招募华工出洋并被称为经纪人者，若未取得议事会理事官签发的准照，不得进行该项运输活动。

第二条　经纪人在获取准照前，应缴纳 200 元（$200）① 保证金；该准照有效期为一年。

第三条　当经纪人招募了华人准备出洋时，应将其带至华政理事官署（Procuratura），在那里向该出洋华工说明他将要前往的国家，将要从事的工作和条件，收容站应遵守的章程，以及理事官认为有必要告知的其他情况，以便完整准确地告知该华工所应该承担的义务。

第四条　理事官应仔细检查经纪人的场所，如果发现有任何华人被欺骗或者非出自愿，即刻让其离开，并判罚该经纪人为每人缴纳 100 元罚款，如果再犯，即吊销经纪人的准照。

第五条　经纪人若未于在本澳招募之后 24 小时内、在澳外招募而进入本市之后 24 小时内，将出洋华工带至理事官署，也将引致前条规定的处罚。

第六条　经纪人必须负责将被出洋代理商（Agente）或医生拒绝登船的华工运出本澳，向他们提供返乡的运费；违反该条规定的经纪人，每次罚款 30 元。

第七条　如果经纪人以暴力或胁迫手段使任何有意出国做工的华人进入他的场所或收容站，除须缴纳第四条所规定的罚款外，还须受到现行法律的追究。

---

① "$"为澳葡当局用于指代"pataca"的货币符号。

论华工出洋代理人及其收容站

第八条 华工出洋代理商（Agentes da Emigração）或者华工船运承办人（encarregados do embarque dos Colonos），须向华工所属的当地政府报告他们的人数、将要搭乘的船只、与他们订立的合同，以及前往的目的地。

第九条 在出洋华工收容站必须有一个隔离的地方治疗病者。

第十条 本省大医生（Cirurgião-mór da Provincia）或亲自或在医局医生的陪同下，经常检查出洋华工所在的地方，仔细考察公共卫生所必需的各项措施是否得到了遵行，在必要时对代理人及其所委托的医生发出指令，向政府提出有关此一重要事务的必要措施，并负责监督公共卫生和出洋华工的待遇及便利。

第十一条 被代理商指定对其收容站的华工进行治疗和检查的医生，必须向本省大医生报告其履行该职责的方式以及可能对公共健康和出洋华工健康产生不利影响的一切情况，执行大医生作为本省医局首领（Chefe da Repartição de Saude da Provincia）向其下达的一切指令。

第十二条 华工出洋代理商必须向政府寄送其收容站章程的副本。

第十三条 有意出洋并拟从本澳登船之华工与华工出洋代理人所订立的合同，必须在华政理事官署注册，一如针对华人之间以及华人与基督徒之间所订立的全部合同的规定那样。此一注册须当利益相关人之面进行，并且由两名证人在场作证。

附款一 合同应以华语和华工前往国的语言签立。

附款二 合同中应指明该出洋华工的姓名、性别、年龄和籍贯。

附款三 未满18岁者若无父母陪同，不得被招募作为华工而出洋。

附款四 合同中应宣布此次招募做工所持续的时期以及该华工应得的工钱、食物和衣服。

第十四条 负责对华工收容站进行经常性检查的理事官，应该仔细了解他们当中是否有人非出于自愿，或在所上船只的目的地上遭受欺骗。如发现有人受到胁迫或欺骗，立即下令他们离开收容站，并对实施欺骗的经纪人提起诉讼。

第十五条 前条所指的检查应该总是在登船之前进行，未经检查不得实施登船，代理人必须提前向理事官通报登船之事。

第十六条 出洋华工若已当理事官面签署了合同并被明确告知了招募要去的目的地和要从事的工作，必须履行合同的规定，否则必须赔补出洋代理人因其而产生的开销，如果反悔或因任何别的理由而不愿前往，也必须赔付。已开支的生活费赔补按照每天 100 文（sapecas）计算。

第十七条　前条的规定不能理解为出洋代理人有权拘禁华工或者关在收容站，而是说，他们可以试图获得担保或其他自认为能保证其开支安全的其他保障，但不能进行人身拘禁。

第十八条　华工出洋代理人若违反前条规定中的可适用部分，必须处以 50 ~ 300 元不等的罚款。

运载出洋华工的船只

第十九条　任何船只未事先经过船政官的检查，不得载运出洋华工离开本港。

第二十条　船政官须查验船只是否处于适航状态，是否装备了必要的船帆和铁锚，是否有运载乘客所必需的通风设备。

第二十一条　所有载运超过 20 名华人乘客从澳门港出洋的船只，必须遵行下列各条的规定。

第二十二条　未出示护照，或缺少按照第十三条规定在理事官署所签立的合同，任何华人不得被接受为出洋华工。

第二十三条　运载华工从澳门出洋的任何商船，不得载运超过与其载重量相应的乘客。

第二十四条　在乘客登船之前，船政官必须检查该船是否按照本训令附表 A 的规定备足了完成航行所必需的存水和食物。航行期将按照附表 B 的规定进行估算。

第二十五条　任何载客超过 20 人的商船，若未携带一名医生和备有一个药品充足的药房，则不得出港。

第二十六条　该船的船长只能在海关文件指定的港口或者华工签约前去工作的地方下落乘客，《商业法典》规定的情况除外。

第二十七条　船政官应在出洋华工登船之后了解船上是否有华人系非出所愿，或者蒙受欺骗，如有，即刻命令他们下船，并向政府报告有关情况，以便进行诉讼程序。同样必须查明是否有人不能提供由理事官签字的合法合同，如果有的话，即刻令其下船。

第二十八条　未获得船政官依据附表 C 格式所开具的证明书，任何船不得载运华工离开澳门港。

第二十九条　违反本章程规定的船只，须视乎情况而定处以 200 ~ 1 000 元不等的罚款。

第三十条　由本港载运华工出洋的船只的船舶代理人（Consignarios），必须缴存 1 000 元的保证金；当陈出该船已经抵达派遣港口且遵守了本训令规定的合法文件时，此款可领回。该文件应在船只离港后 18 个月内陈出，否则将没收保证金。

第三十一条 废除与本训令相反的规定。

有关部门遵照执行。

基马良士，1856 年 6 月 5 日，于澳门。①

表 A　经由澳门港运载华工出洋船只应携带食物，每人每天：

稻米，1.5 磅；咸猪肉，或 2/3 猪肉、1/3 鱼，或 1/3 猪肉、1/3 牛肉、1/3 鱼，0.5 磅；腌菜，0.5 磅；茶叶，1/3 盎司；木柴，20 盎司；水，每人每周 12 科纳达（canada）②。

署理辅政使司若泽·卡洛斯·巴罗斯（José Carlos Barros），1856 年 6 月 5 日，于澳门辅政司署。

表 B　载运华工船只食物储备量之估算所应依据的航程时间

地点	10—3 月（含首尾两月）（单位：天）	4—9 月（含首尾两月）（单位：天）
加利福尼亚或赤道以北美国西海岸	100	75
赤道以南美国西海岸	120	120
桑威奇群岛	75	56
新喀里多尼亚、新赫布里底斯、斐济群岛、塔希提群岛、社会群岛	100	100
悉尼、墨尔本、南澳大利亚	60	80
西澳大利亚	45	60
范迪门地区	65	80
新西兰	75	90
新加坡	20	45

---

① 英国驻澳领事兰撒（E. L. Lança）在其编制的《澳门 1864 年进出口贸易报告》中，对该章程略有述及。陈翰笙主编：《华工出国史料汇编》第二辑《英国议会文件选译》，北京：中华书局，1981 年，第 370 – 371 页。

② "canada"，葡萄牙古代容量单位，约等于 1/8 升。

（续上表）

地点	10—3 月（含首尾两月）（单位：天）	4—9 月（含首尾两月）（单位：天）
马尼拉	20	20
巴达维亚	30	60
锡兰	45	70
马德拉斯或加尔各答	50	76
孟买、莫里西亚或波旁	60	80
好望角	65	85
西印度、美洲东海岸	147	168

署理辅政使司若泽·卡洛斯·巴罗斯，1856 年 6 月 5 日，于澳门辅政司署。

表 C　澳门船政厅证明书

本人____，澳门船政官，兹证明：____国____型船____号，船长____，载重____吨，由澳门港出发，前往____港，载运契约华工____名，其中男性____名，妇女____名，儿童____名，他们都知道目的地，都是自愿前往，他们的合同均在有权限部门完成了注册。

另证明：经检查，该船处于适航状态，携带水手足以操作航行，备有1856 年 6 月 5 日章程所规定的储水和食物，船上有一名医生、一个药房和一名华人翻译，该船具备运载客人所需的设施和必需的通风装备。

185 __年__月__日，于澳门（船政官签名）。

署理辅政使司若泽·卡洛斯·巴罗斯，1856 年 6 月 5 日，于澳门辅政司署。

——*Boletim Official*，Vol. II，Nº. 33，07 - 06 - 1856，pp. 129 - 130.

05. 1857 年 3 月 31 日第 10 号总督训令
Portaria N.º 10 de 31 de Março de 1857

澳门总督决定：

必须采取一切可能的措施，保障在华工收容站严格遵行《1856 年 6 月 5 日章程》第十七条的规定，兹决定，议事公会理事官负责监督该章程第十七条规定的执行，并按照《刑法典》第三百三十条规定的刑事处罚对违反规定者实施处罚。相关部门遵照执行。

基马良士，1857 年 3 月 31 日，于澳门。

1856 年章程第十七条［见本书第 4 号文件］

《刑法典》第三百三十条 任何人私设牢狱，由自己或通过他人，将某人拘禁于某个房子，或者将其囚禁在别的地方，用这种剥夺其自由的方式对其加以看管，将被处以一个月到一年的监禁。

——*Boletim Official*，Vol. V，N.º 29，14 - 05 - 1859，p. 113.

06. 1857 年 8 月 4 日第 25 号总督训令
Portaria N.º 25 de 4 de Agosto de 1857

澳门总督决定：

不论中国人还是葡萄牙人，若作为乘客从澳门港登船出发，都必须遵行须取得护照这一规定；同样地，载运华工出洋船只所发生的许多混乱和灾难，应被视为航行因出航错过航行季节而被延长所导致的结果。因此，经听取总督公会意见并采纳其意见，做出决定如下：

第一条 在 10 月 31 日之后从澳门港口登船的出洋华工，必须依法取得护照。

附款一 载运出洋华工船只的船长，应将其所载运的华工交给其船只到港的葡萄牙领事，并出示他们的护照。

附款二 按照华工出洋章程第三十条的规定，华工出洋代理人应对违反该条规定的行为负责。

第二条 运载华工超过 30 名的船只，不得在错过季风期的情况下出港。1856 年 6 月 5 日章程附表 B 将作为评判是否错过航行期的准则。

独一附款　本条的规定不适用于蒸汽船。

基马良士，1857 年 8 月 4 日，于澳门。

——*Boletim Official*，Vol. III，N.º 44，22 - 08 - 1857，p. 173.

07. 1857 年 8 月 4 日第 27 号总督训令

Portaria N.º 27 de 4 de Agosto de 1857

澳门总督决定：

议事公会理事官核准华工收容站 5—10 月间出洋华工人数，不得超过向站点给发准照时估算的允许于冬季三个月间出洋人数的一半。

基马良士，1857 年 8 月 4 日，于澳门。

——*Boletim Official*，Vol. III，N.º 44，22 - 08 - 1857，p. 173.

08. 1857 年 8 月 28 日第 37 号总督训令

Portaria N.º 37 de 28 de Agosto de 1857

尊敬的总领事阁下①：

阁下 4 月 23 日来函收悉。认真考虑了阁下关于由澳门前往该岛的华工应前去葡萄牙领事馆查验之重要性的陈述，我认为，最好的办法就是，将阁下的公函刊布，正如已经刊布的本政府 8 月 4 日训令，就你权限可适用部分加以实施。

上帝保佑！

基马良士，1857 年 8 月 28 日，于澳门。

——*Boletim Official*，Vol. III，N.º 45，29 - 08 - 1857，p. 177.

---

① 此训令为澳门总督基马良士给葡萄牙驻哈瓦那总领事加威尔的公函。

09. 1859 年 2 月 18 日澳门总督公会公告
Edital do Conselho do Governo de 18 de Fevereiro de 1859

本总督公会获悉，在本市的华工收容站，普遍不遵守 1856 年 6 月 5 日章程第十三条附款三关于收容华工须有年龄界限的规定，也不按照该章程之要求保护他们的自由，故本会兹通告各代理人，违反这些规定及与该章程有关之其他规定，除了可能引致被禁止继续开办收容站外，违反规定的代理人还将被移交司法机关（Poder Judicial），依法严惩。

为周知巡行，此告将贴于常贴告示之处。

奥古斯托·恩里克·里贝罗·卡瓦略（Augusto Henrique Ribeiro de Carvalho）、若昂·费雷拉·门德斯（João Ferreira Mendes）、弗朗西斯科·卡埃达努·德·圣安娜—高斯达神父（Pe. Francisco Caetano de Sta. Ana e Costa）、米盖尔·佩雷拉·西蒙斯（Miguel Pereira Simões）、弗朗西斯科·安东尼奥·德·席尔瓦（Francisco Antonio de Silva）、老楞佐·马忌士（Lourenço Marques），1859 年 2 月 18 日，于澳门。

——*Boletim Official*, Vol. V, N°. 20, 12 – 03 – 1859, p. 77.

10. 1859 年 3 月 23 日澳门总督公会公告
Edital do Conselho do Governo de 23 de Março de 1859

本总督公会获悉，在本市的某些出洋华工收容站，不遵守 1856 年 6 月 5 日章程第三款之规定，在经纪人将华工交付华政衙门检验之前就接受他们，兹通告所有的收容站代理人，如果被证实违反这些规定，将引致被禁止开办收容站，违反规定的收容站代理人，将被移交司法机关，依法严惩。

再者，本公会决定，自此以后，按照前引章程第三款的规定，出洋华工被交付理事官署接受检验，要向他们说明将要前往的国家、将要从事的工作以及条件等等，他们必须在所有各项得到确认后当理事官面签署一份合同，并有两名证人当场作证，以便在以后发生争议时能够确认华工的身份；未有政府准照的较小的收容站，必须立刻关闭，缉拿违规的经办人，以便追究其违反该章程第八款的法律责任。

为周知遵行，本告示将贴于常贴告示之处。

奥古斯托·恩里克·里贝罗·卡瓦略（Augusto Henrique Ribeiro de Carvalho）、若昂·费雷拉·门德斯（João Ferreira Mendes）、弗朗西斯科·卡埃达努·德·圣安娜—高斯达神父（Pe. Francisco Caetano de Sta. Ana e Costa）、米盖尔·佩雷拉·西蒙斯（Miguel Pereira Simões）、弗朗西斯科·安东尼奥·德·席尔瓦（Francisco Antonio de Silva）、老楞佐·马忌士（Lourenço Marques），1859 年 3 月 23 日，于澳门。

——*Boletim Official*，Vol. V，N°. 22，26 – 03 – 1859，p. 85.

11. 1859 年 4 月 20 日海事暨海外部第 30 号部令
Portaria do Ministerio da Marinha e Ultramar N°. 30 de 20 de Abril de 1859

澳门总督于 1857 年 8 月 7 日向陛下呈交第 518 号公文，将其本月 4 日第 25 号和 27 号训令呈上候批。这些训令要求，为更好地保护由澳门登船出洋的华工的自由、方便和待遇（诸如保障落实该章程对收容站的规定，采取足够措施维护公共安全和公共卫生，下令所有出洋华工须依法领取护照，船长必须将他们带到目的港的葡萄牙领事馆等），运载华工 30 名以上的船只不得在非季风期出航，各华工收容站 5—10 月间所允许的出洋华工人数，不得超过其可于冬季三个月间收纳出洋人数的一半。陛下已经考虑了采取上述措施对达到其预期目的所具有的重要性，着海事暨海外部通知该总督，已经临时性核准上述训令，它们的规定将在对 1856 年 6 月 5 日章程的最终核准时加以考虑。

此外，陛下重视该总督关于向出洋华工签发护照所收费用的分配事项的陈述，即按照该总督 1857 年 8 月 4 日第 26 号训令的规定，这些费用迄今都被存放起来，兹决定：不论已储存的费用，还是以后收取的费用，都应分成四份：一份打入公物会银库，用于治安开支，其余三份，由辅政司署、理事官署和船政厅均分，作为这些部门执行 1856 年章程及其他有关华工收容和登船的命令的补偿。

阿德里亚诺·毛利西奥·吉列尔梅·费雷利（Adriano Mauricio Guilherme Ferreri），1859 年 4 月 20 日，于王宫。

——*Boletim Official*，Vol. V，N°. 35，25 – 06 – 1859，p. 137.

12. 1859 年 6 月 25 日第 34 号总督训令
Portaria N.º 34 de 25 de Junho de 1859

澳门总督决定：

有必要确定依照海事暨海外部 4 月 20 日部令规定属于理事官署的那部分出洋华工护照费的分配方式，故经与总督公会酌商，兹决定：该项收入将平均分成四份，其中三份属于理事官，另一份将由参与执行 1856 年 6 月 5 日章程的理事官署职员平分。

相关部门遵照执行。

基马良士，1859 年 6 月 25 日，于澳门。

——*Boletim Official*，Vol. V，N.º 35，25 – 06 – 1859，pp. 137 – 138.

13. 1859 年 6 月 25 日第 35 号总督训令
Portaria N.º 35 de 25 de Junho de 1859

澳门总督决定：

有必要确定由辅政司署职员分配依照海事暨海外部 4 月 20 日部令规定属于该署的那部分出洋华工护照费的分配方式，故经与总督公会酌商，兹决定：该项收入的四分之三属于辅政使司，其余四分之一归该署的其他职员。

相关部门遵照执行。

基马良士，1859 年 6 月 25 日，于澳门。

——*Boletim Official*，Vol. V，N.º 35，25 – 06 – 1859，p. 138.

14. 1859 年 8 月 8 日第 24 号总督训令
Portaria N.º 24 de 8 de Agosto de 1859

澳门总督致葡萄牙驻厦门副领事亚历山大·R. 约翰斯顿（Alexandre R. Johnston）领事阁下：

据悉，有些葡萄牙轻型船（lorchas）前去厦门港口，接收出洋华工，将他们运往其他港口。必须采取措施避免他们在这项业务中发生滥用行为，如果出洋华工未经过中国官方的检查，运载他们的船只不具备中国官方出具的载明出洋者出于自愿并经过官方同意的证明文件，阁下不得允许任何葡萄牙船接收出洋华工或其他任何身份的华人。

基马良士，1859 年 8 月 8 日，于澳门。

——*Boletim Official*，Vol. V，N°. 42，13 – 08 – 1859，pp. 165 – 166.

15. 1859 年 8 月 22 日第 43 号总督训令
Portaria N°. 43 de 22 de Agosto de 1859

澳门总督决定：

经与总督公会酌商，兹决定：挂葡萄牙旗帜在中国海岸行驶的船只，不得运载华工出洋前往别的国家；驻中国港口领事馆或澳门船政厅亦不得向它们签发运输华工的批文。

相关部门遵照执行。

基马良士，1859 年 8 月 22 日，于澳门。

——*Boletim Official*，Vol. V，N°. 44，27 – 08 – 1859，p. 173.

16. 1860 年 4 月 30 日第 74 号总督训令核准的澳门港华工出洋章程
Regulamento a Respeito da Emigracão Chineza do Porto de Macau Approvado pela Portaria N°. 74 de 30 d'Abril de 1860

澳门总督决定：

有必要在澳门港华工出洋章程中采纳广东当局颁布的某些规定，以便在本殖民地遵循一种尽可能类似于在中国当局看来能够保障华工自由并使他们得到善待的制度，经与总督公会酌商，现做出如下决定：

第一条　由总督任命，设立一位华工出洋监理官（Superintendente da Emigração Chineza），由他负责落实华工出洋章程的执行以及有关的其他事宜。

第二条　该监理官获得一份由政府支付的薪水，此外不得收取任何费用；

薪水的数量由澳门出洋华工人数的多少而定。

第三条 该监理官领导一位华语翻译；他也由政府给薪，不得收取任何费用。

第四条 该监理官监督依照1856年6月5日章程规定在理事官署进行的检查，并按照理事官的做法在合同上签字。

第五条 不论监理官，还是理事官，都有一个登记簿，将所有提出出洋要求的华人的名字登记在内。

第六条 除了名字，还应将欲出洋华人的年龄、籍贯、职业、婚姻状况等写入该簿。

第七条 当中国人前来陈述要求出洋时，应给他们一份合同的抄件，按照前条的格式给他们进行注册，向他们解释有关合同的所有事项，但注册之后至少满六日，才可以签署合同。

第八条 在从完成注册到合同签署之间的过渡期，已注册的华人可以返回其家乡，或留住在收容站，白天可随意进出，出洋代理人无权拘禁他们，也不必向他们支付衣食住行等费用。

第九条 如果第七条所指的六天一过，注册的华工前来说决定出洋，则再次向其宣读并解释合同的内容，然后他与监理官、理事官及两名证人一同在合同上签字。

第十条 合同一经签署，代理人即向华工预支酬金，然后将他们引进载运他们前往目的地的船只。

第十一条 华工所收到的预支款，应该载入合同内，并当监理官面将其交给出洋华工。

第十二条 未满25岁的华人，若未获得其父母（如果有的话）同意，不得获准签署出洋合同。

第十三条 签订合同后，华工必须遵守合同的规定，倘若反悔，则须按照1856年6月5日章程第十六条的规定退还代理人的合法支出。

第十四条 该合法支出是指，如果签订合同后不愿出发，华工必须支付他所收到的酬金以及给他的食物和衣服。

第十五条 华工出洋代理人打算与出洋华工签订的合同，应事先向华工出洋监理官陈出，由他对合同加以考察，并且只有那些公正、公平的合同才能被核准，合同中不得含有任何对华工有害的条款。

附款一 合同有效期不得超过八年。

附款二 华工不得免除受雇国家的法定福利。

附款三 八年期限一到，华工即可自由安排他的工作，不得以任何债务为借口延长劳动期限；这些债务应该按照当地国家的法律要求偿还。

附款四 合同应该用华语和华工移居国的语言书写。

附款五 雇用华工的外国人，必须为他们提供与其中国的家人联系和向家里寄钱的便利。

第十六条 该监理官应与理事官协商确定几天的时间，以便打算出洋的华工到理事官署接受检查并签订合同。

第十七条 意欲出洋的华人，应该前去理事官署由理事官和监理官进行注册，华工在签约前要去的收容站，以及在其返回时原来雇用他的代理人的名字，也应该载入相应的登记簿内。出洋华工进行注册，应由收容站的职员和经纪人陪同前往。

第十八条 在收容站的门外边和内里的不同位置，都应该张贴用中葡双语写成的收容站章程与合同。

第十九条 收容站的内部规章，应提交华工出洋监理官核准。

第二十条 收容站应早上8点开门，下午4点关门，以便出洋华工的父母和朋友得以进来找他们。

第二十一条 华工出洋监理官应仔细检查收容站和载运他们的船只，查验华工，以避免任何人未依照第九条的规定签订合同而登船。

第二十二条 监理官负责执行规则，避免可能发生的任何不法行为；一旦发现有人违规，即对其提起诉讼，若违法者是华人，即向华政理事官控告，如果违者应由司法机关审判，即函告国家律政司（Delegado do Procurador da Corôa e Fazenda），以便理事官依法展开司法程序。

第二十三条 1856年6月5日章程中未被本训令改变的部分继续有效。

附款一 非季风期船只不得载运华工出航的规定，以及1857年3月31日训令和8月4日训令中的其他规定继续有效。

附款二 继续禁止葡萄牙人前往中国内地招募华工出洋，同样禁止葡萄牙船只将他们运来澳门，或从中国的一个地方运去另一个地方。

第二十四条 违反本训令规定者必须接受《葡萄牙刑法典》第三百二十八条规定的处罚。

相关部门遵照执行。

基马良士，1860年4月30日，于澳门。

——*Boletim Official*, Vol. VI, Nº. 22, 05 - 05 - 1860, pp. 85 - 86.

17. 澳门总督公会 1860 年 8 月 17 日决议抄件

Copia do Assento da Sessão do Conselho do Governo de 17 de Agosto de 1860

按照多数人的意见决定：澳门总督给予华工出洋代理人伊托拉尔德（Itorralde）招募华工运往哈瓦那的许可，推及在澳门的所有代理人，但必须有一个严格的限制：代理人必须分别当澳门华工出洋监理官和相应领事官的面各签署一份责任状，保证在一年内将根据该殖民地政府禁令在哈瓦那不被接纳的华工从那里运回澳门，否则，将视情况之轻重向葡萄牙政府缴纳一笔罚金；必须按照与去程同样的方式对待这些华工，遵守现行规定，运送他们，为他们提供饭食和衣服，代理人不得索要按照原来的合同付给他们的预支款。

并决定，将该决定通知澳门华工出洋监理官，以便他召集全体代理人，向他们通知该决定。同样，传令船政官，如果未向他陈出与监理官和领事官签署的责任状的副本，不得签发任何船只载运华工前往哈瓦那。

里贝罗·德·卡瓦略（Ribeiro de Carvalho）、陆军上校门德斯（F. Mendes Coronel）、曼努埃尔·洛伦索·德·科维亚（Manoel Lourenço de Gouveia）、西门斯（Simões）、弗雷达斯（Freitas）、马忌士（签名）。

——*Boletim Official*, Vol. VI, N.º 39, 01 – 09 – 1860, p. 153.

18. 1860 年 10 月 12 日第 100 号总督训令核准之 1860 年 4 月 30 日章程补充条款

As Disposições Addicionados ao Regulamento de 30 d' Abril de 1860, Approvado pela Portaria N.º 100 de 12 de Outubro de 1860

澳门总督决定：

经与总督公会酌商，现决定：本港口出洋华工的招募和登船，应遵守下列规定；它们将构成本年 4 月 30 日章程之补充条款。

第一条 所有按照今年 4 月 30 日章程在澳门接载出洋华工的船只，如果其载重量尚未满载，均应在氹仔锚地停泊，继续接收乘客，直至载客人数达到所允许载运的人数。

第二条　任何船只载运出洋华工的人数不得超过按照每人 2 吨载客空间计算所允许载运的人数。

第三条　停下来接载乘客的每艘船，应该遵守事先报请华工出洋监理官批准的内部章程。

独一附款　华工出洋监理官在履行对接载华工的船只进行检查的职责之时，应全面监督该内部章程的落实情况。

第四条　安排接载华工的船长负责在船上照料这些华工的责任，但不妨碍华工出洋代理人所应承担的责任。

附款一　如果船上的某个华工的不法行为呈现紧急状态，船长可以对其实施拘禁处罚，并立刻将该事实向华工出洋监理官报告。

附款二　未事先得到通知或核准，不得实施任何其他处罚。

附款三　华工出洋监理官负责调查出洋华工对其在船上所受待遇的投诉是否有公正合理的理由。

第五条　华工出洋代理人有责任阻止华工在船上向小商贩购买东西时遭受损失；如果没有尽到责任，将受到罚款处罚。

第六条　华工出洋收容站所用的职员，不得超过经严格估算的为完成业务和维护收容站秩序所必需的人数。

附款一　每个收容站的负责人，应向华工出洋监理官提交一份职员名册，向其说明所获准的人数，拒绝任何因缺乏保障或因任何先例而成为不被接纳的人。

附款二　在该名册中应登入在船上的非属该船船员的任何职员的名字。

第七条　凡是两次宣称不愿出洋的华人，以后不得允许签署合同，尽管他声称已决定要去。

第八条　从 3 月 31 日到 9 月 1 日期间，因东北季风利于航行，属于航行期，故不得招揽出洋华工。

第九条　政府保留在认为必要时关闭全部或部分收容站的权力，而无须对此做出任何解释。

第十条　政府有权在禁令发布后 6 个月终止澳门港口华工出洋的批文。

相关部门遵照执行。

基马良士，1860 年 10 月 12 日，于澳门。

——*Boletim Official*, Vol. VI, N°. 45, 13 - 10 - 1860, p. 177.

19. 1861 年 9 月 5 日第 35 号总督训令
Portaria N.° 35 de 5 de Setembro de 1861

本省政府训令已经规定，在由本澳出港的出洋华工的批文中，要求船只具备每位乘客 2 吨的载重吨位，采取该项措施的目的是使华工出洋的立法与西班牙政府关于向古巴岛移民的规定相一致，经与总督公会酌商，兹宣布：该项规定只能被理解为适用于此后载运华工前往该岛的船只，而 1856 年 6 月 5 日训令中关于前往其他地方的船只要求每人应有一吨半载重吨位的规定继续有效。

相关部门遵照执行。

基马良士，1861 年 9 月 5 日，于澳门。

——*Boletim Official*，Vol. VII，N.° 40，07 – 09 – 1861，p. 157.

20. 1862 年 1 月 23 日第 4 号总督训令
Portaria N.° 4 de 23 de Janeiro de 1862

澳门总督决定：

鉴于就出洋华工在理事官署注册合同缴费事宜与华工出洋代理人发生了争议，经与总督公会酌商，并采纳其意见，现决定：

第一条 每注册一份华工出洋合同，由代理人向理事官署缴费半元（meia pataca）。

第二条 该款项的一半归华文翻译所有，其余部分，一半归理事官，另一半由参与华工出洋事务的理事官署职员分配，照 1859 年 6 月 25 日第 34 号训令、1860 年 5 月 31 日第 80 号训令所规定的护照费分配办法而行。

第三条 本训令第一条的规定，不适用于目前已在船上的华工的合同，也不适用于正前往搭乘本训令公布时仍在氹仔和沙沥等候接客的船只的华工的合同。

相关部门遵照执行。

基马良士，1862 年 1 月 23 日，于澳门。

——*Boletim Official*，Vol. VIII，N.° 8，24 – 01 – 1862，p. 29.

21. 1863 年 11 月 25 日第 38 号总督训令
Portaria N.º 38 de 25 de Novembro de 1863

澳门总督决定:

本政府 1856 年 7 [6] 月 5 日训令、1857 年 3 月 31 日和 8 月 4 日训令以及 1860 年 4 月 30 日和 10 月 12 日训令相继对经由澳门港口的华工出洋业务做出了规范。在这些训令中,并无条款将相关规定的适用限定于前往某些特定国家的出洋活动,所以应该理解为,它们对于一般的出洋活动都适用。然而,可以肯定的是,只有前往哈瓦那和秘鲁的出洋活动遵守了所采取的规则,而前往别处的出洋活动都未曾受到政府的监管。因此,避免由此导致的违法活动已势在必行,故现做出以下决定:

第一条　现重申:经由澳门前往任何地方的华工出洋业务,都必须遵守1856 年 7 [6] 月 5 日训令、1857 年 3 月 31 日和 8 月 4 日训令、1860 年 4 月 30 日和 10 月 12 日训令中的规定,不得有例外。

第二条　华工出洋监理官、议事公会理事官和澳门船政官,在自己所负责的部分须严格履行该决定的规定。

有关当局和人士遵照执行。

澳门总督阿穆恩 (José Rodrigues Coelho do Amaral),1863 年 11 月 25 日,于澳门。

——*Boletim Official*, Vol. IX, N.º 52, 30 – 11 – 1863, p. 209.

22. 1864 年 8 月 13 日第 19 号总督训令
Portaria N.º 19 de 13 de Agosto de 1864

澳门总督决定:

1860 年 10 月 15 日第 100 号训令决定,任何船只不得载运超过按照每人两吨的比例计算得出的限载人数的华工出洋;1861 年 9 月 5 日第 35 号训令接着宣布,该项决定应被理解为仅适用于载运华工前往古巴岛的船只,而 1856 年6 月 5 日第 39 号训令对前往其他地方的船只限载人数的规定继续有效,即按照每人(包括船员)一吨半的标准确定船只的可载人数;根据航行的差异,这样的区别是不合理的,因为华工通常前往的国家,都要经过很漫长的航行;

用船只的载货吨位来确定一艘船的可载人数亦不够合理，因为船只的可载人数取决于乘客的住宿安置能力和他们的卫生条件；必须重申严格遵守上引 1856 年 6 月 5 日训令第二十五条中要求载客超过 20 人的船只必须具备医生和药房的规定，禁止用中国江湖庸医代替有合法资质医生的违规行为；基于所有上述理由，现做出规定如下：

第一条 一艘船可载运出洋华工人数的最高限额，应按照可提供给他们的住宿能力以及可使光线摄入和空气更新的设施来决定。在更加有力的情况下，即船只舷侧足够敞开能使住处进来光线和空气并且有抽风机设备的情况下，限载人数应由人均享有 2 立方米住宿空间的条件来确定。在住处若没有上述开放设施、但有换气泵（bombas de ventilação）的船只，应按照每人 2.5 立方米的标准来计算居住空间。如果连换气泵都没有的船只，则其运载华工的人数不得超过按照每人 3 立方米标准计算得出的可载人数。

第二条 重申严格遵守 1856 年 6 月 5 日训令第二十五条的规定，即任何没有医生和药房的船只，不得载运超过 20 人的华工出洋。

第三条 本训令的规定自 1865 年 1 月 1 日起生效。

有关部门遵照执行。

澳门总督阿穆恩，1864 年 8 月 13 日，于澳门。[①]

——*Boletim Official*，Vol. X，N.º 33，15 – 08 – 1864，p. 129.

23. 1866 年 11 月 9 日第 18 号总督训令

Portaria N.º 18 de 9 de Novembro de 1866

澳门总督决定：

应该引导和规范本澳华工出洋的程序，以便政府能够取得如实执行现有规章的最大保障，同时又能给从事向外国港口运输华工业务的代理人（agentes）提供一切必要的保障。

华工出洋代理人（agentes de emigração）具有法令规定的合法许可，他们就应该能够诚实而安全地从事该法令授权他们的某种工作，避开各种欺骗，如果出现有可能损害他们利益的情况，在法庭上诉不应有危险。

---

① 英国驻澳领事兰撒在其编制的《澳门 1864 年进出口贸易报告》中，对该训令略有述及。陈翰笙主编：《华工出国史料汇编》第二辑《英国议会文件选译》，北京：中华书局，1981 年，第 371 页。

政府代表对实施监督具有直接责任，在任何可能性或现行章程已经预见到的情况下，他都应当尽到这种法律责任，并合法地采取强迫行动。

华工出洋经纪人（corretor）是一种职业实体（entidade de officio），从招募华工，到将他们交给代理人，都经过法律的授权和承认，那么，面对代理人，忠实执行他们之间签署的协议，就是经纪人分内的责任。

同样，在政府当局看来，经纪人相当于意欲出洋的华工的官方引荐人，因此，就其职能的特性而言，他也应该是出洋经纪人与法律监督员之间的中间人。

鉴于以上考虑，现决定：从今以后，如果经纪人没有在公共法庭庄严地做出合适的保证，则不得在华工出洋监理局注册华工，也不得将他们送至华政衙门，必须严格遵行现有章程的一切预防措施，华工的挑选做到完全绝对的自由意愿；同样，今后这些经纪人须就从交出华工到动身前往目的地期间所发生的一切有关华工的事件向出洋代理人和公共当局负责。

相关部门遵照执行。

澳门总督柯达（José Maria da Ponte e Horta），1866 年 11 月 9 日，于澳门。

——*Boletim Official*，Vol. XII，N°. 46，12 – 11 – 1866，pp. 186 – 187.

24. 1866 年 11 月 16 日第 21 号总督训令
Portaria N°. 21 de 16 de Novembro de 1866

澳门总督决定：

鉴于华工出洋经纪人之功能所具有的特殊而重要的作用，并考虑到其在华工出洋组织（orgão de emigração）方面对公共部门和运输代理人所具有的重要责任，现决定，从此以后，将不再向任何除了担保金外没有提供人身和财产保障的人发放华工出洋经纪人许可证。

相关部门遵照执行。

澳门总督柯达，1866 年 11 月 16 日，于澳门。

——*Boletim Official*，Vol. XII，N°. 47，19 – 11 – 1866，p. 189.

25. 1866 年 11 月 16 日第 22 号总督训令
Portaria N.º 22 de 16 de Novembro de 1866

澳门总督决定如下：

现决定，自今以后，本省大医生将要求出洋华工收容站（estabelecimentos de emigração）所雇用的医生提交一份由其负责的关于船上药房供应状况的文件，文件须得到当局的认可，每位医生必须进行仔细的检查。

相关部门遵照执行。

澳门总督柯达，1866 年 11 月 16 日，于澳门。

——*Boletim Official*，Vol. XII，N.º 47，19 – 11 – 1866，p. 189.

26. 1866 年 11 月 16 日第 23 号总督训令
Portaria N.º 23 de 16 de Novembro de 1866

澳门总督决定如下：

有必要为本港华工出洋的实施方式确立起基本的保障，以便在保障如实执行现有章程的同时，又顾及从事该种业务的代理人的合理利益（justas conveniencias），现决定，从今以后，华工出洋监理局于华政衙门楼内每天开门办公，在这里，遵照全部的法律规定，并按照所提出的比例，所有意欲出洋的华工都可以且应当在这里进行注册；坚持其决定的时间达到六个星期的人，再次来到华政衙门，当理事官和出洋监理官的面领取已经合法化的契约以及由法律所核准的代理人提供的预支款；从这一刻起，他们就可以不受官方阻碍地登上将运载他们前往目的地的船。为了快速和安全起见，船政官须在对载运华工的船只进行最后检查时详细报告他们是否得到了法律规定的饭食（se acham ou não abastecidos do expolio），如果饭食不足，他可以让那些在这一点上未落实契约的华工下船上岸，等待最后的调查。

有关部门遵照执行。

澳门总督柯达，1866 年 11 月 16 日，于澳门。

——*Boletim Official*，Vol. XII，N.º 47，19 – 11 – 1866，p. 189.

27. 1866 年 11 月 20 日第 27 号总督训令

Portaria N°. 27 de 20 de Novembro de 1866

澳门总督决定：

考虑到华工出洋监理官的提议，现决定临时任命马特乌斯·沙加斯（Matheus Chagas）担任该局文书（amanuense），每月津贴 15 000 厘士。有关部门遵照执行。

澳门总督柯达，1866 年 11 月 20 日，于澳门。

——*Boletim Official*，Vol. XII，N°. 48，26 – 11 – 1866，p. 193.

28. 1866 年 11 月 26 日第 29 号总督训令

Portaria N°. 29 de 26 de Novembro de 1866

澳门总督决定：

应该让政府有关从本港前往世界各地的出洋华工之稽查和公益的行动持续尽可能久的时间，也考虑到真实统计中显示的频繁的疾病时常侵袭出洋华工，现决定，着令本省大医生紧急起草若干条符合船舶卫生最新规定的指令，今后运载华工离开本港的船只的船长，除了必须履行现有规章中确定的义务之外，还须严格准时遵行这些指令中的规定，船舶停靠地的葡萄牙领事们有责任向政府及时报告此项命令实际执行的情况。

有关部门遵照执行。

澳门总督柯达，1866 年 11 月 26 日，于澳门。

——*Boletim Official*，Vol. XII，N°. 48，26 – 11 – 1866，pp. 193 – 194.

29. 1866 年 11 月 26 日第 30 号总督训令

Portaria N°. 30 de 26 de Novembro de 1866

澳门总督决定：

在附近的殖民地，已经发生了关于俄国船阿文号的严重事件，据说，它获准派遣运送华工前往哈瓦那，但由于尚未得知的原因，它偏离了前往哈瓦那的正常航道，被迫停靠那个城市；我希望所有人都知道该市的上级当局已经下决心严格执行本殖民地现行的华工自由出洋的章程，现决定，本澳按察使司、国家律政司、船政官、华工出洋监理官、华政衙门理事官，在一位官方翻译的陪同下立刻前往该船，以便设法获得一切想要对其所做的一切予以正式和完整承认所必需的信息，并履行与船只有关的责任。

有关部门遵照执行。

澳门总督柯达，1866 年 11 月 26 日，于澳门。

——*Boletim Official*，Vol. XII，N°. 48，26 - 11 - 1866，p. 194.

30. 1866 年 11 月 26 日第 31 号总督训令
Portaria N°. 31 de 26 de Novembro de 1866

澳门总督决定：

有关中国人的错误信息可能有损 1860 年 4 月 30 日章程第十二条所表达的善意理念，该条规定涉及华工准予注册的年龄规定，兹决定，从今以后，华工出洋监理官和华政衙门理事官应一丝不苟、小心翼翼，促使该条中的规定得到尽可能准确的执行。

有关部门遵照执行。

澳门总督柯达，1866 年 11 月 26 日，于澳门。

——*Boletim Official*，Vol. XII，N°. 48，26 - 11 - 1866，p. 194.

31. 1866 年 12 月 7 日第 35 号总督训令
Portaria N°. 35 de 7 de Dezembro de 1866

澳门总督决定：

应尽可能避免损害出洋代理人利益、从而导致公众怀疑当局执行本殖民地现行章程的诚意的情况发生，现决定，今后船政官在向载运华工离开本港的船只的船长签发的批文中，须一一指明船只在继续其航行中唯一可停泊的港口，《商业法典》中指明的不可抗力（força maior）的情况除外。因此，船只被派遣前往地的领事们在其给本殖民地上级部门提交的有关船只到达的报告中，应该包括这一不可缺少的情况。

并决定，被派遣的任何船只如果发现有欺骗行为，在抵达目的港时所载人数超过了官方文件中所载明的人数，则 1856 年 6 月 5 日章程第三十条规定的 1 000 元罚金，将被提高到总额 5 000 元。

相关部门遵照执行。

澳门总督柯达，1866 年 12 月 7 日，于澳门。

——*Boletim Official*，Vol. XII，N°. 50，10 - 12 - 1866，p. 201.

32. 1866 年 12 月 12 日第 41 号总督训令

Portaria N°. 41 de 12 de Dezembro de 1866

澳门总督决定：

本政府 11 月 26 日训令所任命之委员会已经提交了关于从本殖民地开往哈瓦那的俄国船只阿文号的报告。从该报告中获知，该船所载运的成年华工，除一人外都获得了自由；他们签署了合法契约，坚持要出洋的决定；那些华工每人都单独接受了本殖民地司法当局的询问，结果是，他们不愿遇到任何阻碍，该殖民地当局也不能阻碍该船载运成年华工前往目的地，因为他们签署了出洋的合法的契约。然而问题出现了，在那些华工中有些是未成年人，亟须对他们进行一项特别的审查和暂时扣押，并向他们说明义务和人道。为此目的而任命的审查委员会依照命令和职责进行了审查，并向本政府提交了最终的调查结果。根据这些未成年华工的证言、被询问经纪人的答复、领事馆的证明，参照 1856 年 6 月 5 日《华工出洋章程》第十三条的规定，并出于正义与人道之最高义务的考虑，现决定，属于阿文号船的这 33 名未成年华工中，107 号、137 号、138 号、157 号、158 号、183 号、296 号、380 号和 446 号等 9 名可移交给该船的代理人，以便安排他们乘坐适合他们的船，因为这是这些华工的愿望，他们全部达到法定年龄，全部是被合法雇用的。其余 24 名则应遣返原籍。

相关部门遵照执行。

澳门总督柯达，1866 年 12 月 12 日，于澳门。

——*Boletim Official*，Vol. XII，N°. 51，17 - 12 - 1866，p. 205.

33. 1866 年 12 月 12 日第 42 号总督训令核准的经由澳门港口运载华工出洋船只应善待华工的指令

Instruções que Devem ser Postas em Pratica a Bordo dos Navios que Transportam Emigrados Chinas pelo Porto de Macau，Approvado pela Portaria N°. 42 de 12 de Dezembro de 1866

第 42 号总督训令

澳门总督决定：

本殖民地大医生已按照 11 月 26 日第 29 号总督训令的要求制定了在由本澳载运华工出港的船只上应该遵行的指令，现决定批准下文刊布的构成该训令组成部分、由辅政使司签署的指令。

并决定，自今以后，船政官在向由本港载运华工出洋船只的批文中，应规定该船的船长须承担如实执行上述指令的责任。

有关部门遵照执行。

澳门总督柯达，1866 年 12 月 12 日，于澳门。

由澳门起航运载华工出洋船只应善待华工指令

第一条　由本澳运载华工出洋船只的船长，必须准确地遵守本指令中规定的卫生条款。

第二条　住宿处全部清洗并晾干，舷墙、decto 和客舱以生石灰（calvivia）加少量漂白粉（chlororeto de cal）刷过两三遍后，方可接纳华工上船。这些操作在船只每次结束航行、接纳新华工之前必须重复进行。

第三条　指定一处具有良好通风条件和采光良好的地方作为诊疗室；它必须与住处完全隔开，并遵行上述善意的规定。这个地方应该根据每艘船的大小和其他条件而有所不同。

第四条　华工接纳上船后，在航行期间和在港口，都必须常规性地对住处进行清扫、消毒和通风，清洗和晾晒他们的衣服并进行消毒处理，要求他们注意个人清洁，最后，清除一切不利于健康的原因，尽管看起来无关紧要。

第五条　华工的住处每天清扫两次，如有必要可以增加清扫次数。用水冲洗甲板多有不便，应该被禁止。认为有必要时，要用海绵块或湿的墩布对地板进行全部或局部清扫，并接着使其晾干。

第六条 地板和其他木质的物件，在完全清洗后应该用下列配置使其达到干燥状态：干漂白粉（chlororeto de cal secco）1份，普通水2或3份。

第七条 应该进行更加严厉的监管，以便清除华工住处所存在的一切可能造成潮湿或其他有害气体的东西，诸如华工们固执地想要保留的湿而肮脏的衣服、吃剩的饭菜鱼肉等。

第八条 华工们为了抽烟而常常保留很多油灯的习惯对健康是有害的，因为灯油、烟草和鸦片燃烧后产生的物质，改变并污染了空气，因此必须加以禁止。吸烟者可到船篷上去吸。鸦片只能在划定的地方吸食，而且应该逐渐停止。

第九条 每天对住处进行消毒，其时应该让全体华工离开住处。消毒结束后全部打开窗户，让空气流进。然后在住处中间地板上放置一桶普通泥土，或者根据面积大小在不同位置放置两桶下列混合物：粉状氯化钠（chlororeto de solidio em po）（或普通盐）3份，二氧化镁（bioxido de manganez）1份，普通水2份，66度硫酸（acido sulphurico）2份。硫酸是用来让消毒蒸汽流动的，应该持续添加直至结束。一两个小时后打开住处的窗口、枪炮口（portinolas）和舱口，并使它们一直保持开放状态；还须利用一切其他手段确保完全处于通风状态，避免被华工们占据。这种方法很是便利，不仅可以用在能够把全部住处撤空的情况，也可用于完全具备方便快捷的通风条件的船只。

第十条 如果条件不允许将全部华工同时撤往船篷上，就先撤出三分之二或一半，以下列方法进行消毒。带着一桶上面所指的混合物走遍整个住处，不时地洒下硫酸，以便让蒸汽不至于引起咳嗽或其他不适。使用硝酸蒸汽（vapores de acido nitrico）消毒时也应该避免这种不便，为此应采取下列配方的物质：66度硫酸2份，普通水1份，粉状纯硝石（nitros purificado em pó）2份。装这种东西的桶应该置于烫热的灰烬之上。硝石应该逐渐地加入直至结束时。

第十一条 在诊室和住处，当时间紧促阻碍华工撤出时，采用这样的消毒方式：持续数小时隔开一定距离放置装有下列物质的汤盆或圆盘：干漂白粉1份，普通水3份。

第十二条 散发香气的物质诸如香精和火药（polvora）等物质的熏蒸消毒是会带来麻烦的，因为它不能消散瘴气。如果出现某些情况使得船上不能进行本指令中所指出的消毒措施，可以用醋来消毒，将醋倒在烫热的铁板上烧煮。

第十三条 船上的药房除了治病用的药品外，还应备有下列熏蒸消毒所必需的东西：干漂白粉、二氧化镁、66度硫酸、粉状纯硝石。这些东西的数量，根据航行情况，由该船上的医生或华工出洋收容站的医生掌控。

第十四条 每天对出洋华工进行核查，以便迅速将住处的病人转交诊室，不得因任何理由，哪怕是看上去最简单的病而放弃这种转移。

第十五条 治疗器材和排泄物必须及时从诊室取走，投入大海。对重病人或可疑病人曾用过的衣服和床上用品也要做同样的处理，且不可通过消毒或第二十一条所指的清洗而再次使用。

第十六条 须特别小心处理未被投入大海的尸体，既不要草率，也不要延误太久，以避免华工看到这样令人伤心的场景。

第十七条 在没有任何病人的情况下，就将诊室清洗并晾干，通过熏蒸消毒或通风使空气得到净化，正如第一条和第九条所规定的那样。

第十八条 华工们每天大部分时间可以在船篷上走动，但应避开禁止移动时段和因气候异常而引起的降温。

第十九条 被子和其他床上物品应该抖动、拍打并置于透风处，晚上之前收起来，至少每周一次。与此同时，船篷上华工的窗口（caixas）保持打开状态，以便晾晒他们的衣服（arejar os seus effeitos）。

第二十条 个人清洁对维护本人健康和其周围人的健康都是绝对必要的，因此必须要求华工时刻做好。每天早上第一餐之前必须漱口洗脸，洗手、臂和脚。漱口要用水和醋，这种混合物装在一个桶里，供华工们使用。被衣服覆盖的身体的其他部位每周要洗两次。在方便实施的时候安排全体人洗澡（os banhos geraes）。在进行所有这些清洁活动时，应该顾及个人情况和天气状况。

第二十一条 每周必须更换身穿的衣服，须符合天气的变化。脏衣服，尤其是病人的衣服，应该立刻浸泡在煮开的或是含有漂白粉的水里，然后必须用肥皂洗净，并晾干。

第二十二条 如果船上发生了某种流行病或者已经显示重病和传染病，必须要求华工立刻进行所有这些卫生行为。

辅政使司格雷戈里奥·若泽·里贝罗（Gregorio José Ribeiro），1866年12月12日，于澳门。

——*Boletim Official*，Vol. XII，N°. 51，17-12-1866，pp. 206-207.

34. 1867 年 4 月 6 日第 31 号总督训令
Portaria N°. 31 de 6 de Abril de 1867

澳门—帝汶省总督决定：

有必要就本澳最近在华工出洋方面所采取的措施对公共利益和便利的效果进行评估，为此现决定着船政官、华政衙门理事官和华工出洋监理官尽快向我提交一份报告，陈述自上年 10 月初到今年 3 月底这一时期澳门港华工出洋运作情况；这三位官员应该完整地陈述事实，并提出一些合理的反思。

有关部门遵照执行。

澳门—帝汶省总督柯达，1867 年 4 月 6 日，于澳门。

　　　　——*Boletim Official*, Vol. XIII, N°. 14, 08 – 04 – 1867, p. 73.

35. 1868 年 5 月 8 日海事暨海外部第 53 号部令
Portaria Ministerio N°. 53 de 8 de Maio de 1868

国王陛下认为有必要规范澳门所得华工出洋收费的分配事宜，根据 1867 年 4 月 16 日咨询海外委员会的意见，现决定如下：

第一条　辅政司署、华政衙门和澳门船政厅对签发护照和出洋华工注册应收取的全部费用，均由公务会收取。

第二条　每月月底，将该项总收入为政府扣除四分之一，其余即按照本训令所附表格的规定支付有关职员的津贴，也可向该表中未提及的每一位其他职员给付津贴。

第三条　津贴支付之后若有剩余，应将其款项转交公物会。如果所得不能全部支付津贴，将按照津贴的比例进行减扣。

第四条　如果在同一个财政年度，一些月份有结余，而另一些月份发生了减扣，则将剩余款返还职员以补足津贴数额。财政年度结束，即停止本年度的这种补偿。

第五条　除了他的薪水外，华工出洋监理官还将得到每年 600 000 厘士的津贴，从属于公物会的那部分收入中支付。

第六条　所有这些津贴都是临时性的，一旦经由澳门的华工出洋业务停止了，或者因为别的情况而不再收取相关费用了，即不再支付该津贴。

此决定由海事暨海外部秘书处通知澳门—帝汶省总督。

若泽·罗德里格斯·科埃略·多·阿马拉尔（José Rodrigues Coelho do Amaral），1868 年 5 月 8 日，于王宫。

根据本日第 53 号训令第二条规定预付参与华工出洋工作下列职员的年津贴表：

辅政使司，1 900 000 厘士；船政官，1 652 000 厘士；华政衙门理事官，2 000 000 厘士；翻译官，1 450 000 厘士。

曼努埃尔·若热·德·奥利维拉·利马（Manoel Jorge d'Oliveira Lima），1868 年 5 月 8 日，于海事暨海外部秘书处。

——*Boletim Official*, Vol. XIV, N.º 27, 04 – 07 – 1868, p. 121.

36. 1868 年 8 月 24 日第 25 号总督训令核准的华工出洋章程

Regulamento para a Emigração Chineza Approvado pela Portaria N.º 25 de 24 de Agosto de 1868

澳门—帝汶省总督决定：

鉴于必须以详细的章则来制止华工出洋活动中持续显现的违规行为——其开端主要是在本殖民地的管辖范围之外，所以，只有当它的影响造成了损害，本政府才可能对其招募过程实施有益的干预。

鉴于最新的几部华工出洋章程中的某些规定，尽管是由压制当时出现的违规行为的必要性所决定的，但是目前在实际上已经不能发挥作用了，甚至在某些情况下不能带来便利，例如装载华工的船只在港口的延误，很多时候还特别严重。

鉴于对每项违规行为和每个违法者实施对应的惩罚可以起到恫吓和告诫作用，这样就会提醒那些有违规念头的人，帮助他们做出判断。

经与总督公会酌商，并听取本年 4 月训令所任命的委员会的意见和华政衙门及监理局的信息，现决定如下：

第一条 如果有证据表明华工出洋代理人（agentes da emigração）所签约的出洋华工数目庞大，可以获得准照开办一个以上的出洋华工收容站（estabelecimento）。

附款一 每个代理人准许开办收容站的数量，由政府根据每个代理人申报的签约华工人数的比例来确定。

附款二　各收容站必须具备合乎规定的宽敞而洁净的条件，还应该为打算出洋的妇女和家人提供分开的住处。

附款三　各收容站必须按照规定缴纳治安辅助费（subvenção）。

第二条　不得在"cun‑táus"或其他未获准作为收容站的地方集结出洋华工。

附款一　一旦发现任何违反该条规定的行为，相关利益人和责任人，都将按照情节的轻重被罚款100～500元；如果系再犯，则被处以3～6个月监禁和相应的罚款。

第三条　华工出洋代理人在申请开办收容站时，须同时提交一份收容站负责人（os encarregdos）名单的声明书，以及他与这些负责人签署的契约。

第四条　收容站的负责人须在华工出洋监理局提供一笔1 000元的担保金，以作为其在收容站管理中实施违规、违法行为的担保。

附款一　如果违反章程，收容站负责人将根据情节轻重被处以50元直至全部担保金的罚款。

第五条　任何负责人，或签约者，或经纪人，在一份合同义务有效期间而与新的代理人签署另一合约，将被罚款100～500元。

第六条　任何负责人，或签约者，或经纪人，故意引诱和接收与其他代理人的经纪人或负责人或签约人签约的华工，将被罚款50～200元。

第七条　所有经纪人，一经与一位代理人或负责人或签约人签约并收了他们的钱，又将所收到的一名或多名华工转给别的代理人，将被罚款50～200元。

第八条　所有被确证违反本章程第六、七两条的代理人，将被罚关闭已获准开办的收容站。

第九条　收容站的职员违反收容站内部章则将自负其责，不妨碍代理人或负责人或签约人的责任。

独一附款　只要有需要，各收容站的负责人应负责支付其职员被处的罚金。

第十条　警方和华工出洋监理局有权监督收容站的大门自早上8点至下午4点保持开放，以便华工们可以自由走出。

附款一　任何发出了违反出洋章程的通知且被证实的警员，可得违反者所处罚款的四分之一作为奖金。

附款二　任何举报违反规章行为且被证实的市民，也将得到同样的奖金。

第十一条　在收容站不得对出洋华工实施体罚，任何华工有违法行为，应立刻移送华政衙门，由该法庭依据现行章程加以惩罚。

违反本条禁令者，将被处以 50 ~ 200 元罚款，并被追究刑法规定的责任（原注：《刑法典》第三百二十九条已使用于该场合，按照实施侵犯的情节，与第三百五十九条及其后续条款一并应用）。

第十二条 获准的华工出洋经纪人，须在获得准照之前，继续在华政衙门履行本政府以前的训令所确定的合法化程序。

独一附款 经纪人的保证金提高至 500 元。

第十三条 华工出洋收容站须在其门口或内部的任何房间以清晰可见的字迹张贴相关代理人给出洋华工提供的契约条款。

第十四条 当代理人集结的决定签约的华工人数足够办理拟运载他们的船只放行手续时，应向监理官报告。

第十五条 华工出洋监理局将在一个具有容纳能力的房间，并在 4 天内确定每艘船可以运载华工的总人数。

第十六条 已承诺登船的华工，按照代理人的通知，将被引入监理局的房间，在这里接受监理官的公开检查；监理官向他们宣读、解释契约条款，并给他们每人发一份契约的印刷副本。

独一附款 出席这一场合的除了监理局的职员外，还有华政衙门理事官或他的一位代理，指定从事这一工作的数名华语翻译官，巡捕兵营统领，两名公认的正直的华人居民，因为在澳门尚未有该国的领事机构。

第十七条 接受了审查的华工宣布决定出洋并接受了契约条款，就被收进出洋监理局房间内专为此而设的住处，在直至签约为止的 4 天时间内，不得与他的代理人或负责人或签约人或经纪人沟通。

第十八条 第二天，在一个公开场合和确定的时间，这些华工将被带进监理局大厅，当第十六条独一附款提及的人在场，再次向他们宣读契约的条款，提出同样的问题，然后那些做出了肯定答复的人全部返回他们的住处。

第十九条 第三天，上述程序重复一遍。

第二十条 第四天，同样是在公开场合，又一次宣读和审查之后，每个人依次进行签约的程序。按照既有的规定，契约为一式两份，一份交给代理人，一份交给出洋华工。

第二十一条 所有签署了契约的中国人紧接着前往他们的代理人管理他们的地方，在那里接受预支款和服装，然后就被带进将要运载他们进行航行的船只。

第二十二条 在签约当场或之前在监理局房间接受审查时宣布不愿出洋的中国人，即被带去另外隔开的地方，以便由代理人出资将他们遣返原籍。按照本章程第二十七条的规定，他们应向代理人赔补所消费的食物的钱和一半的交通费。

第二十三条　如果监理局尚未在可以容纳的房间确定任何一艘船可以载运华工的总人数，登船环节可以分两次进行；按照本训令确定的方式进行的首次登船和末次登船的时间间隔不超过 10 天。

独一附款　考虑到下一个东北季风期的临近，对于那些必须接纳较大数量的华工的船而言，这个间隔期可延长至 20 天，轮番上船的每一组的人数可增至 3 人。

第二十四条　将要运载这些华工的船只，应在末次登船完成后至多 48 小时内做好扬帆之前的必要准备。

第二十五条　华工收容站的医生应该在监理局房间对储存在那里的出洋华工进行体检。

第二十六条　至于监理局房间的费用以及华工在那里储存期间的伙食费，应由相关的代理人按照每位华工每天 1.5 元的标准支付。

第二十七条　在某一收容站停留 10 天的每一个华工，在这里享受了应该给他的自由，而在这个期限之后才要离开，应向其代理人赔补一半的交通费，并按每天 100 文的标准赔付享用过的伙食费。

第二十八条　所有违反华工出洋章程的行为，都由华工出洋监理官向政府汇报，包括细节资料、事实证据等。如果违者是华人，就由政府将其移交华政衙门；如果不是华人，按照法律规定，应移交司法法庭（Tribunal Judicial）。

第二十九条　所有因违反华工出洋章程而产生的罚款，不论是由司法法庭判处的，还是由华政衙门判处的，都依据罚款通知单收取，交至公物会。

第三十条　本训令视为现行章程的组成部分；废除以前的章程中与本训令相反的规定。

有关部门遵照执行。

澳门—帝汶省总督苏沙（Antonio Sergio de Sousa），1868 年 8 月 24 日，于澳门。

——*Boletim Official*，Vol. XIV，N.º 34，24 – 08 – 1868，pp. 159 – 160.

37. 1868 年 11 月 18 日第 43 号总督训令
Portaria N.º 43 de 18 de Novembro de 1868

澳门—帝汶省总督决定：

葡萄牙驻卡亚俄领事馆在 8 月 2 日的公文中向本政府报告称：那个城市的一位庄园主对作为劳工运来该国的 48 名华工实施了残忍的行为，用烙铁给他们打烙印，就像过去对待非洲奴隶一样；同样，当雇主认为他们身体伤残、不能从事契约规定的工作时，就将他们抛弃，致使许多人在该市的街上游逛，向慈善公益机构行乞。因此，经与总督公会酌商，现决定：在收到对方已采取有效措施遏制这种有违本世纪文明精神的野蛮行为的官方信息之前，直至陛下政府做出相反的决定之时，遵行下列决定：

第一，中止本政府发放的开办以卡亚俄为目的地的出洋华工收容站的许可证，直至做出最后的决定之时。

第二，同样，任何拟前往上述地方的华工不得前往华工出洋监理局注册，也不得在华政衙门签署契约。

相关部门遵照执行。

澳门—帝汶省总督苏沙，1868 年 11 月 18 日。[①]

——*Boletim Official*, Vol. XIV, N.º 47, 23 – 11 – 1868, pp. 213 – 214.

38. 1869 年 5 月 7 日第 54 号总督训令
Portaria N.º 54 de 7 de Maio de 1869

澳门—帝汶省总督决定：

鉴于一桩华工出洋监理官费尔南德斯牵扯其间的诉讼已在本法区司法法院 (Tribunal Judicial desta Comarca) 立案，该官员请求我中止他的职务，以免他对在此诉讼中作证的中国人产生影响，现决定，批准他的请求，中止费尔南德斯的华工出洋监理官之职，按照 1868 年 11 月 7 日第 41 号总督训令的规定，

---

① 《英国驻秘鲁公使杰宁汉致英国外交大臣克拉兰顿文》之附件 1 《1869 年 2 月 27 日利马〈商业报〉摘录英译文》，收有该训令的英译文。参见陈翰笙主编：《华工出国史料汇编》第二辑《英国议会文件选译》，北京：中华书局，1981 年，第 384 – 385 页。

暂由巡捕统领热罗尼莫·佩雷拉·列地（Jeronimo Pereira Leite）代理该职。

相关部门遵照执行。

澳门—帝汶省总督苏沙，1869 年 5 月 7 日。

——*Boletim Official*, Vol. XV, N.º 19, 10 – 05 – 1869, p. 98.

39. 1869 年 5 月 12 日第 56 号总督训令
Portaria N.º 56 de 12 de Maio de 1869

澳门—帝汶省总督决定：

葡萄牙驻卡亚俄总领事通过今年 2 月 20 日第 21 号公文报告称，经过调查确认，他在去年 8 月 2 日公文中提到的由该港出洋至那里的一些华工被人用热铁烙印的事实，经过有关当局实施的调查被确认是不准确的。还报告说，由公共慈善机构出资，在那个城市建立了一家收容华人乞丐和丧失做工能力的华工的救济站（asylo），因此，现决定，停止实施去年 11 月 18 日第 43 号训令中的规定，准予继续招募华工前往秘鲁，该训令全部废止。

有关部门遵照执行。

澳门—帝汶省总督苏沙，1869 年 5 月 12 日，于澳门。

——*Boletim Official*, Vol. XV, N.º 20, 17 – 05 – 1869, p. 101.

40. 1869 年 12 月 6 日第 76 号总督训令
Portaria N.º 76 de 6 de Dezembro de 1869

澳门—帝汶省总督决定：

现决定免去德高望重的少校军官贝尔纳迪奥·德·塞纳·费尔南德斯的华工出洋监理官一职。他由 1868 年 2 月 24 日第 4 号总督训令任命担任此职，任职期间办理公务认真勤勉。

有关部门遵照执行。

澳门—帝汶省总督苏沙，1869 年 12 月 6 日，于澳门。

——*Boletim Official*, Vol. XV, N.º 49, 06 – 12 – 1869, p. 217.

41. 1869年12月6日第78号总督训令
Portaria N.º 78 de 6 de Dezembro de 1869

澳门—帝汶省总督决定：

兹决定任命陆军中校热罗尼莫·佩雷拉·列地继续署理华工出洋监理官一职，直至做出最后决定为止。他已经在监理官不能到场时署理该职。

有关部门遵照执行。

澳门—帝汶省总督苏沙，1869年12月6日，于澳门。

——*Boletim Official*, Vol. XV, N.º 49, 06 – 12 – 1869, p. 218.

42. 1870年10月8日第73号总督训令
Portaria N.º 73 de 8 de Outubro de 1870

澳门—帝汶省总督决定：

鉴于有必要将散见于各训令中有关华工出洋（chineza de coolis）的规定合编为一部章程；实践已经表明，现行章程未能考虑到此一复杂事务的全部可能性；而明确规定各部门和有关利益人的全部责任，对华工出洋事务将大有裨益，故现任命下列人士组成一个委员会：巡捕统领热罗尼莫·佩雷拉·列地、医局大医生卢西奥·奥古斯托·达·席尔瓦（Lucio Augusto da Silva）、船政官若昂·埃多亚多·斯卡尔尼西亚、汽船贾梅士号统领格雷戈里奥·若泽·里贝罗（Gregorio José Ribeiro）、华政衙门理事官朱利奥·费雷拉·平托·巴士度、华工出洋监理官埃米尼吉尔多·奥古斯托·佩雷拉·罗德里格斯（Herminidildo Augusto Pereira Rodrigues）、贝尔纳迪诺·德·塞纳·费尔南德斯少校，在他们之间选出主席和秘书，然后由热罗尼莫·佩雷拉·列地向该委员会提供全部规定、现行章程和一份方案供其研究，并将研究的结果起草一份报告。

有关部门遵照执行。

澳门—帝汶省总督苏沙，1870年10月8日，于澳门。

——*Boletim Official*, Vol. XVI, N.º 41, 10 – 10 – 1870, p. 172; N.º 42, 17 – 10 – 1870, p. 177.

43. 1871 年 5 月 12 日第 27 号总督训令
Portaria Nº 27 de 12 de Maio de 1871

澳门—帝汶省总督决定：

现决定任命由下列人士组成一个委员会：法学士朱利奥·费雷拉·平托·巴士度（Julio Ferreira Pinto Basto）、法学士若泽·曼努埃尔·克里斯皮尼亚诺·达·丰塞卡（José Manuel Crispiniano da Fonseca）、海军少校格雷戈里奥·若泽·里贝罗（Gregorio José Ribeiro）、荣誉少校贝尔纳迪诺·德·塞纳·费尔南德斯（Bernardino de Sena Fernandesi）、正翻译官施伯多禄、市民维森特·德·保禄·萨拉威奇·皮特（Vicente de Paulo Salatwich Pitter）、律师安东尼奥·若亚敬·巴士度（Antonio Joaquim Basto），第一位被任命者担任委员会主席，最后一位为秘书。该委员会的任务是：

1. 调查出洋华工在依照现行章程在监理局接受了审查并签署了契约之后还会被经纪人哄骗的原因。

2. 提出有助于抵消经纪人对苦力的意向施加影响的措施，以使他们增强在实施行动时的庄重性。

3. 以一切手段查明是否有代理行（agencias）以移民者的身份把海盗引入船舱，企图控制商船或劫掠它们。

4. 提出任何能够更加保障苦力出洋完全自愿的措施。

5. 就是否有必要对现行契约做出旨在增加某些条款的修改提出意见。

6. 提出有关改善出洋华工在船舱的住宿条件的措施。

最后，提出任何有关华工出洋事务的建议，既要更有效地保障出洋的自愿性，又要确保他们在船上的善待和舒适。

本督真诚地希望该委员会的全体成员认真尽责完成委托给他们的事务，在尽可能短的时间内向我提交研究报告，以便政府采取这一重要事务所必需的措施。

澳门—帝汶省总督苏沙，1871 年 5 月 12 日，于澳门。

——*Boletim Official*，Vol. XVII，Nº 20，15 – 05 – 1871，p. 79.

44. 1871 年 5 月 27 日第 29 号总督训令
Portaria N°. 29 de 27 de Maio de 1871

澳门—帝汶省总督决定：

本月 12 日训令曾委任一个委员会提交关于改善华工出洋规范以最大限度保障其自愿性的措施，已阅过该委员会的报告，现下令，在采取更加严厉的措施之前，遵行下列规范：

第一条 所有招工馆的责任人或欲成为责任人的人，须提交一份从刑事记录中抄出的通知（nota）和由华政理事官和华工出洋监理官开具的具有担保作用的评语（informação）。

第二条 绝对禁止经纪人在向相应收容站的责任人移交出洋华工之时和之后再进入收容所（招工馆）。

附款一 该收容站责任人首次违反该条规定，照所交保证金的一半罚款（即 500 元）；若再次违反，则除了同等额度的罚款外，还将丧失被委以华工出洋任何事情的资格。

附款二 该项罚款的四分之一归举报人所有，其余归公物会收执。

第三条 经纪人即使宣布了要出洋的意愿，也不得进入收容站；而是应该立刻前往监理局按照章程接受审查和询问，但不得与在监理局进行章程规定程序的苦力有任何的沟通。

相关部门遵照执行。

澳门—帝汶省总督苏沙，1871 年 5 月 27 日，于澳门。①

——*Boletim Official*，Vol. XVII，N°. 22，29 – 05 – 1871，p. 87.

---

① 《英国驻葡萄牙代办多利亚致格兰维尔文》之附件 2《1871 年 5 月 29 日〈澳门—帝汶省政府公报〉摘录》中，收有该训令的英译文。参见陈翰笙主编：《华工出国史料汇编》第二辑《英国议会文件选译》，北京：中华书局，1981 年，第 437 – 438 页。

45. 1871 年 5 月 27 日澳门辅政司署第 272 号公文

Officio N.º 272 da Secretaria do Governo，27 de Maio
de 1871

尊敬的监理官先生：

总督阁下决定，阁下应遵循下列规定：

1. 对于吸食鸦片的华工，应在监理局让他们说出每天吸食几次，并在船上备足，以便在后来不至于发生减少，造成船上缺货。

2. 不论在收容站，还是在监理局的华工收容站，均放置中文的图片说明，说明秘鲁和哈瓦那所处地球的位置以及航行可能需要的天数。

3. 注册和契约的签署应在第三天进行，登船安排在第四天，以便有必要的时间使注册和签约的行动准确而有规则地完成。

4. 在这最后一天，当契约签署后，华工已被置于代理人的管理之下，这些代理人可派一位他所信任的人与华工们在一起。

5. 在出洋监理局将备有一个专用册簿，登录华工注册所必须起草的文件，说明登船苦力的人数、被遣返的人数，以及值得提及的任何情况。这些文件须由监理官和依照章程应该出席的其他职员签字画押。

6. 阁下应下令各收容站置备一个册簿，由阁下签署，由巡捕所官员或委托检查这些收容站的其他职员在其中签署，并写明检查的日期和时间以及船上所发生的任何情况。

7. 最后，监理局确定的办公时间为：早上 8 点至下午 3 点。

上帝保佑阁下！

辅政使司恩里克·德·卡斯特罗，1871 年 5 月 27 日，于澳门辅政司署。

[附件] 1871 年 6 月 5 日澳门辅政司署第 306 号公文

Officio N.º 306 da Secretaria do Governo，5 de Junho de 1871

尊敬的船政官先生：

作为对 5 月 29 [27] 日第 272 号公文的补充，总督阁下命令告知阁下，关于苦力在第三日签约、第四日登船的规定略做调整：由于当注册的苦力超过 200 人时，将没有足够的时间进行必要的审查、签约、领取衣服预付金，并完成登船，所以当注册的苦力达到 300~400 人时，如果代理人合意，可以让一半的人在第三天登船，另一半人在第四天登船，后一半人同在第三天签约并收取预付金，在次日（即第四天）登船。

上帝保佑阁下！

辅政使司恩里克·德·卡斯特罗，1871 年 6 月 5 日，于澳门辅政司署。

——*Boletim Official*，Vol. XVII，N.º 23，05－06－1871，p. 91.

二、澳门港华工出洋统计报表

O BOLETIM DO GOVERNO
DE MACAO.

Vol. X   SEGUNDA–FEIRA 11 DE JANEIRO DE 1864.   No. 2

PARTE OFFICIAL.

MAPPA DOS NAVIOS DESPACHADOS PELA CAPITANIA DO PORTO COM EMIGRANTES CHINAS, NO ANNO DE 1863.

Data	Apparelho	Nação	Nome	Capitão	Toneladas	Destino	Passageiros
Janeiro 3	Galera	Peruana	Westward Hó	A. de Araucoa	1120	Callão de Lima	665
,, 4	Barca	Hollandeza	Salach	S. D. Sujck	370	Batavia	119
,, 12	Escuna	Chilena	Thereza	João Bollo	240	Callão de Lima	130
,, 23	Barca	Portugueza	Eliza	F. F. dos Santos	219	Callão de Lima	130
,, 24	Barca	Franceza	Malabar	Ducasse	512	Havana	256
,, 24	Brigue	Hollandeza	Zwalw	P. Bloen	301	Batavia	70
Fevereiro 4	Brigue	Francez	Perseverant	Ducit	242	Havana	121
Março 15	Escuna	Hespanhola	Denia	M. Gil	280	Sual	60
,, 17	Galera	Chilena	Mercedes	T. A. El Jing	746	Havana	373
,, 17	Brigue	Portugueza	Concordia	P. V. Gril	226	Singapura	2
Abril 4	Barca	Hamburgueza	Esmeralda	Polack	360	Saigon	14
,, 5	Barca	Peruano	Mary	J. H. Wagner	219	Callão de Lima	132
Junho 28	Barca	Hamburgueza	Mauritius	Holst	344	Batavia	13
Agosto 1	Galera	Peruana	Cezar	J. Vissen	499	Callão de Lima	317
Outubro 18	Galera	Peruana	Westward Hó	A. d'Araucon	1120	Callão de Lima	700
,, 30	Galera	Portugueza	Luizita	J. A. Nunes	685	Havana	342
,, 30	Galera	Portugueza	D. M.ª da Gloria	E. Baptista	592	Havana	296
Novembro 2	Galera	Portugueza	Camões	J. V. Marques	836	Havana	418
,, 15	Galera	Portugueza	Vasco da Gama	J. J. da Silva	1016	Havana	508
,, 28	Barca	Portugueza	San-Li	M. dos S. Victal	246	Singapura	12
,, 30	Galera	Portugueza	D. Maria Pia	E. A. Rodovalho	774	Callão de Lima	424
Dezembro 9	Galera	Peruana	Camilo Cavour	Caravagno	1326	Callão de Lima	700
,, 11	Galera	Portugueza	Affonso de Al.que	C. Marques	621	Havana	310
,, 13	Brigue	Oldemburguez	Caroline	J. Runge	240	Saigon	27
,, 20	Barca	Hespanhola	Arezona	A. de Balparda	597	Havana	298
,, 21	Be. Escuna	Peruana	Thereza	João Bollo	240	Callão de Lima	140
,, 28	Barca	Portugueza	Sm. Fran.co Xa.er	J. L. da Silva	236	Singapura	20
,, 31	Galera	Peruana	Perseverancia	A. Tetens	648	Callão de Lima	400

```
Calláo de Lima -------------------------- 3,738
Havana ---------------------------------- 2,922
Batavia --------------------------------- 202   } 6,697
Sual ------------------------------------ 60
Saigon ---------------------------------- 41
Singapura ------------------------------- 34
```

Capitania do Porto de Macáo 31 de Dezembro de 1863.

J. E. Scarnichia,
Capitão do Porto.

Ministerio da Marinha e Ultramar.
2a. Direcção.
1ª Repartição.
CIRCULAR.
No. 71.

Convindo promover por todos os modos o augmento da Marinha de Guerra e instituições que para ella concorrem, sendo certo que neste desenvolvimento essencialmente lucrarão as Provincias Ultramarinas.

Derivando de tal consideração a conveniencia de cooperarem essas Provincias, no seu proprio interesse, para tal desenvolvimento.

Manda Sua Magestade El-Rei, pela Secretaria d'Estado dos Negocios da Marinha e Ultramar, que o Governador do Estabelecimento de Macao por todos os modos de licita e legitima influencia procure instaurar commissões que promovam e colijam subscripções pelos differentes pontos do mencionado Estabelecimento, com o especial intuito e applicação de instituir e dotar um adequado azilo de orfãos de marinheiros no qual estes possam receber uma apropriada educação que os habilite a seguir com vantagem sua e do Estado a vida do mar; devendo o producto destas subscripções ser recolhido designadamente para o referido fim pelas subscriptas commissões e por ellas entregue ao respectivo Go-vernador, para logo o transmittir á Metropole com a lista dos subscriptores. Paço em 22 de Setembro de 1863.

José da Silva Mendes Leal.

Declara-se que foi nomeada uma commissão composta dos Snres. Barão do Cercal, Antonio Carlos Brandão, e Maximiano Antonio dos Remedios para promoverem a subscripção de que trata a portaria supra.

Tendo apparecido no *Echo do Povo,* periodico portuguez que se publica em Hongkong, um artigo sobre a emigração chineza em Macau, no qual se affirma que os regulamentos respectivos não são

---

图 2   1863 年澳门船政厅核准运载华工出洋船只统计（《澳门宪报》1864 年 1 月 11 日）

　　长期以来，有关研究者披露了一些有关澳门华工出洋的统计数据。这些数据往往来源于不同的文本依据，其间的差别比较大，系统性也不够。尤其是，从澳门离港的数据较多，而抵达目的港的数据则甚少。在澳门华工出洋的发展过程中，澳葡当局的不同部门先后负责提交有关出洋船只和载运人数的统计报表。这里按照内容，将不同部门的统计报表归为一类，以便于研究者查考。一般而言，这些报表的内容包括签发证明或离港日期，船只的国籍、名称、吨位和船长，船只航行的目的港，各船载运华工的人数等项。本专题所收的统计报表，提供所涵盖年份澳门港口华工出洋最为详细系统的系列数据。据此可对澳门港华工出洋做更为精确的量化考察。

　　《澳门宪报》在刊登 1856—1858 年三个年份的资料时，一同刊布了相应年份香港华工出洋的资料。考虑到该资料对相关研究具有一定的参考价值，现一并收入本专题。

01. 1856 年获得澳门船政官证明装载华工出洋船只统计

Mappa dos Navios que Obtiveram Certificados do Capitão do Porto para Sahirem com Colonos Chinas durante o Anno de 1856

证明日期	船名	国籍	吨位（吨）	船长	目的港	成年男性（人）
02 – 09	决定号	葡萄牙	492	费尔南德斯	哈瓦那	450
04 – 15	移民者号	西班牙	700	S. 胡安	哈瓦那	500
09 – 13	迪纳号	荷兰	683	哈恩	哈瓦那	319
11 – 01	约翰娜·玛利亚号	荷兰	481	西埃辛	哈瓦那	299
11 – 02	北极星号	葡萄牙	398	格拉特	阿德莱德	240
11 – 28	多格斯班克号	荷兰	687	阿亨巴赫	哈瓦那	380
12 – 03	弗罗·约翰号	荷兰	583	于里安斯	哈瓦那	305

总结：

前往哈瓦那：2 253 人

前往澳大利亚：240 人

合计：2 493 人

荷兰三桅船班卡号（Banca），载重750吨，船长霍伊安·海瑟梅（Hoyam Hessames），7月12日离港，载运350名华工前往哈瓦那，因恶劣天气，于同月18日被迫返港。8月3日，船上发生火灾，180名华工获救，其中一些在此被装上了荷兰三桅船迪纳号。

船政官若泽·玛利亚·达·丰塞卡（J. M. da Fonseca），1857年7月15日，于澳门船政厅。

——*Boletim Official*，Vol. III，N.º 39，18–07–1857，pp. 153–154.

02. 1856年获得香港移民监理官证明装载华工出洋的船只统计

Mappa dos Navios que Obtiveram Certificados do Fiscal da Emigração〔de Hongkong〕para Sahirem〔de Hongkong〕com Passageiros durante o Anno de 1856

证明日期	船名	吨位（吨）	出发港	船长	目的港	成年人（人）		儿童（人）	
						男	女	男	女
02–23	斯蒂芬·鲍德温号	634	费城	G. 唐纳	旧金山	230	0	0	0
03–12	贝尔塔号	500	不莱梅	D. 克兰普	阿德莱德	231	0	12	0
03–12	约翰·卡尔文号	510	香港	A. 桑希尔	哈瓦那	81	0	0	0
03–14	科内利斯·斯密特号	719	阿布拉佩当	H. H. 鲁哈克	阿德莱德 菲利普港	384	0	20	0
03–24	雅克巴·科内利亚号	492	鹿特丹	T. 罗森布	阿德莱德	263	0	0	0
03–25	欧特普号	504	多德雷赫特	A. 克尼珀	阿德莱德	282	0	2	0
03–26	海耶斯夫人号	384	香港	R. 威廉森	菲利普港	175	0	0	0
03–26	康沃尔号	580	伦敦	W. 道森	阿德莱德 菲利普港	317	0	0	0
03–28	朱诺号	441	鹿特丹	J. O. 克卢因	阿德莱德 墨尔本	226	0	6	0

（续上表）

证明日期	船名	吨位（吨）	出发港	船长	目的港	成年人（人）		儿童（人）	
						男	女	男	女
03－31	埃弗迪娜·伊丽莎白号	615	鹿特丹	C. J. 唐吉思	阿德莱德 墨尔本	375	0	0	0
03－31	安格利亚号	570	利物浦	W. M. 鲍尔	阿德莱德 悉尼	317	0	12	0
04－01	波特兰公爵号	523	格里诺克	G. F. 西摩	哈瓦那	334	0	0	0
04－02	詹姆斯顿号	1 151	纽约	R. G. F. 坎达吉	阿德莱德 菲利普港	399	0	0	0
04－03	拉布安号	547	澳门	J. F. 格里尔	阿德莱德 菲利普港	252	0	0	0
04－04	苏门答腊号	778	多特	亨利格里韦尔	阿德莱德 墨尔本	374	0	0	0
04－08	塔斯基那号	420	旧金山	埃德蒙·琼斯	阿德莱德 菲利普港	294	0	12	0
04－11	凯瑙·哈斯拉阿号	698	鹿特丹	O. 林德曼	悉尼 菲利普港	354	0	0	0
04－11	大阿尔弗雷德号	649	伦敦	皮特·明尔特	旧金山	230	0	0	0
04－11	阿尔弗雷德号	780	香港	W. R. 布朗宁	悉尼	385	0	0	0
04－14	尼克利纳号	570	汉堡	C. H. 瓦莱森	旧金山	234	0	0	0
04－14	金色西部号	1 500	波士顿	W. E. 帕特南	旧金山	344	0	0	0
04－17	克里斯蒂娜号	272	悉尼	刘易斯·特拉斯科特	菲利普港 悉尼	157	0	0	0
04－21	基特·卡森号	997	丹尼斯	赛斯·克罗韦尔	旧金山	370	0	0	0

（续上表）

证明日期	船名	吨位（吨）	出发港	船长	目的港	成年人（人）		儿童（人）	
						男	女	男	女
04-29	西罗克号	1 135	费城	W. H. 韦斯特	旧金山	480	0	0	0
04-30	鞑靼尔号	573	纽约	E. A. 米克斯	阿德莱德悉尼	378	0	0	0
05-10	贾恩·亨德里克号	611	阿姆斯特丹	H. 德·容	旧金山	250	0	0	0
05-12	星王号	1 170	波士顿	G. H. 特纳	旧金山	370	10	0	0
05-17	萨拉·沃伦号	188	旧金山	A. W. 戈夫	旧金山	57	0	0	0
05-17	汉密尔顿号	438	香港	詹姆斯·费尔	旧金山	219	0	0	0
05-17	布莱克·沃利奥号	1 900	巴尔的摩	T. J. 莫夫	旧金山	457	1	0	0
05-24	卡里贝安号	874	伦敦	约翰·温切斯特	旧金山	422	0	0	0
06-13	威廉斯堡号	1 119	汉堡	H. C. 穆勒	旧金山	415	0	0	0
06-30	凯萨尔号	438	汉堡	约翰·斯特奇	旧金山	74	0	0	0
07-07	约翰·斯图亚特号	1 653	纽约	W. M. 钱伯林	旧金山	150	0	0	0
07-09	埃迪斯·罗斯号	510	波士顿	H. F. 克罗韦尔	墨尔本悉尼	40	0	0	0
07-19	亨利·米勒号	433	伦敦	罗伯特·帕特	哈瓦那	191	0	0	0
09-12	梅特奥号	1 067	波士顿	S. W. 派克	旧金山	260	0	0	0
09-17	艾克塞瑟号	682	斯托克顿	亚历山大·琼斯	墨尔本	66	0	0	0
10-28	约奈·威利斯号	666	伦敦	R. J. 伍德	旧金山	120	0	0	0

（续上表）

证明日期	船名	吨位（吨）	出发港	船长	目的港	成年人（人）		儿童（人）	
						男	女	男	女
10－31	兰德·奥凯克号	561	伦敦	R. M. 米勒	墨尔本	287	0	0	0
11－08	伯尼西亚号	548	伦敦	J. T. 贾曼	阿德莱德墨尔本	231	0	0	0
11－24	玛丽·惠特利奇号	978	巴尔的摩	R. 切斯博鲁赫	旧金山	161	9	0	0
12－04	康沃尔号	580	伦敦	W. 道森	吉尚湾	317	1	0	0
12－04	帕拉迪斯号	500	彭亨	T. 海伊达奇	新加坡	210	0	0	0
12－05	卡瑟琳娜·格伦号	1 327	伦敦	R. 厄尔利	哈瓦那	597	0	0	0
12－10	费尔顿号	1 000	伦敦	R. W. 莫里森	吉尚湾	250	0	0	0
12－13	贾恩·亨德里克号	614	阿姆斯特丹	H. 德·容	吉尚湾	297	0	22	0
12－13	科内利亚号	408	新加坡	C. F. 德梅埃	新加坡	100	0	0	0
12－17	万加德号	687	利物浦	R. 怀斯	吉尚湾墨尔本	309	0	0	0
12－18	埃尔金夫人号	750	威尔士亲王岛	C. L. de B. de 莱尔	新加坡	300	4	10	1
12－29	阿塔兰塔号	934	伦敦	J. 布莱斯	吉尚湾墨尔本	555	0	0	0
12－30	斯泰特曼号	405	新加坡	J. 韦伯	新加坡	77	0	0	0
12－31	艾丽萨·安娜号	246	新加坡	C. E. 怀斯	新加坡	92	0	0	0

总结:

目的地	成年人（人）		儿童（人）	
	男性	女性	男性	女性
阿德莱德、吉尚湾、菲利普港、悉尼	7 515	1	86	0
旧金山	4 843	24	0	0
哈瓦那	1 203	0	0	0
新加坡	779	4	10	1
合计	14 340	29	96	1

移民监理官米切尔（E. R. Michell），1857 年 2 月 4 日，于香港维多利亚。

——*Boletim Official*，Vol. III，N.º 39，18 – 07 – 1857，p. 154.

03. 1857 年获得澳门船政官证明装载华工出洋的船只统计

Mappa dos Navios que Obtiveram Certificados do Capitão do Porto para Sahirem com Colonos Chinas durante o Anno de 1857

证明日期	船名	国籍	船长	吨位（吨）	目的港	成年男性（人）
01 – 19	成功号	法国	门奈罗特	590	哈瓦那	370
02 – 07	埃利埃塔·玛利亚号	荷兰	巴克	636	哈瓦那	350
02 – 01	玛利亚·纳迪维达号	秘鲁	阿鲁埃	505	哈瓦那	350
03 – 19	维拉·德·迪埃帕尔号	法国	鲁索	1 016	哈瓦那	630
02 – 21	J. C. U. 号	秘鲁	巴罗塔贝纳	730	卡亚俄	450
04 – 04	费尔南德斯号	法国	佩尼	560	哈瓦那	350
04 – 16	阿弗利卡伊那号	法国	拉维尼亚克	405	哈瓦那	250
05 – 05	蒂尼塔·托里赛斯号	秘鲁	波泽托	657	哈瓦那	370
08 – 03	弗朗索瓦·莱尔号	法国	格罗斯马多	1 583	哈瓦那	900
10 – 14	卡特·胡珀号	美国	杰克森	1 184	哈瓦那	650
10 – 15	查尔斯·马特尔号	法国	埃尔诺特	1 584	哈瓦那	830

（续上表）

证明日期	船名	国籍	船长	吨位（吨）	目的港	成年男性（人）
11－14	梦想号	英国	威尔森	1 106	哈瓦那	503
11－27	格拉蒂图德号	英国	戈麦斯	235	皮南（Pinão）	80
11－16	Ad. 马尔夸克号	英国	史密斯	224	皮南（Pinão）	70
11－28	蒂康德罗加号	美国	博伊尔	1 524	哈瓦那	850
12－16	阿达马斯托号	葡萄牙	索萨	401	莫桑比克	30
12－29	圣·让号	法国	埃切韦里	576	哈瓦那	350

总结：

前往哈瓦那：6 753 人

前往卡亚俄：450 人

前往皮南（Pinão）：150 人

前往莫桑比克：30 人

成年男性合计：7 383 人

　　船政官若泽·玛利亚·达·丰塞卡（J. M. da Fonseca），1857 年 12 月 31 日，于澳门船政厅。

——*Boletim Official*，Vol. IV，N.º 18，27－02－1858，p. 69.

04. 1857 年香港华工出洋统计概要

Resumo do Mappa dos Emigrados Chinas Sahidos de Hongkong no Anno de 1857

目的港	成年男性（人）	成年女性（人）	男孩（人）	女孩（人）
吉尚湾、悉尼和墨尔本	17 721	1	0	0
旧金山	5 273	512	11	7
哈瓦那	2 126	0	0	0
新加坡	329	0	0	0
合计	25 449	513	11	7

［摘自 1858 年 1 月 9 日《香港政府公报》（*Gazetta Official de Hongkong*）］

——*Boletim Official*，Vol. IV，N.º 18，27－02－1858，p. 70.

05. 1858 年获得澳门船政官证明装载华工出洋的船只统计
Mappa dos Navios que Obtiveram Certificados do Capitão do Porto para Sahirem com Colonos Chinas durante o Anno de 1858

证明日期	船名	国籍	吨位（吨）	船长	目的港	成年男性（人）
01 - 06	特威·热鲁斯特号	荷兰	710	凯内兰埔	苏里南	243
01 - 06	米尼斯特·帕伍德号	荷兰	777	西维斯	苏里南	257
01 - 22	苏洛号	荷兰	633	门德尔	哈瓦那	400
01 - 22	唐·胡利安号	秘鲁	533	科廷	哈瓦那	326
02 - 01	弗洛拉·坦普勒号	美国	1 722	麦科尔	哈瓦那	900
02 - 19	开普勒号	不莱梅①	567	哈赛洛夫	哈瓦那	364
03 - 15	斯沃勒号	美国	1 480	塔克	哈瓦那	650
03 - 17	埃娃·约翰娜号	荷兰	1 015	博肖韦	哈瓦那	604
03 - 19	贝拉·巴斯孔加达号	西班牙	640	尤耶斯塔	哈瓦那	385
03 - 31	彼特·科内利松·胡特号	荷兰	997	科恩斯	哈瓦那	570
03 - 31	阿德米拉·范·吉姆斯·科克号	荷兰	1 145	科宁	哈瓦那	610
05 - 13	毛里求斯号	英国	2 134	克鲁克香克	哈瓦那（经香港）	750
06 - 21	斯科提亚号	英国	1 021	贝尔	哈瓦那（经香港）	657
06 - 23	吉塞普·卢卡号	萨尔瓦多	750	拉亚格纳	卡亚俄	300
06 - 29	茨沃洛号	荷兰	301	布卢姆	爪哇	3
06 - 30	澳门号	法国	429	德瓦尔	新加坡	4

---

① 在德国统一之前，历史文献中对德国船以各邦的名称标注其国籍，本书照录。

（续上表）

证明日期	船名	国籍	吨位（吨）	船长	目的港	成年男性（人）
10－16	马里拉号	美国	699	罗伯逊	新加坡	6
10－20	玛丽亚·伊丽莎白号	荷兰	825	热莱克	哈瓦那	510
11－04	法兰西第一号	法国	1 580	格罗斯马德沃	哈瓦那	1 000
11－12	安娜号	荷兰	330	范德瓦尔克	巴达维亚	2
11－29	阿尔蒙德号	荷兰	556	苏利埃	新加坡	1
12－03	王家乔治号	英国	545	罗博	德梅拉拉（经香港）	300
12－07	蒙特罗斯号	瑞典	452	奥尔森	新加坡	5
12－14	马拉巴尔号	法国	896	拉拜	哈瓦那	570

总结：

前往巴达维亚：2 人

前往爪哇：3 人

前往新加坡：16 人

前往卡亚俄：300 人

经香港前往德梅拉拉：300 人

前往苏里南：500 人

前往哈瓦那：8 296 人

经香港前往哈瓦那：657 人

成年男性合计：10 074 人

署理船政官库尼亚（A. F. da Cunha），1858 年 12 月 31 日，于澳门船政厅。

——*Boletim Official*，Vol. V，Nº 16，12－02－1859，p. 61.

06. 1858 年香港华工出洋统计概要

Resumo do Mappa dos Emigrados Chinas Sahidos de Hongkong no Anno de 1858

目的港	成年男性（人）	成年女性（人）
旧金山	4 803	186
墨尔本、悉尼	8 867	0
哈瓦那	1 662	0
德梅拉拉	292	0
合计	15 624	186

［摘自 1859 年 1 月 29 日《香港政府公报》（*Hongkong Government Gazette*）］

——*Boletim Official*，Vol. V，N°. 16，12 - 02 - 1859，p. 61.

07. 1859 年获澳门船政厅核准运载华工出洋的船只统计

Mappa dos Navios que Obtiveram Despachos do Capitão do Porto para Sahirem com Colonos Chinas durante o Anno de 1859

核准日期	船名	国籍	吨位（吨）	船长	目的港	华工（人）
01 - 06	成功号	法国	399	J. 莫内洛特	哈瓦那	373
01 - 06	亨利—奥斯卡号	汉堡	289	F. E. 基斯	槟城	5
01 - 06	莱维·范·尼斯泰因号	荷兰	458	博尔克斯	巴达维亚	86
01 - 12	玛利亚·德·纳蒂维达德号	秘鲁	505	尼卡诺尔·阿鲁埃	卡亚俄	321
01 - 13	阿德米拉·皮特·海因号	荷兰	670	A. 哈泽林克尔	巴达维亚	75

（续上表）

核准日期	船名	国籍	吨位（吨）	船长	目的港	华工（人）
01－15	贝蒂·佩尔巴克号	汉堡	364	A. H. 沃姆·布罗姆	新加坡	25
01－16	亚历山大·拉利号	法国	678	T. 特纳斯	哈瓦那	424
02－10	温德姆号	英国	1 082	I. B. 哈里森	德梅拉拉	460
02－19	范·特维斯特将军总督号	荷兰	471	C. E. 霍恩斯马	巴达维亚	27
02－22	移民者号	西班牙	720	J. F. 德·圣·胡安	哈瓦那	400
03－04	莱韦·扬基号	美国	1 501	E. A. 汤斯比奇	哈瓦那	800
03－15	塞德号	不莱梅	599	L. 罗尔夫斯	哈瓦那	360
03－18	贝略纳号	荷兰	984	T. O. 克鲁因	哈瓦那	500
03－31	达盖尔号	法国	566	J. 勒·德本西埃尔	哈瓦那	356
04－01	福尔摩斯号	法国	780	H. 迪朗	哈瓦那	465
04－05	德里·格布鲁埃德斯号	荷兰	525	H. 克罗默	巴达维亚	37
04－10	希望号	汉堡	198	M. 约翰森	巴达维亚	32
04－12	西班牙第一号	西班牙	1 319	胡赛·西歇	哈瓦那	749
04－16	孔塞普西翁号	西班牙	1 228	胡安·图顿	哈瓦那	480
09－05	查理·马特尔号	法国	1 584	A. 达维德	哈瓦那	900
10－03	弗罗拉·坦普尔号	美国	1 722	约翰逊	哈瓦那	850
11－04	格拉维纳号	西班牙	240	布鲁诺·德·圣科洛马	马尼拉	45
11－08	赛里斯号	荷兰	400	F. 马莫斯	巴达维亚	18
11－16	莱翁蒂纳号	不莱梅	324	L. 谢韦策尔	巴达维亚	38
11－25	挪威号	美国	2 424	H. B. 梅杰	哈瓦那	1 038
12－12	奥莱斯特斯号	荷兰	196	约·阿亚斯	爪哇	64
12－24	亨德利那号	荷兰	501	庞珀	巴达维亚三宝垄	41

总结：

前往槟城：5 人

前往新加坡：25 人

前往巴达维亚、三宝垄：41 人

前往马尼拉：45 人

前往爪哇：64 人

前往巴达维亚：313 人

前往卡亚俄：321 人

前往德梅拉拉：460 人

前往哈瓦那：7 695 人

成年男性合计：8 969 人

船政官若泽·玛利亚·达·丰塞卡，1859 年 12 月 31 日，于澳门船政厅。

——*Boletim Official*，Vol. Ⅵ，Nº. 24，19 - 05 - 1860，p. 93.

08. 1860 年船政厅核准装载华工出洋的船只统计

Mappa dos Navios Despachados por Esta Capitania do Porto com Passageiros Chinas no Anno de 1860

核准日期	国籍	船型	船名	吨位（吨）	目的港	载客（人）
01 - 20	美国	三桅圆帆船	弗洛伦斯·夜莺岛号	1 188	卡亚俄	20
01 - 22	法国	三桅圆帆船	埃米尔·佩里耶号	849	哈瓦那	460
01 - 29	荷兰	三桅船	梅尔卡特尔号	450	哈瓦那	13
02 - 12	秘鲁	三桅圆帆船	韦斯特沃德霍号	1 120	卡亚俄	522
02 - 16	法国	三桅圆帆船	索利德号	299	哈瓦那	184
02 - 02	美国	三桅圆帆船	基蒂·辛普森号	666	哈瓦那	350
02 - 22	美国	三桅圆帆船	梅新杰号	1 201	哈瓦那	379
03 - 08	丹麦	方帆双桅船	阿格奈斯号	230	巴达维亚	12
03 - 31	西班牙	三桅圆帆船	瓜达卢普号	913	哈瓦那	400
04 - 02	荷兰	三桅圆帆船	玛丽亚·伊丽莎白号	825	哈瓦那	329
04 - 03	法国	三桅圆帆船	布拉瓦·朗赫梅尔号	534	哈瓦那	302

（续上表）

核准日期	国籍	船型	船名	吨位（吨）	目的港	载客（人）
04－03	法国	三桅圆帆船	亚历山德拉·德尔菲娜号	456	哈瓦那	201
04－03	法国	三桅圆帆船	西日斯贝·塞扎尔号	1 015	哈瓦那	410
04－11	荷兰	三桅船	上海号	237	巴达维亚	52
06－04	西班牙	三桅船	玛丽亚·克洛蒂尔德号	517	卡亚俄	319
10－18	美国	三桅圆帆船	G. 韦克菲尔德号	1 170	哈瓦那	612
10－24	美国	三桅圆帆船	塔洛林塔号	517	卡亚俄	330
11－02	美国	三桅圆帆船	莱夫扬基号	1 501	哈瓦那	752
11－03	秘鲁	三桅圆帆船	洛埃号	407	卡亚俄	237
11－08	秘鲁	三桅圆帆船	韦斯特沃德霍号	1 120	卡亚俄	670
12－03	英国	三桅圆帆船	希洛号	398	新加坡	10
12－05	瑞典	三桅船	阿维克号	400	巴达维亚	68
12－06	汉堡	三桅船	诺曼号	381	西贡	20
12－19	瑞典	方帆双桅船	巴尔杜号	250	巴达维亚	31
12－23	葡萄牙	三桅船	沙勿略号	236	新加坡	24
12－26	法国	三桅圆帆船	法兰西第一号	1 583	哈瓦那	790
12－28	葡萄牙	三桅船	三兄弟号	255	新加坡	18
12－29	美国	三桅圆帆船	玛丽女王号	588	哈瓦那	310
12－31	西班牙	三桅圆帆船	大洋洲王国号	1 011	哈瓦那	294
合计						8 119

总结：

前往哈瓦那：5 773 人

前往卡亚俄：2 098 人

前往巴达维亚：176 人

前往新加坡：52 人

前往西贡：20 人

合计：8 119 人

船政官若泽·玛利亚·达·丰塞卡，1861 年 1 月 12 日，于澳门船政厅。

——*Boletim Official*, Vol. VII, N.º 8, 26－01－1861, p. 29.

09. 1862 年经澳门船政厅核准运载华工出洋的船只统计
Mappa dos Navios Despachados pela Capitania do Porto com Passageiros Chinas no Anno de 1862

核准 日期	船型	国籍	船名	船长	吨位 （吨）	目的港	乘客 （人）
01 – 13	三桅船	葡萄牙	埃莉萨号	P. 多斯桑托斯	219	新加坡	10
01 – 26	三桅圆帆船	美国	马里恩号	Y. A. 格罗斯	564	卡亚俄	225
02 – 11	三桅圆帆船	美国	埃玛号	夏楠	450	巴达维亚	45
02 – 14	三桅船	西班牙	索利达号	J. 索夫雷卡萨	225	马尼拉	5
03 – 03	三桅圆帆船	西班牙	瓜达卢普号	R. 穆内斯	913	哈瓦那	336
03 – 19	三桅圆帆船	秘鲁	韦斯特 沃德霍号	A. 德· 阿拉克亚	1 120	卡亚俄	623
03 – 24	方帆	美国	斯拜克号	赫西	362	新加坡	23
03 – 24	三桅圆帆船	法国	阿基坦号	迪泰斯	461	西贡	2
04 – 15	三桅船	荷兰	科隆比那号	马尔布拉纳	370	巴达维亚	28
04 – 03	方帆	荷兰	塞梅利亚号	范·斯特拉尔	287	西贡	16
05 – 19	方帆	丹麦	埃居里斯号	汉森	223	西贡	3
05 – 29	三桅圆帆船	秘鲁	企业号	加拉瓦加努	485	卡亚俄	299
08 – 19	三桅船	法国	伊丽莎白号	内克拉斯	443	西贡	1
09 – 25	三桅船	荷兰	T. D. 维萨 尔号	坦德·伦德	305	西贡	5
09 – 29	三桅船	汉堡	策菲鲁斯号	伊普森	338	西贡	8
10 – 02	三桅船	法国	奥莱赫号	L. 莫兰	498	卡亚俄	312
11 – 05	三桅圆帆船	比利时	莱帕尔· 伊泰克斯号	尼凯斯	832	哈瓦那	416
11 – 15	三桅船	葡萄牙	桑利号	M. 维克特尔	246	新加坡	7
12 – 21	三桅船	荷兰	奥莱斯特号	安戈	348	巴达维亚	154
12 – 22	三桅船	葡萄牙	沙勿略号	J. L. 德· 席尔瓦	236	新加坡槟 城果阿	18

　　总结：

　　卡亚俄：1 459 人

　　哈瓦那：752 人

　　巴达维亚：227 人

　　新加坡：58 人

　　西贡：35 人

　　马尼拉：5 人

　　合计：2 536 人

　　船政官若泽·埃多亚多·斯卡尔尼切（José Eduardo Scarnichia），1863 年 1 月 1 日，于澳门船政厅。①

　　　　　　　　——*Boletim Official*，Vol. IX，Nº 29，21 - 06 - 1863，p. 114.

10. 1863 年澳门船政厅核准运载华工出洋的船只统计

Mappa dos Navios Despachados pela Capitania do Porto com Emigrantes Chinas no Anno de 1863

核准日期	船型	国籍	船名	船长	吨位（吨）	目的港	人数（人）
01 - 03	三桅圆帆船	秘鲁	韦斯特沃德霍号	A. 德·阿老科阿	1 120	卡亚俄	665
01 - 04	三桅船	荷兰	萨拉奇号	S. D. 苏亚克	370	巴达维亚	119
01 - 12	双桅三角帆船	智利	特莱萨号	若昂·博洛	240	卡亚俄	130
01 - 23	三桅船	葡萄牙	埃莉萨号	F. F. 多斯桑托斯	219	卡亚俄	130
01 - 24	三桅船	法国	马拉巴尔号	迪卡赛	512	哈瓦那	256
01 - 24	方帆双桅船	荷兰	茨瓦尔号	P. 布鲁恩	301	巴达维亚	70
02 - 04	方帆双桅船	法国	佩塞弗兰号	迪西	242	哈瓦那	121

---

　　① 《英国驻华公使威妥玛致外交大臣罗素勋爵文》之附件 1《驻澳门代行英国领事职务人员兰撒致英国驻广州领事罗伯逊报告》中，对该年澳门港口出洋华工的船只有所述及，并收有附件 2《1862 年度从澳门运载苦力出口船只表》。参见陈翰笙主编：《华工出国史料汇编》第二辑《英国议会文件选译》，北京：中华书局，1981 年，第 366 - 367 页。

（续上表）

核准日期	船型	国籍	船名	船长	吨位（吨）	目的港	人数（人）
03－15	双桅三角帆船	西班牙	德尼亚号	M. 希尔	230	苏阿尔	60
03－17	三桅圆帆船	智利	梅塞德斯号	T. A. 埃尔辛	746	哈瓦那	373
03－17	方帆双桅船	葡萄牙	和谐号	P. V. 格里尔	226	新加坡	2
04－04	三桅船	汉堡	埃斯梅拉达号	波拉克	360	西贡	14
04－05	方帆双桅船	秘鲁	玛丽号	J. H. 瓦格纳	219	卡亚俄	132
06－28	三桅船	汉堡	毛里求斯号	霍尔斯特	344	巴达维亚	13
08－01	三桅圆帆船	秘鲁	塞扎尔号	J. 维森	499	卡亚俄	317
10－18	三桅圆帆船	秘鲁	韦斯特沃德霍号	A. 德·阿老科阿	1 120	卡亚俄	700
10－03	三桅圆帆船	葡萄牙	路易齐塔号	J. A. 努内斯	685	哈瓦那	342
10－03	三桅圆帆船	葡萄牙	J. M. 达·格洛利亚号	E. 巴布蒂斯塔	592	哈瓦那	296
11－02	三桅圆帆船	葡萄牙	贾梅士号	J. V. 马克斯	836	哈瓦那	418
11－15	三桅圆帆船	葡萄牙	瓦斯科·达·伽马号	J. J. 达·席尔瓦	1 016	哈瓦那	508
11－28	三桅船	葡萄牙	生利号	M. 多斯 S. 维克特尔	246	新加坡	12
11－03	三桅圆帆船	葡萄牙	玛利亚·皮亚号	E. A. 罗多瓦略	774	卡亚俄	424
12－09	三桅圆帆船	秘鲁	卡米洛·卡武尔号	卡拉瓦格诺	1 326	卡亚俄	700
12－11	三桅圆帆船	葡萄牙	亚丰索·亚布基号	A. 马克斯	621	哈瓦那	310
12－13	方帆双桅船	奥登堡	卡罗莉娜号	J. 龙格	240	西贡	27
12－02	三桅船	西班牙	阿雷左纳号	A. 德·巴尔帕达	597	哈瓦那	298
12－21	双桅三角帆船	秘鲁	特莱萨号	若昂·博洛	240	卡亚俄	140
12－28	三桅船	葡萄牙	沙勿略号	J. L. 德·席尔瓦	236	新加坡	20
12－31	三桅圆帆船	秘鲁	佩塞弗兰西亚号	特腾斯	648	卡亚俄	400
合计							6 997

总结：

卡亚俄：3 738 人

哈瓦那：2 922 人

巴达维亚：202 人

苏阿尔：60 人

西贡：41 人

新加坡：34 人

合计：6 997 人①

　　船政官若泽·埃多亚多·斯卡尔尼切，1863 年 12 月 31 日，于澳门船政厅。

——*Boletim Official*，Vol. X，N°. 2，11 - 01 - 1864，p. 5.

11. 1863 年依照现行章程运载契约华工出洋船只统计

Mappa dos Navios que Partiram do Porto de Macau, durante o Anno de 1863，com Emigrantes Chinas Contractados na Conformidade dos Regulamentos em Vigor

离港日期	船型	国籍	船名	吨位（吨）	代理人	目的港	人数（人）
01 - 03	三桅圆帆船	秘鲁	韦斯特沃德霍号	1 120	I. F. 德·卡斯特罗公司	卡亚俄	665
01 - 12	双桅三角帆船	智利	特莱萨号	240	若昂·博洛	卡亚俄	130
01 - 23	三桅船	葡萄牙	埃莉萨号	219	曼努埃尔·安东尼奥·达·庞特	卡亚俄	130
01 - 24	三桅船	法国	马巴尔号	512	沃森—西切斯	哈瓦那	256

---

① 《英国驻华公使威妥玛致外交大臣罗素勋爵文》之附件 1 《驻澳门代行英国领事职务人员兰撒致英国驻广州领事罗伯逊报告》中，对该年澳门港口出洋华工的船只有所述及，并收有附件 3 《1863 年度从澳门运载苦力出口船只表》。参见陈翰笙主编：《华工出国史料汇编》第二辑《英国议会文件选译》，北京：中华书局，1981 年，第 366 - 367、368 - 369 页。

（续上表）

离港日期	船型	国籍	船名	吨位（吨）	代理人	目的港	人数（人）
02－04	方帆双桅船	法国	佩塞弗兰号	242	沃森—西切斯	哈瓦那	121
03－17	三桅圆帆船	智利	梅赛德斯号	746	沃森—西切斯	哈瓦那	373
04－05	方帆双桅船	秘鲁	玛利亚号	219	拉姆斯	卡亚俄	132
08－01	三桅圆帆船	秘鲁	塞扎尔号	499	弗朗西斯科·曼努埃尔·达·库尼亚	卡亚俄	317
10－18	三桅圆帆船	秘鲁	韦斯特沃德霍号	1 120	I. F. 德·卡斯特罗公司	卡亚俄	700
10－03	三桅圆帆船	葡萄牙	路易齐塔号	685	沃森—西切斯	哈瓦那	342
10－03	三桅圆帆船	葡萄牙	D. M. 达·格洛利亚号	592	沃森—西切斯	哈瓦那	296
11－02	三桅圆帆船	葡萄牙	贾梅士号	836	沃森—西切斯	哈瓦那	418
11－15	三桅圆帆船	葡萄牙	瓦斯科·达·伽马号	1 016	沃森—西切斯	哈瓦那	508
11－03	三桅圆帆船	葡萄牙	D. 玛利亚·皮亚号	774	费德里科·拉萨莱特	卡亚俄	424
12－09	三桅圆帆船	秘鲁	卡米洛·卡武尔号	1 326	L. A. 莱乌特尔	卡亚俄	700
12－11	三桅圆帆船	葡萄牙	亚丰索·亚布基号	621	沃森—西切斯	哈瓦那	310
12－02	三桅船	西班牙	阿雷左纳号	597	I. F. 德·卡斯特罗公司	哈瓦那	298
12－21	方帆双桅船	秘鲁	特莱萨号	240	若昂·博洛	卡亚俄	140
12－31	三桅圆帆船	秘鲁	佩塞弗兰西亚号	648	L. A. 莱乌特尔	卡亚俄	400
合计							6 660

（备注：上表显示了出洋华工总数为 6 660 人，而本年本月 11 日第二号《宪报》刊载船政官提交的统计表则显示乘客总数为 6 997 人，揭示了 337 名的差额，值得注意的是，在这两个表中统计的是自愿出洋的华人，不含前往巴达维亚和西部海峡各港口的人数。）

　　华工出洋监理官马克斯·佩雷拉，1864 年 1 月 18 日，于华工出洋监理局。

——*Boletim Official*，Vol. X，Nº 4，25 – 01 – 1864，p. 13.

12. 1864 年 1—4 月自澳门前往哈瓦那的出洋华工

Mappa dos Colonos Chinas que de Macau Virem para Havana，de Janeiro a Abril de 1864

船名	船长	国籍	航行天数（天）	登船人数（人）	下船人数（人）	途中死亡人数（人）	死于拉萨雷托（人）	死于自杀（人）	死亡总数（人）
路易齐塔号	若昂·安东尼奥·努内斯	葡萄牙	114	342	283	53	4	2	59
贾梅士号	若泽·瓦伦廷·马克斯	葡萄牙	118	418	385	33	0	0	33
瓦斯科·达·伽马号	若泽·若阿金·达·席尔瓦	葡萄牙	108	508	283	197	25	3	225
亚丰索·亚布基号	塞萨尔·马克斯	葡萄牙	102	310	267	37	6	0	43
玛利亚·格洛莉亚号	欧塞比奥·巴普蒂斯塔	葡萄牙	157	296	133	160	0	3	163
唐·费尔南多号	若泽·若阿金·德·森纳	葡萄牙	97	492	471	21	0	0	21
阿里索纳号	巴尔巴达	西班牙	126	298	280	18	0	0	18
合计				2 664	2 102	519	35	8	562

　　总领事费尔南多·德·加威尔—蒂斯卡尔（Fernando de Gaver e Tiscar），1864 年 4 月 30 日，于葡萄牙驻西属安德列斯群岛哈瓦那总领事馆。

——*Boletim Official*，Vol. X，Nº 39，26 – 09 – 1864，p. 153.

13. 1864 年按照现行章程运载契约华工出洋船只统计

Mappa dos Navios que Partiram do Porto de Macau，durante o Anno de 1864，com Emigrantes Chinas Contractados na Conformidade dos Regulamentos em Vigor

日期	国籍	船型	船名	吨位（吨）	船长	代理者	目的港	人数（人）
01-03	葡萄牙	三桅圆帆船	唐·费尔南多号	984	若泽·德·塞纳	沃森—西切斯公司	哈瓦那	492
01-06	秘鲁	三桅船	普里姆将军号	294	A. 德·奥拉诺	I. F. 卡斯特罗公司	卡亚俄	182
01-17	秘鲁	三桅船	克洛蒂尔德号	357	S. 博洛	S. 博洛	卡亚俄	220
01-18	秘鲁	三桅船	索尔·德·利马号	222	R. 阿巴尔瓦	弗雷德里克·拉萨莱特	卡亚俄	100
01-30	秘鲁	三桅圆帆船	特莱萨号	796	M. 西卡德	阿兰伯恩	卡亚俄	500
01-31	葡萄牙	三桅船	圣维森特·德保拉号	423	E. P. 达·席尔瓦	安德烈·瓦伦特	卡亚俄	262
01-31	西班牙	三桅船	罗萨·卡门号	368	J. 马里斯托尼	I. F. 德·卡斯特罗公司	卡亚俄	228
02-14	智利	方帆双桅船	埃玛号	301	H. 威奇	阿尔弗雷多·佐尔夫	卡亚俄	160
03-05	法国	三桅船	加斯东号	317	勒巴尔	F. 马里亚特吉	卡亚俄	200
03-02	秘鲁	三桅圆帆船	塞萨尔号	499	J. 尼森	J. M. 德尔里奥	卡亚俄	317
03-23	荷兰	三桅船	乌拉斯特号	836	R. J. 荣凯尔	安德烈·瓦伦特	卡亚俄	510

（续上表）

日期	国籍	船型	船名	吨位（吨）	船长	代理者	目的港	人数（人）
03－24	秘鲁	三桅圆帆船	茹里昂号	834	C. 德·阿鲁巴雷纳	弗雷德里克·拉萨莱特	卡亚俄	500
04－07	秘鲁	三桅船	利马号	328	B. J. 卡斯塔尼奥拉	B. E. 卡内罗	卡亚俄	184
04－22	秘鲁	三桅船	比塔利亚号	403	I. P. 苏阿尔	J. M. 德尔里奥	卡亚俄	260
05－13	秘鲁	三桅船	曼达利纳号	258	F. S. 罗西	B. E. 卡内罗	卡亚俄	152
06－08	秘鲁	三桅圆帆船	纳莱昂·卡内瓦罗号	1 215	R. 德莫尔	L. A. 莱乌特尔	卡亚俄	300
06－08	法国	三桅船	巴卡兰号	500	莫纳尔德	弗雷德里克·拉萨莱特	卡亚俄	308
08－11	秘鲁	三桅圆帆船	卡米洛·卡武尔号	1 326	J. 德·兰德巴素	L. A. 莱乌特尔	卡亚俄	603
08－21	法国	三桅船	克莱尔号	498	L. 罗伯特	J. M. 德尔里奥	卡亚俄	312
10－01	法国	三桅船	梅多克号	648	迪泰伊	贝尔纳多·索拉雷斯	哈瓦那	324
10－29	比利时	三桅圆帆船	利奥波德·卡多号	832	A. 尼克西斯	G. 萨格斯	哈瓦那	416
10－31	西班牙	三桅圆帆船	移民者号	720	M. S. 德·乌雷塔	I. F. 德·卡斯特罗公司	哈瓦那	360
11－02	法国	三桅船	圣约瑟夫号	784	J. 鲁索	阿道尔夫 R. 费兰	哈瓦那	366
11－03	葡萄牙	三桅圆帆船	D. 玛利亚·皮亚号	774	J. F. 多斯·桑托斯	I. F. 德·卡斯特罗公司	卡亚俄	425
11－12	秘鲁	三桅圆帆船	奥罗拉号	668	若热·乌利尔	若热·乌利尔	卡亚俄	377

（续上表）

日期	国籍	船型	船名	吨位（吨）	船长	代理者	目的港	人数（人）
11 - 23	西班牙	三桅船	恩卡西翁号	567	R. 巴拉	I. F. 德·卡斯特罗公司	哈瓦那	283
11 - 29	葡萄牙	三桅圆帆船	若瑟菲塔·阿米拉号	1 142	多斯·V. A. 雷梅迪奥斯	阿道尔夫 R. 费兰	哈瓦那	571
12 - 08	法国	三桅船	伊莎贝尔号	542	德古	贝尔纳多·索拉雷斯	哈瓦那	271
12 - 08	法国	三桅船	夏洛特号	541	F. 莫罗	G. 萨格斯	哈瓦那	270
12 - 18	西班牙	三桅圆帆船	瓜达卢普号	910	R. 马诺	I. F. 德·卡斯特罗公司	哈瓦那	456
12 - 18	法国	三桅圆帆船	达维德号	842	罗巴特	贝尔纳多·索拉雷斯	哈瓦那	421
12 - 02	葡萄牙	三桅圆帆船	埃玛号	478	B. A. 德·赛克拉	G. 萨格斯	哈瓦那	239
12 - 24	秘鲁	方帆双桅船	特莱萨号	240	J. 赛菲诺	S. 博洛	卡亚俄	143
合计								10 712

华工出洋监理官 A. 马忌士·佩雷拉，1865 年 1 月 27 日，于澳门华工出洋监理署。①

——*Boletim Official*，Vol. XI，N.º 7，13 - 02 - 1865，p. 25.

---

① 在《英国驻广州领事致外交部官员哈孟德文》中，收录由兰撒编制的《1864 年澳门发送出洋前往古巴秘鲁的中国移民人数表》。参见陈翰笙主编：《华工出国史料汇编》第二辑《英国议会文件选译》，北京：中华书局，1981 年，第 371 - 372 页。

14. 1868 年船政厅核准运载华工出洋船只统计

Mappa dos Navios Despachados pela Capitania do Porto com Emigrantes Chinas desde 1.º de Janeiro a 31 de Dezembro de 1868

日期	船型	国籍	船名	船长	吨位（吨）	目的地	华工人数（人）
01 - 02	三桅圆帆船	法国	马拉巴尔号	A. 奥特莱	818	哈瓦那	500
01 - 04	三桅船	普鲁士	爪哇号	I. 安德森	309	西贡	12
01 - 05	三桅圆帆船	法国	希望号	E. 博茹	397	哈瓦那	300
01 - 07	三桅船	葡萄牙	堂佩德罗二世号	J. F. 格里	161	新加坡	17
01 - 09	三桅船	西班牙	香港号	I. 伊里贝雷	470	哈瓦那	316
01 - 11	三桅圆帆船	萨尔瓦多	奥罗拉号	N. G. 伊—加尔西亚	668	卡亚俄	400
01 - 25	三桅圆帆船	萨尔瓦多	阿美利加号	M. I. 费雷罗斯	1 454	哈瓦那	610
01 - 26	三桅船	葡萄牙	特雷梅加号	G. 马尔格斯	371	新加坡	150
02 - 03	三桅圆帆船	意大利	特雷莎号	S. 博洛	1 094	卡亚俄	293
02 - 14	三桅圆帆船	俄罗斯	阿冯号	R. 苏卢埃塔	1 086	哈瓦那	551
02 - 20	三桅船	法国	米索罗号	L. 法耶	495	哈瓦那	294
02 - 20	三桅船	法国	圣罗村号	F. 杜波依斯	456	哈瓦那	281
02 - 23	三桅船	西班牙	奥塔格拉西亚号	N. 兰达	618	哈瓦那	361
03 - 03	三桅船	汉堡	阿尔比亚号	C. G. A. 泰莫	315	西贡	15
03 - 08	三桅船	法国	关塔那摩号	T. 吉萨埃乌斯	348	哈瓦那	213
03 - 13	三桅圆帆船	意大利	弗雷·本多号	A. 博洛	561	卡亚俄	320

（续上表）

日期	船型	国籍	船名	船长	吨位（吨）	目的地	华工人数（人）
03－18	三桅圆帆船	法国	欧仁—阿代勒号	E. 内乌斯	853	哈瓦那	466
03－25	三桅船	西班牙	恩卡纳西翁号	J. A. 德·加多格	433	哈瓦那	302
03－31	三桅圆帆船	西班牙	阿拉维萨号	M. 多加兰	689	哈瓦那	418
04－08	三桅圆帆船	俄罗斯	苏奥米号	C. V. 诺德伯格	942	哈瓦那	525
05－11	三桅船	北德联盟	巴达维亚号	G. 黑策尔	266	西贡	3
05－23	汽船	西班牙	卡塔卢尼亚号	V. 艾斯卡迦蒂洛	1 300	哈瓦那	517
05－27	三桅圆帆船	意大利	普拉托朗格号	L. 普罗富莫	890	卡亚俄	464
06－06	三桅船	荷兰	埃斯塔菲特号	C. J. 奥普基斯	425	巴达维亚	18
07－01	三桅圆帆船	萨尔瓦多	卡米洛—卡武尔号	A. 阿斯托克塔	1 326	卡亚俄	555
07－23	三桅圆帆船	意大利	天命号	A. 纳蒂尼	660	卡亚俄	382
07－31	三桅圆帆船	法国	亨利四世号	L. 莫维弗劳特	757	卡亚俄	458
08－31	三桅圆帆船	萨尔瓦多	温科瓦号	I. 罗西亚诺	988	卡亚俄	499
10－03	三桅船	法国	尼亚加勒号	F. 麦瑞克	726	哈瓦那	406
10－18	三桅船	北德联盟	孔子号	H. 斯滕勒尔	397	哈瓦那	218
10－28	三桅圆帆船	萨尔瓦多	多洛雷斯—乌加特号	I. P. 保罗	1 238	哈瓦那	602
11－03	三桅船	法国	安塔雷斯号	G. 诺尔特	401	哈瓦那	263
11－08	三桅船	法国	帕克托勒号	J. 奥利沃德	448	哈瓦那	245
11－17	三桅船	法国	玛利亚—莫顿号	B. 莫莱洛	401	哈瓦那	215
11－17	三桅船	葡萄牙	辛特拉号	A. J. 法瓦舒	352	新加坡	19

（续上表）

日期	船型	国籍	船名	船长	吨位（吨）	目的地	华工人数（人）
11－24	三桅圆帆船	萨尔瓦多	奥罗拉号	N. G. 伊—加尔西亚	668	哈瓦那	419
11－24	三桅船	荷兰	奥莱斯特号	约—安古	293	巴达维亚	20
11－29	三桅船	英国	南蒂布号	T. 普林提斯	298	西贡	15
12－08	三桅船	法国	露西号	D. 德迪埃	615	哈瓦那	360
12－24	三桅船	荷兰	昂鲁司特号	D. J. 乌森布鲁克	836	哈瓦那	453
12－31	方帆双桅船	葡萄牙	和谐号	J. L. 达·席尔瓦	226	新加坡	19
合计							12 494

总结：

哈瓦那：8 835 人

卡亚俄：3 371 人

新加坡：205 人

西贡：45 人

巴达维亚：38 人

合计：12 494 人

船政官斯卡尼西亚（J. E. Scarnichia），1868 年 12 月 31 日，于澳门船政厅。

——*Boletim Official*，Vol. XV，Nº 5，01－02－1869，p. 26.

15. 1869 年澳门港华工出洋统计

Mappa dos Chinas que Emigraram por Porto de Macau，durante o Anno de 1869

日期	船型	国籍	船名	载客人数（人）	目的地	合计（人）
01 – 05	三桅圆帆船	俄罗斯	维斯图拉号	430	哈瓦那	430
01 – 15	三桅圆帆船	俄罗斯	娜杰日达号	353	哈瓦那	353
01 – 21	汽船	暹罗	坎宁子爵号	82	曼谷	82
01 – 27	三桅圆帆船	俄罗斯	内瓦号	537	哈瓦那	537
02 – 07	三桅船	法国	塔马里斯号	300	哈瓦那	300
02 – 27	三桅船	法国	中国—哈瓦那号	446	哈瓦那	446
03 – 11	方帆双桅船	西班牙	圣老楞佐号	10	马尼拉	10
03 – 26	三桅圆帆船	意大利	意大利号	520	哈瓦那	520
03 – 30	方帆双桅船	荷兰	坎达特号	19	巴达维亚	19
04 – 13	三桅圆帆船	法国	内利号	444	哈瓦那	444
05 – 02	三桅圆帆船	法国	蒙古号	496	哈瓦那	496
05 – 17	方帆双桅船	西班牙	圣老楞佐号	18	马尼拉	18
06 – 17	三桅圆帆船	萨尔瓦多	卡米洛·卡武尔号	586	秘鲁	586
06 – 19	三桅圆帆船	萨尔瓦多	卡亚俄号	653	秘鲁	653
07 – 07	三桅圆帆船	萨尔瓦多	弗雷·本多号	352	秘鲁	352
07 – 29	三桅圆帆船	萨尔瓦多	阿美利加号	669	秘鲁	669
08 – 02	三桅圆帆船	萨尔瓦多	天命号	386	秘鲁	386
09 – 18	方帆双桅船	西班牙	努埃沃·孔斯坦特号	12	马尼拉	12
10 – 02	三桅船	法国	茹尔丹号	242	秘鲁	242
10 – 03	三桅圆帆船	萨尔瓦多	路易莎·卡内瓦罗号	721	秘鲁	721
10 – 14	三桅三角帆船	西班牙	多斯·埃玛诺斯号	251	哈瓦那	251
10 – 14	三桅船	北德联盟	马列尔号	11	西贡	11

（续上表）

日期	船型	国籍	船名	载客人数（人）	目的地	合计（人）
10 - 24	三桅船	法国	安戈号	320	秘鲁	320
10 - 29	三桅船	荷兰	M. L. 安东涅特号	16	巴达维亚	16
11 - 03	三桅船	北德联盟	达戈诺伊号	18	三宝垄	18
11 - 06	三桅船	北德联盟	G. C. S. 麦耶号	18	西贡	18
11 - 06	方帆双桅船	西班牙	埃梅里号	17	马尼拉	17
11 - 10	汽船	西班牙	卡塔卢尼阿号	524	哈瓦那	524
11 - 16	三桅船	荷兰	奥莱斯特号	18	巴达维亚	18
11 - 16	三桅圆帆船	北德联盟	西雷尼号	10	西贡	10
12 - 06	三桅圆帆船	萨尔瓦多	昂科瓦号	536	秘鲁	536
12 - 23	三桅圆帆船	葡萄牙	D. 玛利亚·皮亚号	570	秘鲁	370
12 - 28	三桅船	英国	海军上尉号	10	巴达维亚	10
合计						9 395

总结：

哈瓦那：4 301 人

秘鲁：4 835 人

曼谷：82 人

马尼拉：57 人

巴达维亚：63 人

三宝垄：18 人

西贡：39 人

澳门辅政使司若昂·克利马科·德·卡瓦略（João Climaco de Carvalho），1870 年 1 月 10 日，于澳门辅政司署。

——*Boletim Official*，Vol. XVI，N.º 3，17 - 01 - 1870，p. 10.

16. 1870 年澳门港出洋华工统计

Mappa dos Chinas que Emigraram por este Porto durante o Anno de 1870

日期	船名	目的地	人数（人）	合计（人）
01 – 07	俄罗斯三桅圆帆船内瓦号	哈瓦那	537	537
02 – 08	头孟船 Cam-choi-li 号	新加坡	58	58
01 – 09	头孟船 Com-huu-lom 号	新加坡	70	70
01 – 14	法国三桅船马埃拉号	秘鲁	247	247
01 – 28	西班牙方帆双桅船路易·齐塔号	马尼拉	8	8
02 – 12	萨尔瓦多三桅圆帆船卡米洛·卡武尔号	秘鲁	662	662
02 – 28	萨尔瓦多三桅圆帆船弗雷本多号	秘鲁	353	353
03 – 17	西班牙方帆双桅船格拉维尼亚号	马尼拉	17	17
03 – 19	意大利三桅圆帆船意大利号	哈瓦那	527	527
03 – 22	北德联盟三桅船尼克利纳号	巴达维亚	18	18
04 – 23	萨尔瓦多三桅圆帆船阿美利加号	秘鲁	694	694
05 – 01	葡萄牙三桅船塞西利亚号	秘鲁	370	370
05 – 07	萨尔瓦多三桅圆帆船天命号	秘鲁	416	416
05 – 27	萨尔瓦多三桅圆帆船卡亚俄号	秘鲁	671	671
06 – 13	萨尔瓦多三桅圆帆船多洛雷斯·乌加特号	秘鲁	609	609
07 – 04	萨尔瓦多三桅圆帆船路易莎·卡纳瓦罗号	秘鲁	705	705
07 – 10	萨尔瓦多三桅船玛利亚·戈维纳号	秘鲁	204	204
07 – 30	哥伦比亚三桅圆帆船克洛蒂尔德号	秘鲁	754	754
08 – 11	萨尔瓦多三桅圆帆船澳门号	秘鲁	436	436
08 – 20	法国三桅船埃费兰号	秘鲁	285	285
08 – 21	西班牙三桅船佩皮塔号	马尼拉	12	12
09 – 01	法国三桅船费迪南·梅里克号	秘鲁	310	310

（续上表）

日期	船名	目的地	人数（人）	合计（人）
09 – 05	法国三桅船 L. 奥利维尔号	秘鲁	233	233
09 – 16	法国三桅船丹吉尔号	秘鲁	327	327
09 – 24	葡萄牙三桅圆帆船堂玛利亚·皮亚号	秘鲁	371	371
10 – 01	法国三桅船诺维尔·佩纳洛普号	秘鲁	310	310
10 – 14	萨尔瓦多三桅圆帆船昂科瓦号	秘鲁	537	537
10 – 20	萨尔瓦多三桅圆帆船弗雷·本多号	秘鲁	365	365
10 – 23	荷兰三桅船安德利亚纳·佩德罗尼拉号	巴达维亚	10	10
11 – 05	荷兰三桅船奥莱斯特号	巴达维亚	18	18
11 – 07	萨尔瓦多三桅圆帆船卡米洛·卡武尔号	秘鲁	661	661
11 – 20	法国三桅圆帆船库勒纳芒号	秘鲁	557	557
11 – 28	法国三桅船世界主义者号	秘鲁	300	300
12 – 06	荷兰三桅船玛利亚·迪埃德里克号	巴达维亚	15	15
12 – 09	俄罗斯三桅圆帆船维亚杜拉号	秘鲁	430	430
12 – 16	法国三桅船圣尹夫斯号	秘鲁	368	368
12 – 20	秘鲁三桅船香港号	秘鲁	313	313
12 – 26	萨尔瓦多方帆双桅船天神号	秘鲁	416	416
12 – 28	葡萄牙方帆双桅船和谐号	新加坡	2	2
12 – 30	法国三桅圆帆船内利号	秘鲁	444	444
合计			13 635	13 635

总结：

哈瓦那：1 064 人

秘鲁：12 343 人

马尼拉：37 人

新加坡：130 人

巴达维亚：61 人

　　辅政使司恩里克·德·卡斯特罗（Henrique de Castro），［页面不清］，于澳门辅政司署。

　　——*Boletim Official*, Vol. XVII, Nº 2, 09 – 01 – 1871, p. 9.

17. 华工出洋监理局第 92 号公文

Officio N.º 92 da Superintendencia da Emigração Chineza de Macau

尊敬的辅政使司阁下：

　　谨以此函向阁下提交自华工出洋监理局建立至 1871 年 3 月 30 日前往秘鲁和哈瓦那的华工人数变动表，请阁下转呈总督阁下。这是该辅政司署本月 4 日第 185 号公文对我的要求，希望该表能够满足该公文中所要求回答的问题。

　　上帝保佑阁下！

　　华工出洋监理官 H. A. 佩雷拉·罗德里格斯，1871 年 4 月 12 日，于澳门华工出洋监理局。

1868 年 9 月至 1871 年 3 月华工出洋人数变动统计表

日期	前往哈瓦那的华工	前往秘鲁的华工	被遣返的华工	被父母阻止出洋的华工	欲留澳而被遣返的华工	因病返回收容站的华工	确认契约后不愿出洋的华工	因违章被处罚的经纪人
1868 年								
9 月	624	0	185	7	11	1	0	0
10 月	1 136	0	448	8	52	3	0	15
11 月	903	0	502	1	6	0	0	11
12 月	1 070	0	259	1	0	1	0	4
小计	3 733	0	1 394	17	69	5	0	30
1869 年								
1 月	994	0	377	4	2	2	1	1
2 月	570	0	227	3	5	4	0	2
3 月	734	0	200	4	4	5	0	3
4 月	737	0	204	7	2	1	0	10
5 月	0	632	170	5	0	1	0	3
6 月	0	1 000	261	15	0	5	0	6
7 月	0	1 060	308	6	0	5	1	15
8 月	0	421	92	9	0	2	4	3

（续上表）

日期	前往哈瓦那的华工	前往秘鲁的华工	被遣返的华工	被父母阻止出洋的华工	欲留澳而被遣返的华工	因病返回收容站的华工	确认契约后不愿出洋的华工	因违章被处罚的经纪人
9 月	0	547	139	4	2	4	0	0
10 月	251	320	154	5	0	5	0	1
11 月	524	358	163	3	1	2	0	7
12 月	314	538	182	7	1	1	0	5
小计	4 124	4 876	2 477	72	17	37	6	56
1870 年								
1 月	236	659	156	10	3	1	0	4
2 月	0	604	107	8	0	0	1	4
3 月	529	456	155	4	4	2	0	3
4 月	0	783	162	5	4	1	0	2
5 月	0	1 031	281	2	3	0	0	3
6 月	0	1 268	223	6	2	3	4	7
7 月	0	940	254	9	5	0	1	4
8 月	0	1 146	338	11	6	1	1	9
9 月	0	1 201	403	9	13	1	0	6
10 月	0	1 147	373	8	0	2	3	6
11 月	0	1 457	528	5	0	3	1	6
12 月	0	1 935	657	5	0	0	10	4
小计	765	12 627	3 637	82	40	14	21	58
1871 年								
1 月	721	1 860	420	8	414	1	12	7
2 月	537	1 025	88	7	742	3	15	1
3 月	327	1 216	686	9	181	2	5	16
小计	1 585	4 101	1 194	24	1 337	6	32	24
合计	10 207	21 604	8 702	195	1 463	62	59	168

（备注：这些被处罚的经纪人是指那些作为假的出洋者进入监理局，以引诱华工出洋为目的人。另有更多的人因违犯出洋章程而受到华政衙门的处罚。）

华工出洋监理官 H. A. 佩雷拉·罗德里格斯，1871 年 4 月 12 日，于澳门华工出洋监理局。

——*Boletim Official*，Vol. XVII，Nº. 19，08 – 05 – 1871，p. 77；Nº. 20，15 – 05 – 1871，p. 81.

18. 1871 年由澳门船政厅核准运载华工出洋的华船

Mappa das Embarcações Chinas Despachadas pela Capitania do Porto com Emigrantes Chinas desde 1 de Janeiro a 31 de Dezembro de 1871

日期	船型	船名	船长	吨位（吨）	目的地	华工人数（人）
01 – 11	头孟船	Chom-sem – cam	Chom-uem	69	新加坡	39
01 – 11	头孟船	Hó-one-chin-chem	Hioc-fom	67	新加坡	42
01 – 17	头孟船	Chem-chip-son	As-sone	95	新加坡	15
01 – 17	头孟船	Chom-si-long	Chan-chong	130	新加坡	42
01 – 17	头孟船	Cam-chom-li	Am-em	130	新加坡	48
01 – 17	头孟船	Cam-hum-foc	Chong-kou	124	新加坡	26
01 – 17	头孟船	Hun-son	Hoa-tu	96	新加坡	40
01 – 17	头孟船	Chong-sen	Chong-hi	168	新加坡	78
01 – 17	海舶	Cam-ap-li	Ah-ioc	141	新加坡	45
01 – 21	头孟船	Cuong-foc-li	Hion-chio-fat	89	新加坡	23
01 – 21	头孟船	San-vom-hip	Liom-a iau	54	新加坡	23
01 – 27	头孟船	Cam-hom-long	Lam-si	105	新加坡	37
合计	12 艘船					458

（张按：表题文字称"从 1871 年 1 月 1 日至 12 月 31 日"，但表中内容只有 1871 年 1 月的数据。）

船政官 J. E. 斯卡尔尼西亚，1871 年 12 月 31 日，于澳门船政厅。

——*Boletim Official*，Vol. XVIII，Nº. 2，08 – 01 – 1872，p. 7.

三、澳门辅政司署文件

BOLETIM DA PROVINCIA
DE MACAU E TIMOR

PARTE OFFICIAL

N.º 31

O GOVERNADOR da provincia de Macau e Timor, e suas dependencias, determina o seguinte:

Tendo a commissão nomeada por portaria de 5 de maio de 1869 e 3 de abril do corrente anno para organisar um regulamento da capitania do porto, apresentado o resultado dos seus trabalhos; hei por conveniente dar por dissolvida a referida commissão, louvando todos os seus membros pelo zelo e intelligencia com que se houveram no desempenho do serviço que lhes foi committido.

As auctoridades, a quem o conhecimento e execução d'esta competir, assim o tenham entendido e cumpram.

Macau, 29 de maio de 1871.

Antonio Sergio de Sousa,
Governador de Macau e Timor.

Secretaria do governo de Macau e Timor.—N.º 286.—Ill.mo sr.—Determina S. Ex.ª o Governador que v. s.ª observe o seguinte:

Que d'ora em diante deverão as embarcações que trouxerem colonos, fundear perto da lorcha *Amasona*, e n'ella é que devem fazer-se as distribuições d'elles pelos estabelecimentos a que pertencerem.

Que o official encarregado do commando da policia do mar, deve fazer syndicar por meio das linguas, quaes os colonos que vem para emigrar e quaes os que vem para serem empregados em Macau.

Depois de bem verificado isto, poderão os destinados a emigrar ser remettidos aos estabelecimentos a que pertencerem.

Outro sim determina o mesmo Ex.mo Sr. que haja um livro onde se registe o numero de colonos que vão para cada estabelecimento,—designando o nome da embarcação em que veem—do cabeça e do corretor que os acompanha—sendo a nota rubricada pela pessoa que por parte do estabelecimento fôr receber os colonos.

Os colonos ou coolis que vierem para ser empregados n'esta cidade, deverão ficar a bordo bem como os corretores que os acompanham, e dar-se em seguinte parte á secretaria do governo para se determinar o que fôr conveniente.

Dos coolis que forem para os estabelecimentos continuará a mandar-se relação para a superintendencia, sendo tal relação assignada pela pessoa que receber os colonos e pelo commandante da policia do mar, ou quem suas vezes fizer.

Deus guarde a v. s.ª—Secretaria do governo de Macau, 29 de maio de 1871.—Ill.mo sr. capitão do porto.—*Henrique de Castro,* secretario geral.

Secretaria do governo de Macau e Timor.—N.º 303.—Ill.mo sr.—Parecendo justo dar-se um praso para vigorar a alte-

racto sobre a capacidade do alojamento que deve competir aos emigrantes chinas, determina S. Ex.º o Governador que só do primeiro de janeiro proximo futuro em diante deve ter logar a disposição consignada no officio n.º 267 de 26 de maio ultimo a tal respeito. Emquanto porem ella se não pozer em practica deverão fazer-se cumprir com o maior escrupulo o que sobre tão interessante assumpto se acha disposto na portaria de 13 de agosto de 1864, cumprindo a v. s.ª sobre sua immediata responsabilidade inspeccionar os navios e verificar sé elles estão nas circumstancias de receber colonos nos termos da citada portaria, devendo mencionar no officio em que der parte do numero de emigrantes que o navio pode conduzir o numero de vigias que os navios tem no costado, quantas escotilhas, e como collocadas e se tem bombas de ventilação e as mais requisitos mencionados na mesma portaria.

Deus guarde a v. s.ª—Secretaria do governo de Macau, 3 de junho de 1871.—Ill.mo sr. capitão do porto.—*Henrique de Castro,* secretario geral.

Secretaria do governo de Macau e Timor.—N.º 308.—Ill.mo sr.—Determina S. Ex.ª o Governador que v. s.ª na sua ultima visita a bordo dos navios que transportam emigrantes, além das funcções que lhe competem, e averiguações que lhe tem sido determinadas, deve exigir do capitão do navio, uma declaração por escripto, em como não lhe consta que leve a seu bordo emigrantes suspeitos de piratas ou reconhecidamente enganados, fazendo desembarcar todos aquelles que estejam n'este caso.

O navio poderá demorar-se para receber novos emigrantes em substituição dos que por ventura desembarcarem, se assim convier ao respectivo agente.

Na parte que v. s.ª der do navio estar desembaraçado para seguir viagem, deverá mencionar qualquer circumstancia que tenha occorrido a tal respeito.

Deus guarde a v. s.ª—Secretaria do governo de Macau, 5 de junho de 1871.—Ill.mo sr. capitão do porto.—*Henrique de Castro,* secretario geral.

Secretaria do governo de Macau e Timor.—N.º 272.—Ill.mo sr.—Determina S. Ex.º o Governador que v. s.ª observe o seguinte:

1.º Que os colonos fumistas de opio devem fazer na superintendencia o mesmo numero de vezes por dia a que, terão de o fazer a bordo, a fim de que não estranhem depois a diminuição que a bordo encontram;

2.º Que tanto nos estabelecimentos como nos alojamentos dos colonos na superintendencia se colloquem letreiros em china explicando não só a parte do globo onde está situado o Perú e Havana, como os dias provaveis de viagem;

3.º Que a matricula ou assignatura do contrato seja feita no terceiro dia, e o embarque no quarto, a fim de que haja o

tempo necessario para os actos de matricula e assignatura do contrato serem feitos com a precisa regularidade;

4.º N'este ultimo dia, e depois da assignatura dos contratos em que os emigrantes ficam á disposição dos agentes, poderão estes ter junto dos emigrantes uma pessoa de sua confiança;

5.º Na superintendencia haverá um livro especial para, n'elle se lançarem as actas que devem lavrar-se sempre que houver matricula de emigrantes, e onde se declare o numero de coolis que embarcam e os que são repatriados, bem como qualquer circumstancia que occorra digna de mencionar-se. As actas serão assignadas ou rubricadas pelo superintendente e mais funccionarios que segundo o regulamento devem assistir áquelle acto;

6.º Que v. s.ª ordene que os estabelecimentos tenham um livro, que v. s.ª rubricará, para n'elle se assignarem os officiaes de policia ou outros funccionarios encarregados de fiscalizar os mesmos estabelecimentos, e designando-se ali o dia e a hora da visita, e qualquer novidade ou occorrencia que tenha logar;

7.º Finalmente que as horas marcadas para o serviço de superintendencia são das 8 da manhã até ás 3 da tarde.

Deus guarde a v. s.ª—Secretaria do governo de Macau, 27 de maio de 1871.—Ill.mo sr. superintendente da emigração chineza.—*Henrique de Castro,* secretario geral.

Secretaria do governo de Macau e Timor.—N.º 306.—Ill.mo sr.—Em additamento ao officio n.º 272 de 29 de maio ultimo, manda S. Ex.º o Governador dizer a v. s.ª que a disposição relativa aos coolis assignarem os contratos no terceiro dia e embarcarem no quarto, é por que nas matriculas maiores de 200 coolis, não ha tempo sufficiente para se fazerem os necessarios exames, assignatura de contratos, recepção de vestuario, adiantamento e embarque regular, e por isso quando as matriculas sejam de 300 a 400 coolis, podem se assim convier aos agentes, embarcar metade no terceiro dia, e a outra metade no quarto, devendo estes ultimos assignarem o contrato e receberem os adiantamentos n'esse mesmo dia e em seguida embarcar.

Deus guarde a v. s.ª—Secretaria do governo de Macau, 5 de junho de 1871.—Ill.mo sr. superintendente da emigração chineza.—*Henrique de Castro,* secretario geral.

Occorrencias policiaes de 27 de maio a 3 de junho de 1871

Presos por ladrões............Chinas		6
„ por espancamento........	„	1
„ por contravenções........	„	5
	Total.............	12

Appareceram mortos em differentes pontos da cidade sete chinas; os quaes depois das formalidades do costume foram enterrados.

图 3　澳门辅政司署公文五件（《澳门宪报》1871 年 6 月 5 日）

　　按照葡萄牙《行政法典》和海外省相关立法的规定，在各个海外省设一个省政府秘书处，澳葡当局汉译为"辅政司署"，其部门领导称为"辅政使司"。辅政司署的职责是协助澳门总督开展工作，包括接收各部门的公文并向总督汇报，向各部门转达总督的决定和指令等。在华工出洋业务方面，辅政司署也形成了一批重要的文献。本专题收入了27份辅政司署公文，主要内容包括三类：一是辅政司署下令刊布的它所收到的有关出洋华工的文件和资料；二是辅政司署发布的有关华工出洋事务的公告；三是向理事官、船政官、华工出洋监理官和葡萄牙驻哈瓦那、驻秘鲁总领事转达澳门总督的有关指令和决定。

01. 1859 年 7 月 25 日辅政司署第 58 号文件
Officio N°. 58 da Secretaria de 25 de Julho de 1859

[澳门辅政司署致华政理事官：]

　　总督阁下已决定：阁下应按照 1856 年 6 月 5 日章程第十四条的规定，尽早对华工收容站进行仔细的检查，仔细考查出洋华工是否有人未按照去年 3 月 23 日命令的要求在理事官署签署合同，并将检查的结果向总督报告。

　　署理辅政使司若泽·卡洛斯·巴罗斯（José Carlos Barros），1859 年 7 月 25 日。

　　　　　　　——*Boletim Official*, Vol. V, N°. 42, 13 – 08 – 1859, p. 166.

02. 1860 年 1 月 26 日辅政司署公告
Aviso do Official da Secretaria Servindo de Secretario, 26 de Janeiro de 1860

奉上级命令特此公告：

今年 3 月 3 日之后，不向任何运载华工的船只签发批文。

　　署理辅政使司若泽·卡洛斯·巴罗斯（José Carlos Barros），1860 年 1 月 26 日，于澳门。

　　　　　　　——*Boletim Official*, Vol. VI, N°. 8, 28 – 01 – 1860, p. 29.

03. 澳门辅政司署公布的华工出洋文件

Documentos sobre a Emigração Chineza Publicados pela Secretaria do Governo

本署已接到葡萄牙驻哈瓦那和秘鲁两总领事馆来函,通报去年派出的一些船只载运华工前往那些地方的情况,现奉督宪之命,将这些文件予以刊布。

法国三桅圆帆船梅多克号,1864 年 10 月 1 日从澳门离港,载运 324 名华工,经 126 天航行,于 1865 年 2 月 4 日抵达哈瓦那,抵岸人数 315 名,途中 9 人丧生。

西班牙三桅圆帆船移民者号,1864 年 10 月 31 日从澳门离港,载运 360 名华工,经 108 天航行,于 1865 年 3 月 4 日抵达哈瓦那,抵岸人数 317 名,途中 43 人丧生。

法国三桅圆帆船圣约瑟号,1864 年 11 月 2 日从澳门离港,载运 366 名华工,经 111 天航行,于 1865 年 2 月 22 日抵达哈瓦那,抵岸人数 363 名,途中 3 人丧生。

西班牙三桅船卡恩纳西翁号,1864 年 11 月 23 日从澳门离港,载运 283 名华工,经 112 天航行,于 1865 年 3 月 16 日抵达哈瓦那,抵岸人数 274 名,途中 9 人丧生。

葡萄牙三桅圆帆船约瑟非塔阿尔米拉号,1864 年 11 月 29 日从澳门离港,载运 571 名华工,经 99 天航行,于 1865 年 3 月 9 日抵达哈瓦那,抵岸人数 566 名,途中 5 人丧生。

法国三桅船伊莎贝尔号,1864 年 12 月 8 日从澳门离港,载运 271 名华工,经 95 天航行,于 1865 年 3 月 12 日抵达哈瓦那,抵岸人数 268 名,途中 3 人丧生。

西班牙三桅圆帆船瓜达卢普号,1864 年 12 月 19 日从澳门离港,载运 436 名华工,经 105 天航行,于 1865 年 4 月 5 日抵达哈瓦那,抵岸人数 431 名,途中 5 人丧生。

法国三桅圆帆船达维德号,1864 年 12 月 19 日从澳门离港,载运 421 名华工,经 106 天航行,于 1865 年 4 月 5 日抵达哈瓦那,抵岸人数 413 名,途中 8 人丧生。

法国三桅船奥古斯特—居斯塔夫号,1865 年 1 月 14 日从澳门离港,载运 238 名华工,经 99 天航行,于 1865 年 4 月 23 日抵达哈瓦那,抵岸人数 234 名,途中 4 人丧生。

葡萄牙三桅圆帆船 D. 玛利亚·皮亚号，1864 年 11 月 3 日从澳门离港，载运 425 名华工，经 81 天航行，于 1865 年 1 月 25 日抵达秘鲁卡亚俄（Calláu de Lima），抵岸人数 400 名，途中 25 人丧生。

秘鲁三桅圆帆船奥罗拉号，1864 年 11 月 12 日从澳门离港，载运 377 名华工，经 104 天航行，于 1865 年 2 月 24 日抵达秘鲁卡亚俄（Calláu de Lima），抵岸人数 367 名，途中 10 人丧生。

总领事们还通报说，全部乘客都在领事馆注册了他们的合约，以规定的形式呈出，并在船上接受了检查；在到港后都声明在航行期间受到善待，任何东西都不缺。

现加以归纳，上述前往哈瓦那的 9 艘船，共运载华工 3 270 人，航行途中死亡 89 人，死亡率略高于 2.5%。

前往秘鲁的 2 艘船，共运载华工 802 人，途中死亡 35 人，死亡率接近 4.5%。

从此以后，将陆续刊布所收到的各总领事馆关于从澳门发出的载运华工前往那些地方的船只的文件。

辅政使司格雷戈里奥·若泽·里贝罗（Gregorio José Ribeiro），1865 年 8 月 1 日，于澳门辅政司署。

——*Boletim Official*，Vol. XI，N°. 33 ［32］，07 – 08 – 1865，p. 127.

04. 澳门辅政司署公布的华工出洋文件
Documentos sobre a Emigração Chineza Publicados pela Secretaria do Governo

兹奉上级命令宣布，已收到葡萄牙驻哈瓦那总领事馆公函称，法国三桅圆帆船波尔·杜朗德号，从澳门出发，经 128 天航行，于 5 月 11 日抵达该港。该船于今年 1 月 3 日从澳门开出，运载华工 178 名，177 名到达目的港，航行途中死亡 1 人。该总领事宣布，全部乘客都在领事馆按照规定注册了他们的合约，并全体声明受到了该船长和其他船员的善待。

辅政使司格雷戈里奥·若泽·里贝罗（Gregorio José Ribeiro），1865 年 8 月 8 日，于澳门辅政司署。

——*Boletim Official*，Vol. XI，N°. 33，14 – 08 – 1865，p. 131.

05. 澳门辅政司署公布的华工出洋文件
Documentos sobre a Emigração Chineza Publicados pela Secretaria do Governo

兹奉上级命令宣布,已收到葡萄牙驻秘鲁总领事馆公函称,意大利三桅圆帆船天命号,经 89 天航行,于今年 4 月 10 日抵达卡亚俄港。该船于今年 1 月 2 日从澳门开出,运载华工 395 名,392 名到达目的港,航行途中死亡 3 人。该总领事宣布,全部乘客都在领事馆按照规定注册了他们的合约,并全体声明受到了该船长和其他船员的善待。

辅政使司格雷戈里奥·若泽·里贝罗 (Gregorio José Ribeiro),1865 年 8 月 18 日,于澳门辅政司署。

——*Boletim Official*, Vol. XI, N.º 34, 21 - 08 - 1865, p. 135.

06. 澳门辅政司署公布的华工出洋文件
Documentos sobre a Emigração Chineza Publicados pela Secretaria do Governo

现奉上级命令,兹刊布由葡萄牙驻哈瓦那总领事馆所提供的经由澳门载运华工前往该地船只的最新信息。

葡萄牙三桅圆帆船埃玛号,1864 年 12 月 20 日从澳门离港前往哈瓦那,载运 231 名华工,经 134 天航行,于 1865 年 4 月 30 日抵达该港,抵岸人数 230 名,途中 1 人丧生。

法国三桅圆帆船隆巴德号,于今年 1 月 17 日从澳门离港前往哈瓦那,载运 243 名华工,经 107 天航行,于 1865 年 4 月 30 日抵达该港,抵岸人数 240 名,途中 3 人丧生。

全部华工都在总领事馆按照规定注册了他们的合约,并全体声明受到了船长们和其他船员的善待。

辅政使司格雷戈里奥·若泽·里贝罗 (Gregorio José Ribeiro),1865 年 8 月 26 日,于澳门辅政司署。

——*Boletim Official*, Vol. XI, N.º 35, 28 - 08 - 1865, p. 139.

07. 澳门辅政司署公布的华工出洋资料

Noticia sobre a Emigração Chineza Publicada pela Secretaria do Governo

现奉上级命令，刊布由葡萄牙驻秘鲁总领事馆所提供的经由澳门载运华工前往该地船只的最新信息。

秘鲁方帆双桅船特莱萨号，1864 年 12 月 24 日从澳门离港前往卡亚俄，载运 143 名华工，经 107 天航行，于 1865 年 4 月 10 日抵达该港，抵岸人数 141 名，途中 2 人丧生。

意大利三桅船克洛蒂尔德号，于今年 1 月 8 日从澳门离港前往哈瓦那，载运 220 名华工，经 104 天航行，于 1865 年 4 月 23 日抵达该港，抵岸人数 218 名，途中 2 人丧生。

全部华工都在葡萄牙总领事馆按照规定注册了他们的合约，没有宣布任何对船长和其他船员的投诉。

辅政使司格雷戈里奥·若泽·里贝罗（Gregorio José Ribeiro），1865 年 9 月 4 日[①]，于澳门辅政司署。

　　　　　　　——*Boletim Official*, Vol. XI, N°. 36, 04 – 09 – 1865, p. 144.

08. 澳门辅政司署通告

Aviso da Secretaria do Governo de Macau，9 de Setembro de 1865

奉上级命令发布此通告，所有从事向哈瓦那和秘鲁等处运送出洋华工的代理人，自 1866 年 7 月 1 日起，船上若没有合乎资质的医生，不得以任何借口装运华工离开澳门。

辅政使司格雷戈里奥·若泽·里贝罗（Gregorio José Ribeiro），1865 年 9 月 9 日，于澳门辅政司署。

　　　　　　　——*Boletim Official*, Vol. XI, N°. 37, 11 – 09 – 1865, p. 147.

---

① 原文无落款时间，此以刊布时间代之。

09. 澳门辅政司署公布的华工出洋资料

Noticia sobre a Emigração Chineza Publicada pela Secretaria do Governo

　　兹奉上级命令刊布葡萄牙驻哈瓦那总领事馆公文：比利时船利奥波德·卡多号、法国船夏洛特号，载运华工由澳门抵达该港。两船共运载 686 名华工，其中抵达者 670 名，途中死亡 16 人，死亡率为 2.5%。全部华工都在总领事馆注册了他们的合约，没有提出任何对船长和其他船员的投诉。

　　辅政使司格雷戈里奥·若泽·里贝罗（Gregorio José Ribeiro），1865 年 9 月 8 日，于澳门辅政司署。

——Boletim Official，Vol. XI，N.º 37，11 – 09 – 1865，p. 147.

10. 澳门辅政司署公布的华工出洋资料

Noticia sobre a Emigração Chineza Publicada pela Secretaria do Governo

　　兹奉上级命令公布，已收到葡萄牙驻哈瓦那总领事馆公函称，意大利三桅圆帆船英国女王号和阿冯号、法国三桅船诺维尔·帕拉斯号已抵达该港。它们分别于今年 1 月和 2 月从澳门出发，载运华工前来该港。

　　该 3 艘船共运载华工 1 319 名，经正常航行，1 264 人到达目的港，途中死亡 55 人，死亡率为 4%。

　　华工们当总领事面宣称，他们在船上受到了该船长和其他船员的善待。

　　辅政使司格雷戈里奥·若泽·里贝罗（Gregorio José Ribeiro），1865 年 10 月 4 日，于澳门辅政司署。

——Boletim Official，Vol. XI，N.º 41，09 – 10 – 1865，p. 164.

11. 澳门辅政司署一般公文第448号

Expediente Geral N°. 448，Secretaria Geral do Governo de Macau

致尊敬的华工出洋监理官费尔南德斯阁下：

鉴于阁下曾向总督阁下报告说，最近公布的华工出洋章程第二十二条和第二十七条的真实含义引起了怀疑，现奉督宪之命向阁下传达［有关解释］，以便加以实行。

第一，第二十二条和第二十七条所指的运输费，是指那些不愿出洋的苦力返回家乡的运输费用，而非像被错误理解的那样，是在签约之后将他们运去目的地的运输费用。

第二，如果代理人要想收取该两条款所指的伙食费和半额运费的补偿金，而苦力们无力给付时，应该由经纪人或是他们的担保人完成这样的赔偿。

第三，如果经过询问得知这些苦力中有一人或多人是被拐骗或胁迫而来，进入了华工出洋监理局的房子（收容所），阁下应该立刻通知有权限部门以抓捕违法者，按照《刑法典》的规定进行起诉，除了刑事诉讼外，苦力们还有权依照普通法的规定，向曾经拐骗和胁迫他们的经纪人索取损失赔偿。

第四，正如这两条的表述那样，在华工出洋监理局声明不愿登船的苦力，一有运输工具，阁下即开出通知，将他们运回家乡。

上帝保佑阁下！

辅政使司格雷戈里奥·若泽·里贝罗（Gregorio José Ribeiro），1868年9月12日。

——*Boletim Official*，Vol. XIV，N°. 37，14 - 09 - 1868，pp. 172 - 173.

12. 澳门辅政司署一般公文第124号

Expediente Geral N°. 124 da Secretaria do Governo de Macau

致葡萄牙驻秘鲁总领事官纳西索·维拉德阁下：

总督阁下委托我给您回复，阁下今年8月2日的公文已收到，告诉您，总督阁下很有兴趣地看了您的函件，认为该文末段中的强有力表现非常值得称

赞，一个葡萄牙领事抗议在那个城市发生的针对一个友好国家的臣民的丑闻事件，他们冒险签订契约来这个殖民地做工。

该日已向陛下政府报告了阁下提到的事实以及你在类似事情上的行动，阁下断定，陛下政府会对阁下在履行职务中的表现给予应有的表彰。

透过文后所附的本政府的训令副本，阁下将会看到总督阁下认为必须实行的规定，直到总督阁下得知该国政府满足了华工们无可争议的权利并采取了惩办阁下抗议中提到的罪行的实施者和阻止类似事件再度发生的必要措施为止。

上帝保佑阁下！

辅政使司格雷戈里奥·若泽·里贝罗（Gregorio José Ribeiro），1868 年 11 月 19 日，于澳门。

——*Boletim Official*, Vol. XIV, N.º 47, 23 – 11 – 1868, pp. 214 – 215.

13. 澳门辅政司署一般公文第 581 号

Expediente Geral N.º 581 da Secretaria do Governo de Macau

致华工出洋监理官阁下：

总督阁下委托我转告阁下，曾接报本部门的某些低级职员在出洋华工收取登船前的预支款时向他们出售物品，要求阁下对这类事实的存在以及本部门全体职员造成的开销展开调查。此外，阁下应向本司署寄送一份出洋华工通常为航行所购物品的报告，以便公布承办这些物品（以价低者承充）的出投公告。

上帝保佑阁下！

辅政使司格雷戈里奥·若泽·里贝罗（Gregorio José Ribeiro），1868 年 11 月 21 日，于澳门。

——*Boletim Official*, Vol. XIV, N.º 48, 30 – 11 – 1868, p. 220.

14. 澳门辅政司署一般公文第 569 号

Expediente Geral N<u>o</u>. 569 da Secretaria do Governo de Macau

致澳门华政衙门理事官马忌士（Antonio Marques Pereira）阁下：

　　谨以此函给华政理事官兼政务厅阁下寄去华工出洋监理局第 50 号公文，着对该公函中提到的问题开展行政调查，然后将调查结果寄送本司署，以便通过公证的措施得知事实真相。

　　上帝保佑阁下！

　　辅政使司格雷戈里奥·若泽·里贝罗（Gregorio José Ribeiro），1868 年 11月 17 日，于澳门。

——Boletim Official，Vol. XIV，N<u>o</u>. 48，30 - 11 - 1868，p. 220.

15. 澳门辅政司署一般公文第 596 号

Expediente Geral N<u>o</u>. 596 da Secretaria do Governo de Macau

致尊敬的华工出洋监理官费尔南德斯阁下：

　　谨以此函回复代理华工出洋监理官列地于本月 12 日致本政府的公函，其中提到了若干被投诉的事实，请求开展一项调查，如果情况属实，即对非法者实施惩处；如果证明投诉不实，即证明职员无罪。总督阁下下令就类似的事务进行行政调查，不仅包括监理局的职员，也包括各收容站的签约人和负责人。之后将文件寄送国家律政司。收到总督的决定后，我即以附件寄送阁下，以便在您领导的部门存档。

　　总督先生委托我乘此机会转告您，为了使今后不再出现这样的指控，根据律政司在意见书第二部分提出的事实，还不能认为可证明事实存在，没有违法者应受到处罚；这位律政司的意见书还宣称，阁下应该完全执行本月 21 日辅政司署第 582［581］号公文所下达的指令，并下令所有被遣返的华工在登船之前由一位其所在收容站的职员陪同，船政官应在他们登船时采取预防措施，已令他在这个日期派一位巡捕人员证实被遣返者已登船，并在运载他们的船只离开澳门之前对其进行检查。

上帝保佑阁下！

辅政使司格雷戈里奥·若泽·里贝罗（Gregorio José Ribeiro），1868 年 11 月 28 日，于澳门。

——*Boletim Official*，Vol. XIV，N°. 48，30 – 11 – 1868，p. 220.

16. 澳门辅政司署第 450 号公文
Officio N°. 450 da Secretaria do Governo de Macau

尊敬的船政官先生：

兹奉督宪之命通知阁下，[今年] 9 月 22 日，本政府曾致函西班牙和秘鲁的领事馆，预先通知，自 [来年] 1 月份起，华工出洋代理人只能用华工前往的目的国船只或者与中国有条约的国家的船运载华工。

上帝保佑阁下！

辅政使司恩里克·德·卡斯特罗（Henrique de Castro），1870 年 11 月 24 日，于澳门辅政司署。

——*Boletim Official*，Vol. XVI，N°. 48，28 – 11 – 1870，p. 202.

17. 澳门辅政司署第 305 号公文
Officio N°. 305 da Secretaria do Governo de Macau

尊敬的巡捕兵营统领先生：

总督阁下委托我告知阁下，请就下列各问题提供解释：

1. 巡捕兵营检查接载苦力的船只，通常每艘船上去几人？

2. 士兵登船公干是否有指令？

3. 士兵在小火船上护送华工，通常每艘船上去几人？配备什么武器？有什么指令？前去的目的是什么？

上帝保佑阁下！

辅政使司恩里克·德·卡斯特罗（Henrique de Castro），1871 年 4 月 12 日，于澳门辅政司署。

——*Boletim Official*，Vol. XVII，N°. 19，08 – 05 – 1871，p. 76.

［附件］澳门巡捕兵营第44号公文
Officio N°. 44 da Policia de Macau

尊敬的总督阁下：

谨以此函回复本月12日第305号公文，向阁下汇报下列内容：

1. 前往检查接载华工的船只，每艘船只去一个士兵。

2. 该士兵登船，是为了不让任何一个没有持有监理局开具的通知的华工上船；监督船上出售的物品不能超过其成本价格的15%；监督水手头目不得虐待华工，发现任何华工被迫上船或受到虐待立刻报告；最后，向巡捕兵营通报船上发生的任何事情。

3. 华工登船时，每艘载运50~60名华工的小火船去一位监理局的卫兵，只配备皮带佩剑，以防出现秩序混乱；如果有任何华工受护送他们前来的人胁迫上船，该士兵即有责任将该华工送至监理官；他也负有防止在船上销售任何物品之责。

上帝保佑阁下！

澳门巡捕兵营统领热罗尼莫·佩雷拉·列地（Jeronimo Pereira Leite），1871年4月13日，于澳门圣多明戈军营（Quartel em S. Domingo）。

——*Boletim Official*，Vol. XVII，N°. 19，08-05-1871，p. 76.

18. 澳门辅政司署第191号公文
Officio N°. 191 da Secretaria do Governo de Macau

尊敬的华工出洋监理官先生：

总督阁下委托我告知阁下，请您就下列各问题提供解释：

1. 三桅船努韦勒·佩纳卢普号（Nouvelle Penelope）上接载了多少苦力？

2. 那些苦力在监理局停留的时间是否符合章程规定的天数？是否遵守了现行章程和命令的全部条款？

3. 在注册前往该船当场被遣返的苦力的人数中，有多少人宣布反悔或交给了父母？或者因为想滞留澳门而被下令离开监理局？

4. 登上努韦勒·佩纳卢普号船的苦力中，有多少人再次被允许进入监理局准备再次出洋？有多少人在登上了同一目的港的别的船之后又被确认为属于那艘船？

上帝保佑阁下！

辅政使司恩里克·德·卡斯特罗（Henrique de Castro），1871 年 4 月 10 日，于澳门辅政司署。

——*Boletim Official*，Vol. XVII，N.º 19，08 – 05 – 1871，p. 76.

19. 澳门辅政司署第 250 号公文
Officio N.º 250 da Secretaria do Governo de Macau

尊敬的华工出洋监理官先生：

总督阁下委托我请阁下起草一份由阁下所辖部门和出洋监理局的翻译官和口译签名的声明书，声明在注册当日监理局的检查开始之前，他们已奉阁下命令并当阁下在场时，向搭载秘鲁三桅圆帆船堂·胡安号的苦力们讲解说，经纪人曾对他们说要在船上替换他们的说法是假的；还要写入此次审查所经历的其他事情。请阁下将该声明书寄送本辅政司署。

上帝保佑阁下！

辅政使司恩里克·德·卡斯特罗（Henrique de Castro），1871 年 5 月 12 日，于澳门辅政司署。

——*Boletim Official*，Vol. XVII，N.º 20，15 – 05 – 1871，pp. 79 – 80.

［附件］ 声明书
Term de Declaração

1871 年 5 月 13 日，在澳门华政衙门，理事官巴士度和本书吏在场，按照辅政使司本月 12 日第 250 号公文的要求，华政衙门翻译官罗巴茨、监理局华文书吏兼监理局任本地方言翻译林钟（Lam-chiong）、客家话翻译王禄（Vong-loc）、福建话翻译王贵（Vong-kuai）等在场。他们在宣誓之后声明，在 4 月 24 日，搭乘秘鲁三桅船堂·胡安号的华工进行第一次注册，苏沙总督于上午 9 点来到监理局现场，尚未开始宣读和解释契约，阁下透过正翻译官施伯多禄和华政衙门国家律师，下令那些宣誓者，当着总督的面，用三种方言向汇集在那里的华工解说下列内容：这些华工集结在这里接受询问是否愿意前往秘鲁；他们之中若有人不愿出洋或被欺骗，可放心地声明，定会得到政府的全力保护；如果有经纪人向他们中的某些人许诺在航行中可以下船或被其他人代替，纯属假话，因而那些被欺骗的人当总督面声明，总督就会对那些经纪人严加惩处；华工们应该确知在签约和登船之后就必须进行前往秘鲁的航行，所以如果有人受到欺骗，必须在这个时候马上做出声明，因为这是提出声明的时候，登船之后就不能再宣布受骗，所有在登船之后又宣布自己受骗的人会受到严处，而这一处罚之所以必须进行，不是因为他不愿出洋，而是因为他在监理局欺骗官员说他自愿出洋、没有受骗。他们必须以高声向在场的所有华工完成上述解释。根据辅政使司的上述公文，正翻译官施伯多禄到场，本书吏向他宣读了这个决定，宣誓之后他声明：他证明，在上面提及的时间和地点，声明者们准确地完成了总督阁下所要求的解释，产生了本声明书中所公布的声明，无一华工声明受骗，仅有 4 个人说因思念家人而后悔、不想出洋了。立此声明书，以资证明。宣读之后，由各声明人及该理事官和本书吏一并签署。理事官巴士度（Julio Ferreira Pinto Basto）、书吏科斯达（F. da Costa）、翻译官施伯多禄（Pedro Nolasco da Silva Jr.）、罗巴茨（J. T. Robarts）、林钟（Lam-chiong）、王禄（Vong-loc）、王贵（Vong-kuai）、埃多亚·马吉士（Edardo Marques）。

——*Boletim Official*, Vol. XVII, N°. 20, 15 – 05 – 1871, p. 80.

20. 澳门辅政司署第 286 号公文

Officio N°. 286 da Secretaria do Governo de Macau

尊敬的船政官先生：

总督阁下决定，阁下应遵行下列规定：

自即日起，运载华工的船只应该在小火船阿玛索纳号（Amasona）附近停泊，由华工所属的收容站对他们进行分送。

水师巡捕统领（Commando da Plicia do Mar）的委托人应透过翻译员查清哪些华工是准备出洋的，哪些人来此是想在澳门做工的。

查清之后，那些要出洋的华工将被交给他们所属的收容站。

总督还决定，阁下应该有一个册簿，记录去往每个收容站的华工的人数、乘坐船只的名字，以及陪伴他们来的经纪人的名字，并由接收他们的收容站的代表人签名为据。

那些希望在本市被雇用的华工和陪同他们来的经纪人都应该待在船上，通报辅政司署,以决定是否方便接纳他们。

那些前往收容站的华工将被编制名册送交华工出洋监理局;该名册应由接纳他们的人、水师巡捕统领或其代理人签名。

上帝保佑阁下!

辅政使司恩里克·德·卡斯特罗（Henrique de Castro），1871 年 5 月 29 日,于澳门辅政司署。

——*Boletim Official*, Vol. XVII, N.º 23, 05 – 06 – 1871, p. 91.

21. 澳门辅政司署第 303 号公文
Officio N.º 303 da Secretaria do Governo de Macau

尊敬的船政官先生:

考虑到应该给出一个期限以落实船只对出洋华工应该具有的运载能力的改进,总督阁下决定,从明年 1 月 1 日起开始执行今年 5 月 26 日第 267 号公文中的有关规定。但在该规定尚未实行期间,应切实遵行 1864 年 8 月 13 日训令中关于这一重要事情的规定,检查并确认船只是否具备上引训令规定的接纳华工的条件是阁下的直接责任,在通知船只可载运华工人数的公文中应该提到船只背部的通风口（vigias）数量,舱口（escotilhas）的数量以及它们的安置,是否有通风泵以及该训令中提到的其他设备。

上帝保佑阁下!

辅政使司恩里克·德·卡斯特罗（Henrique de Castro），1871 年 6 月 3 日,于澳门辅政司署。

——*Boletim Official*, Vol. XVII, N.º 23, 05 – 06 – 1871, p. 91.

22. 澳门辅政司署第 308 号公文
Officio N.º 308 da Secretaria do Governo de Macau

尊敬的船政官先生:

总督阁下决定,在阁下最近一次登船对载运华工的船只检查时,除了已经赋予您的职责和决定由您进行的调查之外,还应该向该船船长索要一份声明书,说明其船上没有搭载任何疑似海盗的出洋者或者被确认受骗的出洋者,如果发现这种情况，立刻下令他们全部下船。

　　如果相关的代理人合意，船只可以停留以便接纳新的华工，以填补被勒令下船者的名额。

　　在阁下开具的有关船只受阻不能进行接续的航行的通知中，应该提及导致这种状况的一切情况。

　　上帝保佑阁下！

　　辅政使司恩里克·德·卡斯特罗（Henrique de Castro），1871 年 6 月 5 日，于澳门辅政司署。

——Boletim Official，Vol. XVII，N°. 23，05 – 06 – 1871，p. 91.

23. 澳门辅政司署第 1042 号公文
Officio N°. 1042 da Secretaria do Governo de Macau

尊敬的巡捕统领先生：

　　总督阁下委托我通知阁下，王室已经批准了新近采取的阻止华工出洋中违法现象的措施，阁下所领导的巡捕兵营肩负重要的监管作用，阻止那些经纪人与出洋华工一同进入华工收容站；陛下命令不仅要对任何违反那些规定的人和在惩罚那些行为时不作为的人提出告诫，而且要按照法令的严谨性对他们实施处罚。

　　上帝保佑阁下！

　　辅政使司恩里克·德·卡斯特罗（Henrique de Castro），1871 年 10 月 21 日，于澳门辅政司署。

——Boletim Official，Vol. XVII，N°. 43，23 – 10 – 1871，p. 172.

24. 澳门辅政司署第 608 号公文
Officio N°. 608 da Secretaria do Governo de Macau

尊敬的华工出洋监理官先生：

　　新近采取的关于华工出洋的措施，主要目的在于最大限度地保证华工出洋的自愿性；这些措施已全部获得了陛下政府 8 月 17 日第 54 号令的批准。

　　因此，总督阁下决定全部实施这些措施，并根据王室的决定，采取其他由经验显示的能够较大程度地改善这一重要事务的措施。

上述规定必须严厉执行，因此，总督阁下再次要求阁下，在有关华工出洋的一切环节上，要有高度的道德责任感和警惕性：在检查方面阁下负有重大而不可推卸的责任，阁下必须时刻牢记，对这样一项十分重要的工作应该全身心投入，在您所负责的部门对华工进行审查时要仔细地询问，对各个收容站实施严格监视，以使经纪人与华工完全分开。与上述命令颁布的同时已经决定，对违反该规定的人以及任何有关的责任人最严厉地实施法令和现行章程。

此外，总督阁下命令，虽然招募未满 18 岁的华工各收容站要负法定责任，但阁下必须努力保证绝不让招募 18 岁以下的人出洋这样有害的非人道的违法行为发生。

上帝保佑阁下！

辅政使司恩里克·德·卡斯特罗（Henrique de Castro），1871 年 10 月 10日，于澳门辅政司署。

——*Boletim Official*，Vol. XVII，N.º 44，31 – 10 – 1871，p. 176.

25. 澳门辅政司署第 646 号公文
Officio N.º 646 da Secretaria do Governo de Macau

尊敬的华工出洋监理官先生：

总督阁下令我告知阁下，应以极大的道德责任来避免现行法令所规定的未成年人遭到欺骗而成为出洋华工；年龄的确认由收容站的医生负责，但是因缺少法律文件，所以阁下应这样领会，自 11 月初开始，民兵营（batalhao nacional）的大医生维森特·德·保禄·萨拉威奇（Vicente de Paulo Salatwich）即被视为华工出洋监理局的医生，以出席对出洋华工的筛选，避免未满 18 岁的人被欺骗。

上帝保佑阁下！

辅政使司恩里克·德·卡斯特罗（Henrique de Castro），1871 年 10 月 26日，于澳门辅政司署。

——*Boletim Official*，Vol. XVII，N.º 44，31 – 10 – 1871，p. 176.

26. 澳门辅政司署第 63 号公文
Officio Nº 63 da Secretaria do Governo de Macau

尊敬的总领事先生：

鉴于必须明确执行由本澳登船到那个港口做工的契约的方式，总督阁下命令，阁下在报告船只到达那里的消息时，应该说明他们的雇主对待苦力的方式，雇主们是否严格执行了契约对他们所规定的条款。

总督阁下还要求，阁下在给船长开具苦力在船上所受待遇的证明书之前，不能满足于简单的声明，还应该通过一名您所信任的翻译，询问乘客受到了船长怎样的对待，饭食好不好，他们是否被允许来到上甲板，以及他们的号数等。

同样，阁下还应该在任何以本澳为目的港的船只离开之时问清楚它们回程所载运的华人乘客的人数，利用阁下可支配的手段，为那些在合同期满要回国的华工提供搭乘那些船的方便。

以上所述，总督阁下极为重视，希望阁下严格执行，不辜负政府的信任。

上帝保佑阁下！

辅政使司恩里克·德·卡斯特罗（Henrique de Castro），1871 年 5 月 30 日，于澳门辅政司署。

——*Boletim Official*，Vol. XVII，Nº 51，18 – 12 – 1871，p. 204.

27. 澳门辅政司署第 794 号公文
Officio Nº 794 da Secretaria do Governo de Macau

尊敬的华工出洋监理官先生：

阁下曾于本月 23 日向总督阁下递交第 367 号公文，报告华工出洋代理人决定按照所载华工每人一角的标准捐款用于慈善事业，并已收到代理人奥莱利亚诺·奥拉诺（Aureliano Olano）为上述目的而捐赠的 59 元捐款。

总督阁下命令阁下以您的名义对上述代理人的精神给予表彰，并告知他们在这些钱的使用上一定依照他们的愿望而行。

上帝保佑阁下！

辅政使司恩里克·德·卡斯特罗（Henrique de Castro），1871 年 12 月 27 日，于澳门辅政司署。

——*Boletim Official*，Vol. XVIII，Nº 2，08 – 01 – 1872，p. 6.

四、抵澳华工遣返交接公文

as funcções de cirurgião de 2.ª classe do quadro, vencendo por isso a gratificação que for devida, o cirurgião ajudante do batalhão de linha João Jacques Floriano Alvares, o qual continuará a fazer o serviço que lhe competir no batalhão de linha.

As auctoridades a quem o conhecimento e execução d'esta pertencer, assim o tenham entendido e cumpram.

Macau, 3 de maio de 1870.

Antonio Sergio de Sousa,
Governador de Macau e Timor.

N.º 27

O GOVERNADOR da provincia de Macau e Timor, e suas dependencias, determina o seguinte:

Sendo determinado pelo decreto de 2 de dezembro ultimo, sobre a organisação das forças militares das provincias ultramarinas, que os officiaes da guarnição d'esta cidade, formem conjunctamente com os da guarnição do districto de Timor um unico quadro: hei por conveniente determinar, em quanto Sua Magestade não mandar o contrario, que os officiaes da guarnição de Macau que forem servir n'aquelle districto, sejam transferidos para as companhias delle por espaço de dois annos.

Hei outro sim por conveniente determinar que todas as commissões dadas aos officiaes que servirem n'esta provincia, fóra do effectivo do batalhão de linha, não excedam o mesmo praso de dois annos, a fim de que os diversos serviços possam correr por todos, quando circumstancias especiaes não exijam o contrario.

As auctoridades a quem o conhecimento e execução d'esta pertencer, assim o tenham entendido e cumpram.

Macau, 3 de maio de 1870.

Antonio Sergio de Sousa,
Governador de Macau e Timor.

N.º 28

O GOVERNADOR da provincia de Macau e Timor, e suas dependencias, determina o seguinte:

Tendo o capitão tenente da armada João Climaco de Carvalho, secretario do governo d'esta provincia,—cargo que exerceu muito a meu contento—sido nomeado governador do districto de Timor, por decreto de 23 de fevereiro de 1870: hei por conveniente nomear para servir interinamente de secretario d'este governo o 1.º tenente da armada, meu ajudante de campo, Antonio Sergio de Sousa Junior.

As auctoridades a quem o conhecimento e execução d'esta pertencer, assim o tenham entendido e cumpram.

Macau, 5 de maio de 1870.

Antonio Sergio de Sousa,
Governador de Macau e Timor.

QUARTEL GENERAL DO GOVERNO DA PROVINCIA DE MACAU E TIMOR

Macau, 5 de maio de 1870

ORDEM Á FORÇA ARMADA

N.º 13

Sua Ex.ª o Governador manda publicar o seguinte decreto:

DIRECÇÃO GERAL DO ULTRAMAR

1.ª Repartição

Attendendo ao merecimento e mais circumstancias que concorrem no capitão tenente da armada, João Climaco de Carvalho, actual secretario do governo da provincia de Macau e Timor: hei por bem nomeal-o governador do districto de Timor.

O ministro e secretario d'estado dos negocios da marinha e ultramar assim o

---

tenha entendido e faça executar. Paço, em 23 de fevereiro de 1870.—REI.

Luiz Augusto Rebello da Silva.

João Climaco de Carvalho,
Secretario do governo.

Termo de juramento que presta Antonio Sergio de Sousa Junior, secretario interino do governo da provincia de Macau e Timor

Aos seis dias do mez de maio do anno do nascimento de Nosso Senhor Jesus Christo de mil oito centos e setenta, n'esta cidade do Santo Nome de Deus de Macau, no palacio do governo compareceu Antonio Sergio de Sousa Junior nomeado por S. Ex.ª o Governador, por portaria n.º 28 de 5 do corrente mez para o logar de secretario interino d'este governo, e ahi por S. Ex.ª o Governador lhe foi deferido o juramento dos Santos Evangelhos de bem e verdadeiramente servir o referido logar, debaixo do qual prometteu cumprir as suas obrigações; pelo que o mesmo Ex.mo Governador mandou lavrar este termo. Eu Tercio da Silva, official interino, a secretaria o escrevi e subscrevi.—*Tercio da Silva.—Antonio Sergio de Sousa*, Governador de Macau e Timor.—*Antonio Sergio de Sousa Junior.*

Auto da posse conferida a Antonio Sergio de Sousa Junior do logar de secretario interino do governo da provincia de Macau e Timor

Aos seis dias do mez de maio do anno de Nosso Senhor Jesus Christo, de mil oito centos e setenta n'esta secretaria do governo de Macau estando presente S. Ex.ª o Governador Antonio Sergio de Sousa, João Climaco de Carvalho, capitão tenente da armada (ex-secretario) e official ás ordens Prophirio Zeferino de Sousa, alferes do corpo da policia de Macau, e José Francisco Franco, amanuense da secretaria, se apresentou o novo secretario, Antonio Sergio de Sousa Junior, e em vista da portaria d'este governo n.º 28 de 5 do corrente mez, pela qual S. Ex.ª o Governador houve por bem nomeal-o para servir o logar de secretario interino d'este governo, por haver sido nomeado governador do districto de Timor, por decreto de 23 de fevereiro de 1870 o capitão tenente João Climaco de Carvalho: passou S. Ex.ª o Governador a deferir a posse nos termos do regimento d'esta secretaria, de que mandou lavrar o presente auto em que todos se assignaram, havendo o capitão tenente João Climaco de Carvalho procedido á entrega dos archivos, livraria e mobilia a seu cargo, como consta do respectivo inventario que se apresentou em duplicado, sendo um numerado, assignado e rubricado em todas as folhas pelo dito ex-secretario, e outro assignado para servir de recibo pelo novo secretario interino. Eu Tercio da Silva, official interino da secretaria, escrevi este auto e o assignei.—*Tercio do Silva.—Antonio Sergio de Sousa*, Governador de Macau e Timor.—*João Climaco de Carvalho*, capitão tenente.—*Antonio Sergio de Sousa Junior*, secretario interino do governo.—*Prophirio Zeferino de Sousa.—José Francisco Franco.*

EXPEDIENTE GERAL.

N.º 176

CIRCULAR

S. Ex.ª o Governador manda communicar a todas as auctoridades que, em cumprimento da portaria de 5 do mez do corrente anno, tomou hoje conta do logar de secretario interino do governo o 1.º te-

---

nente da armada Antonio Sergio de Sousa Junior.

Macau, 6 de maio de 1870.

João Climaco de Carvalho,
Secretario do governo.

Relação dos colonos repatriados durante o mez de abril de 1870

8 chinos nativos de Quai-sin.

7	„	Tong-cun.
2	„	San-ou.
1	„	Sio-heng.
4	„	Poc-lo.
11	„	Vui-chao.
7	„	San-hue.
1	„	Hoc-san.
1	„	Cheong-loc.
5	„	Hoi-peng.
7	„	Sa-neng.
4	„	Chen-ghuin.
1	„	Lon-tac.
1	„	Chio-chao.
1	„	Co-heu-chao.
1	„	Iong-chin.
8	„	San-tac.
3	„	Fa-hin.
3	„	Chan-siang.
15	„	Pan-guc.
6	„	Ho-guin.
5	„	Long-mun.
1	„	Hoi-loi.
1	„	Cong-sai.
1	„	Sam-soi.
1	„	Lin-chao.
1	„	Ton-gow.
18	„	Nam-hoi.
2	„	Lo-teng.
2	„	Iong-san.
1	„	Chio-long.
2	„	Kit-long.
1	„	Iao-peng.
21	„	Fo-kin.
2	„	Lin-peng.
4	„	Con-hio.
1	„	Con-ghuin.
1	„	Tak-heng.
1	„	Pak-hoi.
1	„	Con-chao.
1	„	Cheon-guing.
2	„	He-neng.

162 colonos.

Macau, superintendencia da emigração chineza, 2 de maio de 1870.

Jeronimo Pereira Leite,
Superintendente interino e commandante da policia.

AVISO

Faz-se publico, que depois de dez dias contados desde esta data, serão exhumados os cadaveres sepultados nas covas abaixo marcadas, por estarem completados os quatro annos do regulamento. Os que quizerem dar sepultura perpetua a esses cadaveres, se dirigirão ao leal senado da camara, dentro do praso acima marcado.

EXHUMAÇÕES

1866	1.ª CLASSE	No. da sepultura
Março 12	Capitão mercante Duval	No. 397
Abril 18	Ritta Iáger	325

	4.ª CLASSE	
Abril 3	Um homem do batrro de Sun. Lourenço	No. 528
„ 8	Sargento n.º 4 de Timor	570
„ 9	Um marinheiro italiano	592
„ 12	Cabo n.º 8 de Timor	591
„ 16	Uma mulher do bairro d'São. Lourenço	592
„ 17	Maria	553
„ 20	Antonio (de 105 annos)	554
„ 22	Criado de um official de mar	604
„ 24	José Mamede	607
„ 29	Primeiro sargento n.º 198	747

Macau, secretaria da camara, 7 de maio de 1870.

Pedro Marques,
Escrivão da camara.

图4 1870 年 4 月遣返华工清单（《澳门宪报》1870 年 5 月 9 日）

按照总督训令和华工出洋章则的规定，澳葡当局的相关部门负责人有责任对被招募来澳准备出洋的华工进行检查，确认他们是否出于自愿，或者是否合乎有关规定（如年龄规定等）；如果系受骗而来且表示不愿出洋，或者不符合相关规定，就要将他们遣返原籍。工作完成之后，还须向辅政司署或总督提交被遣返者清单。与此同时，中国地方官员在接到这些被遣返者后，还要复函澳葡当局官员，告知遣返人员的接收和遣送情况。本专题辑录了一大批澳葡官员和粤省官员之间就遣返华工进行交接的公文。这些文件犹如流水账，枯燥乏味，然而，它们至少显示出从 1859 年起，两地的官员之间就形成了遣返华工交接的长效机制，其间确有大量抵达澳门的华人因拒绝出洋或不合规则而被"解救"回粤。可见，澳葡当局有关章则中的规定，并非完全是一纸空文。

01. 因不愿进入收容站而被理事官遣返原籍的华工（1859 年 3 月 3 日至 4 月 15 日）

Relação dos Colonos Chinas que Não Quizerão Entrar nos Estabelecimentos e Forão Remettidos pelo Procurador para suas Terras

船老大收到的日期	华工人数（人）	旅费金额（元）
1859 年 3 月 3 日	1	1
3 月 5 日	1	1
3 月 8 日	1	1
3 月 14 日	1	1
3 月 15 日	2	2
3 月 16 日	1	1
3 月 17 日	3	3
3 月 18 日	1	1
3 月 21 日	1	1
3 月 21 日	1	1

（续上表）

船老大收到的日期	华工人数（人）	旅费金额（元）
3 月 21 日	2	2
3 月 21 日	2	2
3 月 21 日	1	1
3 月 22 日	1	1
3 月 24 日	1	1
3 月 28 日	4	4
3 月 28 日	2	2
3 月 28 日	2	2
3 月 28 日	2	2
3 月 31 日	1	1
3 月 31 日	1	1
3 月 31 日	3	3
4 月 1 日	26	78
4 月 2 日	4	4
4 月 2 日	1	1
4 月 2 日	2	2
4 月 4 日	2	2
4 月 4 日	3	3
4 月 4 日	1	1
4 月 7 日	1	1
4 月 13 日	1	1
4 月 14 日	1	1
4 月 15 日	5	5
4 月 15 日	2	2
合计	84	136

（表中数字不含被交给其父母的儿童的人数。）

理事官署书吏皮奥·玛利亚·德·卡瓦略（Pio Maria de Carvalho），1859年4月15日，于澳门理事官署。

——*Boletim Official*，Vol. V，Nº. 26，23 - 04 - 1859，p. 102.

02. 1868 年 3 月华工出洋监理局遣返华工清单

Relação dos Emigrantes que Foram Repatriados pela Superintendencia da Emigração Chineza de Macau durante o Mez de Março de 1868

尊敬的澳门总督阁下：

现荣幸地向您提交本年 3 月由我下令遣返的华人清单，其中一些人被证实未成年，另一些人则在询问现场宣布不愿出洋。

我应该告知阁下，所有这些人都由我下令、通过我所信任的华商遣送回了原籍；我所掌管的文件显示，他们全都安全到达了他们的目的地。

上帝保佑阁下！

华工出洋监理官费尔南德斯（B. S. Fernandes），1868 年 4 月 4 日，于澳门华工出洋监理局。

1868 年 3 月由澳遣返原籍的华工清单

8 名，博罗人（Poc-ló）；16 名，惠州人（Vae-cháo）；5 名，新安人（Sau-hon）；6 名，恩平人（Im-peng）；14 名，东莞人（Ton-cun）；28 名，韶州人（Chio-cháo）；18 名，开平人（Oi-peng）；10 名，O-hiong 人；2 名，北海人（Pac-hoi）；8 名，嘉应州人（Ca-hen-cháo）；1 名，Sau-hi 人；15 名，新会人（Sau-hui）；2 名，廉州人（Lin-cháo）；2 名，梧州人（Un-cháo）；8 名，Pon-ghui 人；1 名，Nan-ion 人；7 名，江门人（Comun）；7 名，Cheo-lin 人；5 名，新兴人（Saneng）；1 名，肇庆人（Si-heng）；3 名，Cáo-long 人；9 名，San-hon 人；1 名，Chio-peng 人；1 名，定海人（Ten-hoi）；1 名，Nai-van 人；1 名，Si-neng 人；1 名，海丰人（Hoi-fong）；1 名，Con-nam 人；6 名，阳山人（Yon-san）；2 名，从化人（Chon-fá）；1 名，湖南人（Fu-nam）；2 名，Con-sác 人；5 名，归善人（Quae-sing）；1 名，福建人（Fo-kien）；3 名，Chit-com 人；1 名，Quae-pi 人；2 名，石岐人（Siac-ki）；4 名，顺德人（Sen-tac）；2 名，长乐人（Chion-loc）；1 名，石龙人（Si-long）；2 名，南海人（Nan-hoi）。合共 214 名。

华工出洋监理官费尔南德斯，1868 年 4 月 25 日。

——*Boletim Official*, Vol. XIV, N°. 17, 25－04－1868, p. 82.

03. 1868 年 4 月华工出洋监理局遣返华工清单

Relação dos Emigrantes que Foram Repatriados pela Superintendencia da Emigração Chineza de Macau durante o Mez de Abril de 1868

尊敬的澳门总督阁下：

现荣幸地向您提交本年 4 月我下令遣返的华人名册，其中一些人未成年，另一些人在询问现场宣布不愿出洋的决定。

我应该告知阁下，所有这些人都由我下令、通过我所信任的华商遣送回了原籍；我所掌管的文件显示，他们全都安全到达了他们的目的地。

上帝保佑阁下！

华工出洋监理官费尔南德斯，1868 年 5 月 1 日，于澳门华工出洋监理局。

1868 年 4 月遣返的华工名册

2 名，博罗人（Poc-ló）；10 名，惠州人（Vae-cháo）；4 名，新安人（San-hon）；10 名，东莞人（Ton-cun）；3 名，南海人（Nan-hoi）；20 名，韶州人（Chio-cháo）；6 名，开平人（Oi-peng）；3 名，Oi-hong 人；8 名，嘉应州人（Ca-en-cháo）；6 名，新会人（San-hui）；3 名，梧州人（Un-cháo）；10 名，北海人（Pac-ghui）；1 名，江门人（Comun）；4 名，新兴人（Sa-neng）；2 名，潭水人（Tam-sui）；5 名，阳山人（Yon-san）；3 名，从化人（Chen-fá）；2 名，归善人（Quae-sing）；8 名，福建人（Fo-kien）；10 名，三水人（Sam-soi）；1 名，廉州人（Lin-cháo）；2 名，德庆人（Tac-hon）；1 名，东安人（Ton-hon）；2 名，Lioc-hon 人；1 名，Yon-cheng 人；1 名，Chion-sá 人；1 名，顺德人（Sen-tac）；2 名，四会人（Si-hui）；3 名，鹤山人（Hoc-san）；1 名，罗定人（Lo-ten）；1 名，长乐人（Chon-lóc）；1 名，Chan-chim 人；2 名，高要人（Co-hio）；2 名，罗门人（Lo-mun）。合共 141 人。

华工出洋监理官费尔南德斯，1868 年 5 月 1 日。

——*Boletim Official*，Vol. XIV，N°. 18，02 – 05 – 1868，p. 86.

04. 1868 年 5 月华工出洋监理局遣返华工清单

Relação dos Emigrantes que Foram Repatriados pela Superintendencia da Emigração Chineza de Macau durante o Mez de Maio de 1868

尊敬的澳门总督阁下：

现荣幸地向您提交本年 5 月我下令遣返的华人的名册，其中一些人宣称不愿出洋，另一些是因为未成年，后一类人为数不多。

我应该告知阁下，正如往常那样，所有这些人都利用我所把握的有利时机送回了他们的原籍。

上帝保佑阁下！

华工出洋监理官费尔南德斯，1868 年 6 月 1 日，于澳门华工出洋监理局。

1868 年 5 月遣返的华工名册

3 名，博罗人（Poc-ló）；15 名，惠州人（Vae-cháo）；3 名，新安人（San-hong）；1 名，东莞人（Ton-cun）；10 名，南海人（Nam-hoi）；50 名，韶州人（Chio-cháo）；4 名，开平人（Oi-peng）；7 名，Oi-hong 人；6 名，嘉应州人（Ca-en-cháo）；11 名，新会人（San-hui）；2 名，梧州人（Un-cháo）；5 名，Pon-ghai 人；1 名，江门人（Comun）；6 名，新兴人（Sa-neng）；2 名，阳山人（Yon-sang）；6 名，从化人（Chon-fá）；5 名，归善人（Quae-sing）；3 名，福建人（Fo-kien）；4 名，三水人（Sam-soi）；3 名，廉州人（Lin-cháo）；1 名，石岐人（Siac-ki）；1 名，德庆人（Tac-hong）；3 名，Loc-hong 人；3 名，阳江人（Yon-con）；3 名，顺德人（Sen-tac）；2 名，四会人（Si-hui）；2 名，鹤山人（Hoc-sang）；3 名，长乐人（Chon-lóc）；1 名，Chan-ching 人；2 名，高要人（Có-hio）；2 名，罗门人（Lo-mun）；2 名，Sac-nam 人；3 名，Sian-peng 人；1 名，Sae-chio 人；1 名，Cháo-chong 人；3 名，湖南人（Fu-nam）；1 名，Chon-liu 人；2 名，石龙人（Siac-long）；5 名，惠来人（Hu-lae）；1 名，高州人（Cáo-cháo）；4 名，河源人（Hoi-ghuim）；3 名，肇庆人（Seo-heng）；1 名，广西人（Con-sáe）。合共 197 名。

华工出洋监理官费尔南德斯，1868 年 5 月 31 日。

——*Boletim Official*，Vol. XIV，Nº 23，05 – 06 – 1868，p. 105.

05. 1868 年 6 月华工出洋监理局遣返华工清单

Relação dos Emigrantes que Foram Repatriados pela Superintendencia da Emigração Chineza de Macau durante o Mez de Junho de 1868

尊敬的澳门总督阁下：

现荣幸地向您提交本年 6 月我下令遣返的华人清单，其中一些人宣称不愿出洋，另一些是因为未成年。

我应该告知阁下，正如往常那样，所有这些人都利用我所把握的有利时机送回了他们的原籍。

上帝保佑阁下！

华工出洋监理官费尔南德斯，1868 年 7 月 2 日，于澳门华工出洋监理局。

1868 年 6 月遣返的华工清单

35 名，韶州人（Chio-cháo）；6 名，嘉应州人（Ca-hen-cháo）；2 名，九龙人（Cáo-long）；3 名，从化人（Chon-fá）；7 名，广西人（Con-sáe）；1 名，Chit-con 人；1 名，高要人（Co-hio）；3 名，长乐人（Chon-lóc）；1 名，Chan-chim 人；1 名，湖南人（Fu-nam）；2 名，福建人（Fo-kien）；4 名，德庆人（Tá-hiu）；2 名，鹤山人（Hoc-san）；9 名，惠来人（Hu-lae）；1 名，恩平人（Im-peng）；3 名，廉州人（Lin-cháo）；1 名，Loc-hong 人；1 名，罗定人（Lo-ten）；5 名，罗门人（Lo-mun）；1 名，Lon-ching 人；12 名，南海人（Nam-hoi）；1 名，Nam-ion 人；2 名，开平人（Oi-peng）；11 名，河源人（Hoi-ghuim）；4 名，博罗人（Poc-ló）；10 名，Pon-ghiu 人；7 名，归善人（Quae-sing）；5 名，新安人（San-hon）；11 名，新会人（San-hui）；5 名，新兴人（Sa-neng）；2 名，肇庆人（Sio-heng）；7 名，顺德人（Sen-tac）；8 名，三水人（Sam-soi）；4 名，四会人（Si-hui）；8 名，东莞人（Ton-cun）；5 名，东安人（Ton-hon）；1 名，斗门人（Táo-mun）；21 名，惠州人（Vae-cháo）。合计 213 名。

华工出洋监理官费尔南德斯，1868 年 6 月 30 日。

——*Boletim Official*, Vol. XIV, N°. 27, 04 – 07 – 1868, p. 122.

06. 1868 年 7 月华工出洋监理局遣返华工清单

尊敬的澳门总督阁下：

现荣幸地向您提交本年 7 月被我遣返回乡的华人的名册，其中一些人宣称不愿出洋，另一些人尚未成年，后一类人为数不多。

我还应该告知阁下，已利用我所把握的有利时机将他们全都送回了原籍。

上帝保佑阁下！

华工出洋监理官费尔南德斯，1868 年 8 月 4 日，于澳门华工出洋监理局。

1868 年 7 月遣返的华工清单

10 名，韶州人（Chio-cháo）；6 名，嘉应州人（Ca-hen-cháo）；3 名，Cheo-ling 人；1 名，从化人（Chon-fá）；6 名，广西人（Con-sáe）；1 名，Chan-chim 人；4 名，Cheu-ghuin 人；8 名，湖南人（Fu-nam）；3 名，福建人（Fo-kien）；1 名，花县人（Fa-hin）；5 名，鹤山人（Hoc-san）；16 名，惠来人（Hu-láe）；2 名，恩平人（Ien-peng）；2 名，廉州人（Lin-cháo）；3 名，Loc-hon 人；3 名，罗定人（Lo-ten）；3 名，罗门人（Lo-mun）；1 名，Láo-lon 人；7 名，南海人（Nam-hoi）；8 名，开平人（Oi-peng）；7 名，Oi-hong 人；3 名，河源人（Oi-ghuin）；1 名，博罗人（Poc-ló）；2 名，北海人（Pac-hoi）；11 名，Pon-ghui 人；1 名，Qui-há 人；2 名，归善人（Quae-sing）；3 名，新安人（San-hon）；7 名，新会人（San-hui）；3 名，新兴人（Sa-neng）；1 名，Sae-chio 人；2 名，Si-neng 人；4 名，顺德人（Sen-tac）；3 名，三水人（Sam-soi）；1 名，四会人（Si-hui）；13 名，东莞人（Ton-cun）；2 名，东安人（Ton-hon）；2 名，斗门人（Táo-mun）；1 名，德庆人（Tac-heng）；18 名，惠州人（Vae-cháo）；2 名，阳山人（Yon-sang）。合计 182 名。

华工出洋监理官费尔南德斯，1868 年 7 月 31 日。

——*Boletim Official*，Vol. XIV，N.º 32，10 – 08 – 1868，p. 151.

07. 1868 年 8 月华工出洋监理局遣返华工清单

尊敬的澳门总督阁下：

现荣幸地向您提交本年 8 月我下令遣返的华人清单，其中一些人宣称不愿出洋，另一些是未成年人。

我应该告知阁下，正如往常那样，已利用我所掌握的有利时机将他们送回了原籍。

上帝保佑阁下！

华工出洋监理官费尔南德斯，1868 年 9 月 3 日，于澳门华工出洋监理局。

1868 年 8 月遣返原籍的华工名册

3 名，韶州人（Chio-cháo）；5 名，嘉应州人（Ca-en-cháo）；1 名，Cheo-ling 人；1 名，从化人（Chon-fá）；1 名，广西人（Con-sac）；3 名，长乐人（Chon-lóc）；2 名，Cheng-huim 人；1 名，花县人（Fa-him）；1 名，鹤山人（Hoc-san）；1 名，惠来人（Hu-láe）；1 名，琼州人（Jon-chau）；1 名，恩平人（Jem-peng）；2 名，廉州人（Lin-cháo）；7 名，南海人（Nam-hoi）；2 名，开平人（Oi-peng）；1 名，Oi-hong 人；1 名，河源人（Oi-ghuim）；2 名，博罗人（Poc-ló）；11 名，Pong-hui 人；2 名，归善人（Quae-sing）；5 名，新安人（San-hon）；1 名，石龙人（Siac-long）；4 名，新会人（San-hui）；2 名，新兴人（San-heng）；2 名，顺德人（Sen-tac）；1 名，三水人（Sam-soi）；1 名，潭水人（Tam-soi）；5 名，东莞人（Ton-cun）；1 名，斗门人（Táo-mun）；1 名，梧州人（Un- cháo）；14 名，惠州人（Vae-cháo）；2 名，阳山人（Yon-san）。合计 88 名。

华工出洋监理官费尔南德斯，1868 年 8 月 31 日。

——*Boletim Official*，Vol. XIV，Nº. 36，07 – 09 – 1868，p. 167.

08. 1868 年 9 月华工出洋监理局遣返华工清单

尊敬的澳门总督阁下：

现荣幸地向您提交本年 9 月我下令遣返的华人清单，其中一些人宣称不愿出洋，另一些是未成年人。

我应该告知阁下，正如往常那样，已利用我所掌握的有利时机将他们全部送回了原籍。

上帝保佑阁下！

华工出洋监理官费尔南德斯，1868 年 10 月 3 日，于澳门华工出洋监理局。

1868 年 9 月遣返的华工清单

8 名，归善人（Quui-sen）；15 名，东莞人（Ton-cun）；6 名，新安人

（Sa-non）；1 名，肇庆人（Sio-heng）；3 名，博罗人（Poc-ló）；18 名，惠州人（Vae-cháo）；3 名，潭水人（Tam-soi）；12 名，新兴人（San-heng）；1 名，鹤山人（Hoc-san）；4 名，长乐人（Cheong-loc）；6 名，开平人（Hoe-peng）；11 名，San-cug 人；3 名，Chung-hui 人；5 名，英德人（Yen-tac）；11 名，韶州人（Chio-cháo）；4 名，嘉应州人（Ca-hen-cháo）；3 名，梧州人（Ung-cháo）；6 名，湖南人（Fu-nam）；3 名，Yang-chin 人；6 名，顺德人（San-tac）；2 名，花县人（Fa-hin）；5 名，Chang-siang 人；3 名，海丰人（Hoi-fong）；7 名，番禺人（Pun-guc）；1 名，Peng-san 人；1 名，河源人（Hog-uin）；3 名，龙门人（Lon-guum）；10 名，小榄人（Sio-lam）；3 名，惠来人（Hoi-loi）；4 名，陆丰人（Loc-fong）；6 名，Caug-sui 人；1 名，德庆人（Tac-heng）；1 名，Se-hin 人；2 名，三水人（Sam-soi）；1 名，雷州人（Lui-chao）；2 名，东安人（Tong-on）；2 名，恩平人（Yen-pung）；1 名，南海人（Nam-hoi）；1 名，高要人（Coh-hio）。合计 185 名。

华工出洋监理官费尔南德斯，1868 年 9 月 30 日。

——*Boletim Official*，Vol. XIV，N.° 41，12 – 10 – 1868，pp. 190 – 191.

09. 1868 年 10 月华工出洋监理局遣返华工清单

1868 年 10 月遣返的华工名册

6 名，归善人（Quai-sin）；27 名，东莞人（Tong-am）；20 名，新安人（Sa-non）；8 名，肇庆人（Sio-heng）；8 名，博罗人（Poc-ló）；53 名，惠州人（Vae-cháo）；1 名，潭水人（Tam-soi）；34 名，新会人（San-hui）；4 名，鹤山人（Hoc-san）；3 名，长乐人（Chiong-loc）；11 名，开平人（Hoi-peng）；21 名，新兴人（Sa-neng）；3 名，Chung-hui 人；9 名，英德人（Yen-tac）；17 名，韶州人（Chio-cháo）；11 名，嘉应州人（Ca-hen-cháo）；1 名，Yong-chio 人；6 名，顺德人（San-tac）；6 名，花县人（Fa-hin）；5 名，Man-siung 人；3 名，海丰人（Hoi-fong）；29 名，番禺人（Pun-guc）；10 名，河源人（Ho-guin）；19 名，龙门人（Lon-guum）；7 名，惠来人（Hoi-loi）；8 名，陆丰人（Loc-fong）；9 名，广西人（Cong-sai）；2 名，四会人（Si-hui）；4 名，三水人（Sam-soi）；6 名，廉州人（Lin-chao）；3 名，恩平人（Yen-peng）；15 名，南海人（Nam-hoi）；1 名，罗定人（Lo-teng）；9 名，阳山人（Yong-san）；8 名，湖南人（Fu-nam）；3 名，阳江人（Yong-kong）；3 名，从化人（Chong-

fá）；20 名，潮安人（Chio-on）；6 名，Lao-long 人；12 名，新兴人（Sa-neng）；1 名，台山人（Tat-san）；1 名，琼州人（Chiong-chao）；2 名，普宁人（Pu-leng）；3 名，潮阳人（Choi-iong）；2 名，连平人（Yon-peng）；1 名，Man-chio 人；3 名，Seo-chao 人；2 名，石龙人（Seack-long）；1 名，福建人（Fo-kin）；1 名，Sai-pon 人。合计 448 名。

华工出洋监理官费尔南德斯，1868 年 10 月 31 日。

——*Boletim Official*，Vol. XIV，N.º 45，09 – 11 – 1868，p. 205.

10. 广东地方官致澳门华工出洋监理官回函 8 件

Officios das Mandarins de Cantão ao Superintendente da Emigração Chineza de Macau

奉上级命令刊布下列［8 份］文件：

致尊敬的华工出洋监理官卫先生①：

华历本月二十日，收到您的公文和 Lam-tzu-tom 等 38 名中国人。这些人已照册收讫，并很快将他们送往南海县正堂，以便返回原籍。兹以上述知会作为对您公文的回复。

广州府南海县署佐堂李［Li，mandarim assessor（tso-tam），interino，do districto de Nam-hoi（Cantão）］，同治七年八月廿一日、西历 1868 年 10 月 6 日。

致尊敬的华工出洋监理官卫先生：

华历本月二十九日收到您的公文和阁下移交给我的罗建（Lo-can）等 34 名中国人。这些人照册收讫后，我立刻将他们送往南海县正堂，以便返回原籍。兹以上述知会作为对您公文的回复。

广州府南海县署佐堂李［Li，mandarim assessor（tso-tam），interino，do districto de Nam-hoi（Cantão）］，同治七年八月三十日、西历 1868 年 10 月 15 日。

---

① 即贝尔纳蒂诺·德·塞纳·费尔南德斯（Bernadino de Senna Fernandes）。

致尊敬的华工出洋监理官卫先生：

华历本月三日收到您的公文以及阁下移交给我的 Chiom-Ium 等 35 名中国人。这些人照册收讫之后，我立刻将他们送往南海县正堂，以便返回原籍。兹以上述知会作为对您公文的回复。

广州府南海县署佐堂李〔Li, mandarim assessor（tso-tam）, interino, do districto de Nam-hoi（Cantão）〕，同治七年八月四日、西历 1868 年 9 月 19 日。

致尊敬的华工出洋监理官卫先生：

华历本月三日收到您的公文以及阁下移交给我的 Quan-shen 等 47 名中国人。这些人照册收讫之后，我立刻将他们送往南海县正堂，以便返回原籍。兹以上述知会作为对您公文的回复。

广州府南海县署佐堂李〔Li, mandarim assessor（tso-tam）, interino, do districto de Nam-hoi（Cantão）〕，同治七年九月八日、西历 1868 年 10 月 23 日。

致尊敬的华工出洋监理官卫先生：

华历本月三日收到您的公文以及阁下移交给我的 Han-foc 等 26 名中国人。这些人照册收讫之后，我立刻将他们送往南海县正堂，以便返回原籍。兹以上述知会作为对您公文的回复。

广州府南海县署佐堂李〔Li, mandarim assessor（tso-tam）, interino, do districto de Nam-hoi（Cantão）〕，同治七年九月十四日、西历 1868 年 10 月 29 日。

致尊敬的华工出洋监理官卫先生：

华历本月三日收到您的公文以及阁下移交给我的 Can-vo 等 40 名中国人。这些人照册收讫之后，我立刻将他们送往南海县正堂，以便返回原籍。兹以上述知会作为对您公文的回复。

广州府南海县署佐堂李〔Li, mandarim assessor（tso-tam）, interino, do districto de Nam-hoi（Cantão）〕，同治七年九月十七日、西历 1868 年 11 月 1 日。

致尊敬的华工出洋监理官卫先生：

您的公文已收到。据此阁下通知我，18 名中国人宣布不愿登船出洋，他们已经接受了运费，并且已经登上了开往江门（Com-mun）的船。阁下还通知我，那些没有出洋的人，一些是受了欺骗，一些是被家人拒绝的，还有些是没有任何兄弟姐妹的孤儿。阁下还要求我将这些人遣返回他们各自的家乡，以避免他们在各地流浪，也让他们有生活和栖身之所。还要求我回复此函。

与公文一起收到了阁下移交给我的 Vom-lun 等 18 名中国人。这些人照册收讫之后，我立刻将他们送往南海县正堂，以便返回原籍。

鉴于阁下对来自遥远地方的人给予的慷慨帮助，我不能不表达我对这些善行的无比感激。所以，接到您的公文后，我立刻将那些人送回了家乡，现在我谨以此函作为对您信函的回复。

广东省广州府新会县佐堂李〔Li, mandarim assessor (tso-tam), do districto de San-hiu, no departamento de Quan-chau da provincial de Quantung〕，同治七年九月十八日、西历 1868 年 11 月 2 日。

致尊敬的华工出洋监理官卫先生：

阁下所遣返的 Chian-iun 等 35 名受骗的华工，我一收到就立刻将他们遣送南海县正堂。华历同治七年八月十七日、西历 1868 年 10 月 2 日，我收到该官员的一件公文，内称：这 35 人已经收到。这位南海官员补充说，在遣送这些人的时候应遵循为此而制定的章程。这位官员希望，这些人若属于东部各县，应遣送给番禺县正堂（mandarim de Pun-Iu），由其负责将他们送回家乡，以免发生拖延。

按照该公函的内容，我必须通知他 以后，若属于西部各县的人，继续通过我来遣送，若属于下列名册中所列的东部各县，则希望阁下直接将他们送往番禺县正堂。

南海县佐堂李（Li, Mandarim assessor de Namhoi），华历同治七年八月廿一日、西历 1868 年 10 月 6 日。

[附件] 东部各县名册

惠州府（Vei-chao-fu）；韶州府（Chio-chao-fu）；嘉应州府（Ca-hem-chao-fu）；番禺（Pun-Iu）；东莞（Tum-cun）；潮汕（Cham-sem）；龙门（Lum-mun）；从化（Chum-fa）；花县（Fa-hiem）；新安（San-on）。

由施伯多禄翻译。

——*Boletim Official*, Vol. XIV, N°. 46, 16 – 11 – 1868, pp. 209 – 210.

11. 1868 年 11 月华工出洋监理局遣返华工清单

6 名，归善人（Quae-sin）；28 名，东莞人（Tong-um）；21 名，新安人（Sa-non）；1 名，肇庆人（Sio-heng）；9 名，博罗人（Poc-ló）；43 名，Vai-ma 人；11 名，潭水人（Tam-soi）；21 名，新会人（San-hui）；10 名，鹤山人（Hoc-san）；4 名，Mong-loc 人；11 名，开平人（Hoi-peng）；23 名，新兴人（Sau-eng）；16 名，Meng-hui 人；5 名，英德人（Ien-tac）；91 名，Meo-Mao 人；8 名，嘉应州人（Ca-hen-mao）；2 名，Uny-mao 人；11 名，顺德人（San-tac）；1 名，花县人（Ta-hin）；4 名，Man-siang 人；11 名，海阳人（Hoi-yong）；22 名，番禺人（Pun-guc）；3 名，河源人（Hog-uin）；5 名，Song-mun 人；24 名，惠来人（Hoi-loy）；10 名，Soc-fong 人；2 名，广西人（Cong-sai）；4 名，Si-mui 人；1 名，三水人（Sam-soi）；4 名，恩平人（Ien-peng）；22 名，南海人（Nam-hoi）；4 名，高要人（Con-nio）；3 名，So-teng 人；4 名，龙山人（Long-san）；7 名，湖南人（Fu-nam）；4 名，Mong-fá 人；6 名，Lao-long 人；1 名，佛山人（Fat-san）；9 名，Moi-sing 人；2 名，Co-long 人；1 名，香港人；16 名，海南人（Hoi-nam）；4 名，东安人（Ton-yon）；1 名，梧州人（Uacáo）；1 名，Ta-issu 人；5 名，福建人（Fo-kin）。合计 502 名。

华工出洋监理官费尔南德斯，1868 年 12 月 1 日。

——*Boletim Official*, Vol. XIV, N°. 49, 07 – 12 – 1868, p. 228.

12. 广东地方官致澳门华工出洋监理官回函 10 件

致尊敬的澳门华工出洋监理官卫先生：

华历九月廿二日、西历 11 月 6 日收到您的公文以及遣返的 67 名中国人。他们全部收讫并已将他们送往南海官衙，以便返回原籍。

南海县佐堂李［Li, mandarim assessor（tso-tam），de Nam-hoi］，同治七年九月廿三日、西历 1868 年 11 月 7 日。

由施伯多禄翻译。

致尊敬的澳门华工出洋监理官费尔南德斯先生：

来函收悉。随函遣送的 67 人亦已收到，他们已返回原籍。

我高兴地看到阁下如此宽恕和慈爱。我一定毫不迟疑地将阁下遣送来的中国人送回原籍。

实际上，把受骗的中国人遣回他们的村庄这个事实表明，阁下对中国人给予了巨大的恩惠。因此，我无法表达我的感激之情。自从我就任现职起就认为，我的责任就是在这个事情上协助阁下，所以，我没有理由领受阁下对我的赞美之语，我对阁下的仁慈感激不尽。

祝愿阁下幸福安康！

我荣幸地告诉阁下，用 I-on 渡的船（barco de passage I-on）运回的那些遣返者，总是秩序良好地到达这里，但是，搭乘水果船、I-hem 和其他船的遣返者，则经常发生一些违规现象，所以，以后全部用 I-on 渡运载他们将是更好的办法。

南海县佐堂李〔原文无落款日期〕

由施伯多禄翻译。

致尊敬的澳门华工出洋监理官费尔南德斯先生：

华历九月廿三日、西历 11 月 7 日，收到阁下给我的公文和遣返的 Ho-vem 等 4 名中国人。我一接到他们，就将他们遣送去了南海县正堂，以便回到他们的家乡。

南海县佐堂李，同治七年九月廿三日、西历 1868 年 11 月 7 日。

由施伯多禄翻译。

致尊敬的澳门华工出洋监理官费尔南德斯先生：

华历九月廿七日、西历 11 月 11 日，收到阁下给我的公文，据此知阁下遣返了 Ip-san 等 13 名中国人。据这艘 I-li 渡船的船长 Vom-a-li 报告，在船只靠码头卸货时，因全体船员忙于卸货，无暇监管乘客，4 人乘机逃跑，其余都已收到。他还证实，那 4 个人不是被人以转卖给他人为目的而引诱来的。随函寄去该船长的声明。另外 9 人已被送往南海县正堂，以便将他们遣回原籍。

南海县佐堂李，同治七年九月廿七日、西历 1868 年 11 月 11 日。

由施伯多禄翻译。

I-li 渡船的船长 Vom-a-li 的声明

本人，澳门小火船轮班（lorcha de carreira de Macau）"I-li"号的船长 Vom-a-li 声明，华历九月廿四日、西历 11 月 8 日，受澳门当局委托，运送 Ip-sam 等 13 人前往广州，九月廿六日（11 月 10 日），到达广州，下午在 San-ki

码头抛锚。当船员们忙于卸货时，在澳门接纳的 Chan-tai、Vom-lim、Pun-chiom 和 Lu-chiom 4 人逃离船只。另声明，没有收取贿赂放他们四个人秘密出走。

同治七年九月廿七日、西历 1868 年 11 月 11 日。

致尊敬的澳门华工出洋监理官费尔南德斯先生：

九月廿八日、11 月 12 日，收到阁下的公文和遣送给我的 Chan-vem 等 26 名中国人。他们已被遣往南海县正堂，以便返回家乡。

南海县佐堂李，同治七年九月廿八日、西历 1868 年 11 月 12 日。

由施伯多禄翻译。

致尊敬的澳门华工出洋监理官费尔南德斯先生：

谨以此函通知阁下，您的公文和遣送的 Lan-mun 等 10 名中国人已经收到。他们不愿出洋，因此阁下请求我将他们遣返原籍，对此我非常感激。它显示了阁下对我臣民的爱护。我一接到这 10 个人，就派一庶务员将他们遣送回了原籍。

获任香山县正堂、暂署番禺县正堂 Iam，同治七年十月一日、西历 1868 年 11 月 14 日。

由施伯多禄翻译。

致尊敬的澳门华工出洋监理官费尔南德斯先生：

十月三日、11 月 16 日，收到阁下的公文和遣返的 Mo-choi 等 21 名中国人；他们已被送往南海县正堂，以便返回他们的原籍。

南海县佐堂李，同治七年十月三日、西历 1868 年 11 月 16 日。

由施伯多禄翻译。

致尊敬的澳门华工出洋监理官费尔南德斯先生：

收到阁下的公文和遣返的 Chan-san 等 14 名中国人；其中一个名叫 Wan-sum 的属于本番禺城，其余 13 人已被送回家乡。

获任香山县正堂、暂代番禺正堂 Iam，同治七年十月四日、西历 1868 年 11 月 17 日。

由施伯多禄翻译。

致尊敬的澳门华工出洋监理官费尔南德斯先生：

十月五日、11 月 18 日，收到阁下的公文和遣返的 Cam-chon 等 50 名中国人；他们已经被遣往南海县正堂，以便送回家乡。

南海县佐堂李，同治七年十月五日、西历 1868 年 11 月 18 日。

由施伯多禄翻译。

　　——*Boletim Official*，Vol. XIV，Nº. 51，21 – 12 – 1868，pp. 241 – 242.

13. 1868 年 12 月华工出洋监理局遣返华工清单

　　5 名，归善人（Quai-sin）；22 名，东莞人（Ton-gam）；11 名，新安人（San-on）；1 名，肇庆人（Sio-heng）；12 名，博罗人（Poc-ló）；21 名，惠州人（Vai-chao）；3 名，潭水人（Tam-soi）；16 名，新会人（San-hui）；2 名，鹤山人（Hoc-san）；3 名，长乐人（Chiong-loc）；4 名，开平人（Hoi-peng）；5 名，新兴人（San-eng）；4 名，Cheng-hin 人；3 名，英德人（Ien-tac）；15 名，韶州人（Chio-chao）；4 名，嘉应州人（Cahen-chao）；2 名，湖南人（Fu-nam）；4 名，顺德人（San-tac）；1 名，花县人（Fa-hin）；1 名，潮汕人（Chan-siang）；8 名，海丰人（Hoi-fong）；7 名，番禺人（Pun-guc）；2 名，河源人（Hog-uin）；3 名，龙门人（Long-mun）；22 名，惠来人（Hoi-loi）；7 名，萝岗人（Locg-ong）；4 名，三水人（Sam-soi）；1 名，廉州人（Lin-chao）；3 名，恩平人（Ien-peng）；10 名，南海人（Nam-hoi）；1 名，罗定人（Lo-teng）；5 名，阳山人（Iong-san）；3 名，从化人（Chong-fá）；8 名，Chio-hon 人；1 名，Lao-long 人；6 名，普宁人（Pu-leng）；4 名，Choi-iong 人；5 名，Ion-peng 人；1 名，潮州人（Chau-chio）；4 名，韶州人（Sio-chao）；4 名，石龙人（Siack-long）；1 名，连平人（Lin-peng）；2 名，斗门人（Tao-mun）；5 名，潮阳人（Chio-iong）；3 名，江南人（Cong-nam）。合计 259 名。

华工出洋监理官费尔南德斯，1868 年 12 月 1 日。

　　——*Boletim Official*，Vol. XV，Nº. 3，18 – 01 – 1869，p. 12.

14. 1869 年 1 月华工出洋监理局遣返华工清单

　　15 名，归善人（Quai-sin）；9 名，东莞人（Tong-cun）；12 名，新安人（San-on）；4 名，博罗人（Poc-ló）；34 名，惠州人（Vai-chao）；1 名，潭水人（Tam-soi）；23 名，新会人（San-hui）；2 名，鹤山人（Hoc-san）；4 名，长乐人（Chiong-loc）；16 名，开平人（Hoi-peng）；11 名，新兴人（San-

eng）；8 名，Cheng-hiu 人；23 名，韶州人（Chio-chao）；10 名，嘉应州人
（Cahen-chao）；2 名，湖南人（Fu-nam）；9 名，海丰人（Hoi-fong）；15 名，
潮汕人（Chan-siang）；9 名，开平人（Hoi-peng）；16 名，番禺人（Pun-guc）；
2 名，Peng-sau 人；5 名，河源人（Hog-uin）；10 名，龙门人（Long-mun）；4
名，小榄人（Sio-lam）；26 名，惠来人（Hoi-loi）；13 名，Loc-pong 人；10
名，广西人（Cong-sai）；3 名，德庆人（Tack-heng）；5 名，四会人（Se-
hui）；4 名，廉州人（Lin-chao）；2 名，东安人（Tong-on）；8 名，恩平人
（Ien-peng）；17 名，南海人（Nam-hoi）；3 名，高要人（Con-hio）；3 名，阳
山人（Iong-san）；6 名，Iong-chin 人；4 名，从化人（Chong-fá）；1 名，潮汕
人（Chao-iong）；4 名，平海人（Peng-hoi）；8 名，潮阳人（Chio-iong）；3
名，揭阳人（Kit-iong）；2 名，石龙人（Siack-long）；4 名，海阳人（Hoi-
iong）；6 名，福建人（Fo-kin）；1 名，连平人（Lin-peng）。合计 377 名。

华工出洋监理官费尔南德斯，1869 年 2 月 1 日。

——*Boletim Official*，Vol. XV，Nº 8，22 – 02 – 1869，p. 40.

15. 广东地方官致澳门华工出洋监理官回函 24 件

致尊敬的澳门华工出洋监理官费尔南德斯先生：

十一月十二日、12 月 24 日，收到阁下的公文和遣返的 Cuoc-puc 等 17 名
中国人；他们已经被遣往南海县正堂，以便送回家乡。

南海县佐堂李，同治七年十一月十二日、西历 1868 年 12 月 24 日。

由施伯多禄翻译。

致尊敬的澳门华工出洋监理官费尔南德斯先生：

谨以此函告知阁下，收到阁下的公文和 30 名不愿出洋的中国人；他们已
全数收到并接受了检查。他们称说，他们是被人以在澳门做工为诱饵而引诱来
澳门的，来到之后才得知，要将他们送去出洋，所以他们向当局陈请，得以获
救。这显示了阁下一视同仁的博爱精神。

那些人现已全部遣回了原籍。

署理番禺县正堂 Iam（mandarim interino de Pun-Iu），同治七年十一月十六
日、西历 1868 年 12 月 29 日。

由施伯多禄翻译。

致尊敬的澳门华工出洋监理官费尔南德斯先生：

十月廿八日、12 月 11 日，收到阁下的公文和遣返的 Vom-fá 等 15 名中国人；他们已经被遣往南海县正堂，以便送回家乡。

南海县佐堂李，同治七年十月廿八日、西历 1868 年 12 月 11 日。

由施伯多禄翻译。

致尊敬的澳门华工出洋监理官费尔南德斯先生：

谨以此函告知阁下，收到阁下的两件公文，分别遣返 14 名和 10 名中国人；他们已全数收到并在一位庶务员陪同下遣回了家。

署理番禺县正堂 Iam（mandarim interino de Pun-Iu），同治七年十月廿六日、西历 1868 年 12 月 9 日。

由施伯多禄翻译。

致尊敬的澳门华工出洋监理官费尔南德斯先生：

十月廿日、12 月 3 日，收到阁下的公文和遣返的 9 名中国人；他们已经被遣往南海县正堂，以便送回家乡。

南海县佐堂李，同治七年十月十四日、西历 1868 年 11 月 27 日。

由施伯多禄翻译。

致尊敬的澳门华工出洋监理官费尔南德斯先生：

收到阁下的公文，其中要求我将不愿出洋的 88 名中国人遣送回乡。我已经善意地将这 88 人全部送回了家乡。以后若有人被遣返，请阁下先问清楚他们是哪里人，根据他们的所属之地，直接送给我或南海县正堂和番禺县正堂。具体安排如下：

新安人（San-on）、Cham-shem 人、龙门人（Lum-mun）、从化人（Chum-fa）和花县人（Fa-hiun），应该送来本番禺县正堂。

顺德人、阳山人（Hiong-shan）、新会人、三水人、清远人（Chim-iun）、San-nem 人、罗定州（Lo-tim-chau）府县人、廉州府县人、琼州（Kim-chau）府县人、肇庆（Chio-hem）府县人、Nam-ium 府县人、韶州府县人、高州（Cao-chao）府县人、廉州（Lim-chau）府县人、雷州府县人，应送往南海县正堂。

惠州府县人、梧州府县人、嘉应州府县人，应送往东莞县正堂。

署理番禺县正堂 Iam（mandarim interino de Pun-Iu），同治七年十月廿二日、西历 1868 年 12 月 5 日。

由施伯多禄翻译。

致尊敬的澳门华工出洋监理官费尔南德斯先生：

十月十六日、11 月 29 日，收到阁下的公文和被遣返的 25 名中国人；他们已尽数收到并被遣往南海县正堂，以便送回家乡。

南海县佐堂李，同治七年十月十六日、西历 1868 年 11 月 29 日。

由施伯多禄翻译。

致尊敬的澳门华工出洋监理官费尔南德斯先生：

收到阁下的公文和被遣返的不愿出洋的 27 名中国人；经我讯明，他们被诱骗至澳门，然后才知道要被送去出洋，所以当着官员的面声明不愿出洋，因而被从澳门遣送到这里。我已差人将他们送回了家乡。

［署理］番禺县正堂 Iam，同治七年十月十五日、西历 1868 年 11 月 28 日。

由施伯多禄翻译。

致尊敬的澳门华工出洋监理官费尔南德斯先生：

收到阁下的公文和被遣返的不愿出洋的 44 名中国人；他们已在一位庶务员的陪伴下全数返回了家乡。

署理番禺县正堂 Iam，同治七年十月七日、西历 1868 年 11 月 20 日。

由施伯多禄翻译。

致尊敬的澳门华工出洋监理官费尔南德斯先生：

已收到阁下的公文和被遣返的 49 名中国人；经我讯明，他们被人引诱至澳门，希望在那里做工，当知道要被送出洋时；他们宣布不愿出洋。我已全数将他们送回了家乡。

署理番禺县正堂 Iam，同治七年十一月十一日、西历 1868 年 12 月 24 日。

由施伯多禄翻译。

致尊敬的澳门华工出洋监理官费尔南德斯先生：

收到阁下的公文和被遣返的不愿出洋的 32 名中国人；经我讯明，他们被人引诱至澳门，希望在那里做工，当知道要被送出洋时，他们宣布不愿出洋，因此被遣送到此。这表明阁下对他们和陌生人同样的慈善。

署理番禺县正堂 Iam，同治七年十一月十六日、西历 1868 年 12 月 29 日。

由施伯多禄翻译。

致尊敬的澳门华工出洋监理官费尔南德斯先生：

收到阁下的公文和被遣返的 31 名中国人；他们已尽数收到并被遣往南海县正堂，以便送回家乡。

南海县佐堂李，同治七年十一月十一日、西历 1868 年 12 月 24 日。

由施伯多禄翻译。

致尊敬的澳门华工出洋监理官费尔南德斯先生：

收到阁下的公文和被遣返的 18 名中国人；他们已尽数收到并被遣往南海县正堂，以便送回家乡。

南海县佐堂李，同治七年十一月八日、西历 1868 年 12 月 21 日。

由施伯多禄翻译。

致尊敬的澳门华工出洋监理官费尔南德斯先生：

收到阁下的公文，要求我将这 8 名不愿出洋的中国人遣返原籍。这 8 人中，2 名属于我管辖的县，故已将他们送回了家；其他人则遣回了原籍。

署理番禺县正堂 Iam，同治七年十月三十日、西历 1868 年 12 月 13 日。

由施伯多禄翻译。

致尊敬的澳门华工出洋监理官费尔南德斯先生：

十一月廿三日收到阁下的公文和被遣返的 12 名中国人；他们已尽数收到并被遣往南海县正堂，以便送回家乡。

南海县佐堂李，同治七年十一月廿四日、西历 1869 年 1 月 6 日。

由施伯多禄翻译。

致尊敬的澳门华工出洋监理官费尔南德斯先生：

十月二日、11 月 15 日，经船长 Chan-a-li 之手收到您的公文，您在函中要求我将一些中国人遣送原籍。阁下指出，出洋无疑是贫穷之人的一个最佳的出路，但是，不少中国人却利用这个机会引诱乡下的粗野之人，这非常令人遗憾。阁下还说，已发现了我所辖县的 16 人被引诱，立刻下令将引诱者送交相关法庭，让这 16 人登上了 Chan-a-li 船长的 Kim-hap-shem 船，要求我将他们送回家。这些人已经收到并接受了询问，他们确认了在阁下面前所做的声明。其中一名是我这个县的，已经回到了家，其余 15 人也已返回了原籍。我谨以此函回复阁下。

广东省琼州（Kiun-chao）府 Nam-chiong 县正堂 Quei，同治七年十月三日、西历 1868 年 11 月 16 日。

　　由施伯多禄翻译。

致尊敬的澳门华工出洋监理官费尔南德斯先生：

　　十一月廿四日、1 月 6 日收到阁下的公文和被遣返的 14 名中国人；他们已尽数收到并被遣往南海县正堂，以便送回家乡。

　　南海县佐堂李，同治七年十一月廿四日、西历 1869 年 1 月 6 日。

　　由施伯多禄翻译。

致尊敬的澳门华工出洋监理官费尔南德斯先生：

　　谨以此函告知阁下，已收到您的公文和 9 名不愿出洋的中国人。这些人已经收到并接受了询问。他们声明，有人以在澳门做工为许诺诱骗他们来到澳门，当得知他们要被送出洋时，他们说不愿出洋，并当着官员面宣布无意出洋，因此被澳葡当局遣返广州。我已差人将他们全部送回了原籍。

　　署理番禺县正堂 Iam，同治七年十二月五日、西历 1869 年 1 月 29 日①。

　　由施伯多禄翻译。

致尊敬的澳门华工出洋监理官费尔南德斯先生：

　　十一月廿七日、1 月 9 日收到阁下的公文和被遣返的 10 名中国人；他们已尽数收到并被遣往南海县正堂，以便送回家乡。随函附上 I-li 渡船（embarcação de carreira I-li）的船长的声明书。

　　南海县佐堂李，同治七年十一月廿七日、西历 1869 年 1 月 9 日。

　　[附件] 声明书

　　本人，I-li 渡船（embarcação de carreira I-li）船长 Vom-a-sam 在此声明，本月廿三日，收到澳葡当局要遣返广州的 10 名中国人，其中一人名叫 Li-ngui，在到达广州时已经病得很严重，不能下船，因此，他由我管理，直到健康恢复时再次运送他返回。同治七年十一月、西历 1869 年 1 月。

　　由施伯多禄翻译。

致尊敬的澳门华工出洋监理官费尔南德斯先生：

　　谨以此函告知阁下，您给我的三份公函已收到。三次共遣返不愿出洋的 59 名中国人。我已差人将他们全部送回了原籍。

---

　　①　应为 17 日。

署理番禺县正堂 Iam，同治七年十二月三日、西历 1869 年 1 月 15 日。

由施伯多禄翻译。

致尊敬的澳门华工出洋监理官费尔南德斯先生：

收到阁下的公文和被遣返的不愿出洋的 23 名中国人。他们已经到达这里，我已差人将他们全部送回了原籍。

署理番禺县正堂 Iam，同治七年十二月八日、西历 1869 年 1 月 20 日。

由施伯多禄翻译。

致尊敬的澳门华工出洋监理官费尔南德斯先生：

十二月二日、1 月 14 日收到阁下的公文和被遣返的 14 名中国人；他们已全部到达并被遣往南海县正堂，以便送回家乡。随函附上 I-li 渡船（embarcação de carreira I-li）的船长的声明书。

南海县佐堂李，同治七年十二月二日、西历 1869 年 1 月 14 日。

由施伯多禄翻译。

致尊敬的澳门华工出洋监理官费尔南德斯先生：

收到阁下的公文和被遣返的不愿出洋的 22 名中国人。他们当着我的面声明，有人以在澳门做工为诱饵将他们骗来，但一经获知他们要被送出洋，就宣布不愿出洋。我已差人将他们全部送回了原籍。

署理番禺县正堂 Iam，同治七年十二月十二日、西历 1869 年 1 月 24 日。

由施伯多禄翻译。

致尊敬的澳门华工出洋监理官费尔南德斯先生：

十二月九日、1 月 21 日收到阁下的公文和被遣返的 15 名中国人；他们已全部到达并被遣往南海县正堂，以便送回家乡。随函附上 I-li 渡船（embarcação de carreira I-li）的船长的声明书。

南海县佐堂李，同治七年十二月九日、西历 1869 年 1 月 21 日。

由施伯多禄翻译。

——*Boletim Official*，Vol. XV，Nᵒ 9，01 - 03 - 1869，pp. 51 - 53.

16. 澳门辅政司署声明

Declaração da Secretaria do Governo de Macau

奉上级命令特此声明：中国官员 Iam 和 Li 给本澳华工出洋监理局之公函原件及其全真译文已在本司署存档；这些公函告知该官，已经收到了不愿出洋的华工，并已经遣回原籍，包括番禺县 107 人，南海县 110 人，1—2 月合计遣返 217 人。

辅政使司格雷戈里奥·若泽·里贝罗（Gregorio José Ribeiro），1868 年 3 月 19 日，于澳门辅政司署。

——*Boletim Official*，Vol. XV，N°. 12，22 – 03 – 1869，p. 70.

17. 1869 年 2 月华工出洋监理局遣返华工清单

2 名，归善人（Quai-sin）；16 名，东莞人（Tong-an）；4 名，新安人（San-on）；11 名，博罗人（Poc-ló）；7 名，惠州人（Vai-chao）；1 名，潭水人（Tam-soi）；12 名，新会人（San-hui）；2 名，鹤山人（Hoc-san）；3 名，长乐人（Chiong-loc）；3 名，开平人（Hoi-peng）；4 名，新兴人（San-eng）；7 名，Cheng-hiu 人；4 名，英德人（Ien-tac）；9 名，韶州人（Chio-chao）；5 名，嘉应州人（Cahen-chao）；3 名，湖南人（Fu-nam）；5 名，顺德人（San-tac）；1 名，花县人（Fa-hiu）；10 名，潮汕人（Chan-siang）；3 名，海丰人（Hoi-fong）；24 名，番禺人（Pun-guc）；1 名，河源人（Ho-guin）；2 名，龙门人（Long-mun）；14 名，惠来人（Hoi-loi）；8 名，陆丰人（Loc-fong）；3 名，广西人（Cong-sai）；2 名，四会人（Si-hui）；6 名，廉州人（Lin-chao）；1 名，东安人（Tong-on）；3 名，恩平人（Ien-peng）；11 名，南海人（Nam-hoi）；2 名，高要人（Con-hio）；5 名，罗定人（Lo-teng）；1 名，阳山人（Iong-san）；2 名，从化人（Chong-fá）；9 名，潮阳人（Chao-iong）；1 名，平海人（Peng-hoi）；3 名，揭阳人（Kit-iong）；2 名，河阳人（Ho-iong）；3 名，福建人（Fo-kin）；6 名，东安人（Ton-gon）；1 名，英德人（Ien-tac）；2 名，定海人（Teng-hoi）；1 名，高州人（Con-chao）。合计 227 名。

华工出洋监理官费尔南德斯，1869 年 3 月 1 日。

——*Boletim Official*，Vol. XV，N°. 12，22 – 03 – 1869，p. 70.

18. 1869 年 4 月华工出洋监理局遣返华工清单

8 名，归善人（Quai-sin）；6 名，东莞人（Tong-cun）；5 名，新安人（San-on）；2 名，肇庆人（Sio-heng）；1 名，博罗人（Poc-ló）；6 名，惠州人（Vai-chao）；3 名，新安人（San-hon）；5 名，鹤山人（Hoc-san）；5 名，长乐人（Chiong-loc）；1 名，开平人（Hoi-peng）；8 名，新兴人（San-eng）；3 名，Cheng-iu 人；2 名，英德人（Ien-tac）；24 名，韶州人（Chio-chao）；10 名，嘉应州人（Cahen-chao）；2 名，Iong-chiu 人；2 名，顺德人（San-tac）；2 名，海丰人（Hoi-fong）；17 名，番禺人（Pun-gui）；3 名，河源人（Ho-guiu）；1 名，龙门人（Long-mun）；14 名，惠来人（Hoi-loy）；1 名，陆丰人（Loc-fong）；8 名，广西人（Cong-sai）；1 名，四会人（Si-hui）；2 名，廉州人（Lin-chao）；2 名，东安人（Tong-on）；2 名，恩平人（Ien-peng）；12 名，南海人（Nam-hoi）；2 名，罗定人（Lo-teng）；2 名，阳山人（Iong-san）；4 名，从化人（Chong-fá）；10 名，潮阳人（Chao-iong）；2 名，平海人（Peng-hoi）；2 名，石龙人（Siack-long）；1 名，河阳人（Hoi-ong）；3 名，饶平人（Iao-peng）；3 名，福建人（Fo-kin）；5 名，连平人（Len-peng）；1 名，揭阳人（Kit-iong）；1 名，恩平人（Ien-peng）；1 名，大埔人（Tai-pú）；2 名，斗门人（Tao-mun）；2 名，江门人（Cong-mung）。合计 204 名。

华工出洋监理官费尔南德斯，1869 年 5 月 1 日。

——*Boletim Official*, Vol. XV, N.º 19, 10 – 05 – 1869, p. 99.

19. 1869 年 5 月华工出洋监理局遣返华工清单

7 名，归善人（Quai-sin）；10 名，东莞人（Tong-cun）；10 名，新安人（San-on）；2 名，肇庆人（Sio-heng）；3 名，博罗人（Poc-ló）；13 名，惠州人（Vai-chao）；1 名，潭水人（Tam-soi）；12 名，新会人（San-hui）；2 名，鹤山人（Hoc-san）；1 名，长乐人（Chong-loc）；4 名，开平人（Hoi-peng）；7 名，新兴人（San-heng）；9 名，Cheng-hin 人；1 名，英德人（Ien-tac）；4 名，韶州人（Chio-chao）；2 名，嘉应州人（Cahen-chao）；2 名，梧州人（Ung-cháo）；6 名，顺德人（San-tac）；6 名，潮汕人（Chan-siang）；9 名，番禺人

（Pun-gui）；1名，海丰人（Hoi-fong）；2名，河源人（Ho-guin）；1名，龙门人（Long-mun）；3名，惠来人（Hoi-loi）；1名，广西人（Cong-sai）；5名，四会人（Si-hui）；1名，廉州人（Lin-chao）；2名，恩平人（Ien-peng）；9名，南海人（Nam-hoi）；1名，高要人（Cao-hio）；7名，阳山人（Iong-san）；4名，从化人（Chong-fá）；3名，潮阳人（Chao-iong）；3名，黄埔人（Wam-pu）；1名，河阳人（Ho-iong）；3名，To-kiu人；4名，Teng-hoi人；1名，丰顺人（Fong-chiu）；1名，德庆人（Tack-heng）；1名，潮州人（Chan-chio）；1名，电白人（Tin-pac）；1名，永安人（Veng-on）；1名，花县人（Fa-hin）；2名，罗定人（Lo-teng）。合计170名。

署理华工出洋监理官、巡捕统领列地（Jeronimo Pereira Leite），1869年5月31日。

——*Boletim Official*，Vol. XV，N.º 24，14 - 06 - 1869，p. 120.

20. 广东地方官致澳门华工出洋监理官回函4件

致尊敬的澳门华工出洋监理官费尔南德斯先生：

收到阁下遣返的 Lam-ngui 等9名中国人；他们已被遣往南海县正堂，以便送回家乡。

南海县佐堂李，同治八年四月六日、西历1869年5月17日。

由施伯多禄翻译。

致尊敬的澳门华工出洋监理官费尔南德斯先生：

因不愿出洋而被阁下遣返的 Cheang-choi 等14名中国人已全部到达这里，并相继被送回原籍。

署理番禺县正堂 Iam，同治八年四月九日、西历1869年5月20日。

由施伯多禄翻译。

致尊敬的澳门华工出洋监理官费尔南德斯先生：

收到阁下遣返的 Chan-sec 等20名中国人；他们已被遣往南海县正堂，以便送回家乡。

南海县佐堂李，同治八年四月九日、西历1869年5月20日。

由施伯多禄翻译。

致尊敬的澳门华工出洋监理官费尔南德斯先生：

收到阁下遣返的 Fom-on 等 7 名中国人；他们已被遣往南海县正堂，以便送回家乡。

南海县佐堂李，同治八年四月十二日、西历 1869 年 5 月 23 日。

由施伯多禄翻译。

——*Boletim Official*，Vol. XV，N°. 25，21 – 06 – 1869，p. 123.

21. 广东地方官致澳门华工出洋监理官回函 4 件

致尊敬的澳门华工出洋监理官费尔南德斯先生：

因不愿出洋而被阁下遣返的 Chan-chem 等 14 名中国人已被送回原籍。

署理番禺县正堂 Iam，同治八年四月十二日、西历 1869 年 5 月 23 日。

由施伯多禄翻译。

致尊敬的澳门华工出洋监理官费尔南德斯先生：

收到阁下遣返的 Vom-sin 等 16 名中国人；我已将他们遣往南海县正堂，以便送回家乡。

南海县佐堂李，同治八年四月十三日、西历 1869 年 5 月 24 日。

由施伯多禄翻译。

致尊敬的澳门华工出洋监理官费尔南德斯先生：

收到阁下遣返的 Chan-loi 等 16 名中国人；我已将他们遣往南海县正堂，以便送回家乡。

南海县佐堂李，同治八年四月十六日、西历 1869 年 5 月 27 日。

由施伯多禄翻译。

致尊敬的澳门华工出洋监理官费尔南德斯先生：

收到因不愿出洋而被阁下遣返的 Cum-sem 等 15 名中国人，我已将他们送回原籍。

署理番禺县正堂 Iam，同治八年四月十八日、西历 1869 年 5 月 29 日。

由施伯多禄翻译。

22. 1869 年 6 月华工出洋监理局遣返华工清单

12 名，归善人（Quai-sin）；19 名，东莞人（Tong-cun）；6 名，新安人（San-on）；8 名，博罗人（Poc-ló）；21 名，惠州人（Vai-chao）；2 名，潭水人（Tam-soy）；12 名，新会人（San-hui）；2 名，鹤山人（Hoc-san）；5 名，长乐人（Chiong-loc）；4 名，开平人（Hoi-peng）；15 名，新兴人（San-heng）；8 名，Cheng-hin 人；8 名，英德人（Ien-tac）；14 名，韶州人（Chio-chao）；2 名，嘉应州人（Cahen-chao）；1 名，梧州人（Ung-cháo）；6 名，顺德人（San-tac）；3 名，潮汕人（Chan-siang）；1 名，海丰人（Hoi-fong）；13 名，番禺人（Pun-gui）；2 名，河源人（Ho-guin）；6 名，龙门人（Long-mun）；4 名，惠来人（Hoi-loy）；9 名，陆丰人（Loc-fong）；1 名，广西人（Cong-say）；2 名，四会人（Si-hui）；3 名，三水人（Sam-soy）；6 名，廉州人（Lin-chao）；3 名，东安人（Tong-on）；6 名，恩平人（Ien-peng）；15 名，南澳人（Nam-oy）；2 名，高要人（Cou-hio）；5 名，罗定人（Lo-teng）；4 名，阳山人（Iong-san）；1 名，从化人（Chong-fá）；5 名，潮阳人（Cháo-iong）；1 名，平海人（Peng-hoy）；1 名，揭阳人（Kit-iong）；1 名，石龙人（Siac-long）；3 名，饶平人（Iáo-peng）；10 名，福建人（Fo-kin）；3 名，连平人（Lin-peng）；2 名，定海人（Teng-hoy）；1 名，斗门人（Táo-mun）；1 名，江门人（Con-meng）；1 名，佛山人（Fat-san）；1 名，香港人；1 名，北海人（Pac-hoi）。合计 261 名。

署理华工出洋监理官、巡捕统领列地（Jeronimo Pereira Leite），1869 年 7 月 1 日，于华工出洋监理局。

23. 广东地方官致澳门华工出洋监理官回函 7 件

致尊敬的澳门华工出洋监理官费尔南德斯先生：

收到阁下的公文和遣返的 11 名中国人；他们已被本县正堂遣送回家。

南海县佐堂李，同治八年五月十七日、西历 1869 年 6 月 26 日。

由施伯多禄翻译。

致尊敬的澳门华工出洋监理官费尔南德斯先生：

收到阁下的公文和遣返的 Chiom-cam 等 9 名中国人；他们已被遣往南海县正堂，以便送回家乡。

南海县佐堂李，同治八年五月八日、西历 1869 年 6 月 17 日。

由施伯多禄翻译。

致尊敬的澳门华工出洋监理官费尔南德斯先生：

收到阁下的公文和因不愿出洋而被阁下遣返的 Chiu-pim-chiom 等 12 名中国人，我已将他们送回原籍。

署理番禺县正堂 Iam，同治八年五月八日、西历 1869 年 6 月 17 日。

由施伯多禄翻译。

致尊敬的澳门华工出洋监理官费尔南德斯先生：

收到阁下的公文和遣返的 Lin-ngui 等 10 名中国人；他们已被本县正堂遣返家乡。

南海县佐堂李，同治八年五月九日、西历 1869 年 6 月 18 日。

由施伯多禄翻译。

致尊敬的澳门华工出洋监理官费尔南德斯先生：

收到阁下的公文和遣返的 Chan-sam 等 8 名中国人；他们已被本县正堂遣返回家。

南海县佐堂李，同治八年五月十日、西历 1869 年 6 月 19 日。

由施伯多禄翻译。

致尊敬的澳门华工出洋监理官费尔南德斯先生：

收到阁下的公文和遣返的 Chan-san 等 6 名中国人；他们已被本县正堂遣返回家。

南海县佐堂李，同治八年五月十一日、西历 1869 年 6 月 20 日。

由施伯多禄翻译。

致尊敬的澳门华工出洋监理官费尔南德斯先生：

收到阁下的三件公文和因不愿出洋而被阁下遣返的 56 名中国人，其中一些属于我辖县的人，已经将他们送回家，其他人也已经遣返回原籍。

我已将他们送回原籍。

署理番禺县正堂 Iam，同治八年五月七日、西历 1869 年 6 月 16 日。

由施伯多禄翻译。

——*Boletim Official*，Vol. XV，N°. 30，26 – 07 – 1869，p. 143.

24. 1869 年 7 月华工出洋监理局遣返华工清单

12 名，归善人（Quai-sin）；23 名，东莞人（Tong-cun）；7 名，新安人（San-on）；2 名，肇庆人（Sio-hong）；11 名，博罗人（Poc-ló）；35 名，惠州人（Vai-chao）；6 名，潭水人（Tam-soy）；15 名，新会人（San-hui）；3 名，长乐人（Chiong-loc）；8 名，开平人（Hoi-peng）；14 名，新兴人（San-heng）；8 名，Cheng-hin 人；1 名，英德人（Ien-tac）；13 名，韶州人（Chio-chao）；4 名，嘉应州人（Cahen-chao）；2 名，梧州人（Ung-cháo）；3 名，湖南人（Fu-nam）；2 名，Iong-chin 人；9 名，顺德人（San-tac）；5 名，花县人（Fa-hon）；3 名，潮汕人（Chan-siang）；2 名，海丰人（Hoi-fong）；19 名，番禺人（Pun-gui）；6 名，河源人（Hog-uin）；12 名，Song-mun 人；1 名，小榄人（Sio-lam）；4 名，惠来人（Hoi-loi）；7 名，陆丰人（Loc-fong）；1 名，德庆人（Tac-heng）；1 名，四会人（Si-hui）；2 名，三水人（Sam-soy）；1 名，廉州人（Lin-chao）；7 名，东安人（Ton-gon）；1 名，恩平人（Ien-peng）；21 名，南海人（Nam-hoi）；9 名，阳山人（Iong-san）；1 名，Iong-chin 人；1 名，从化人（Chong-fá）；3 名，潮阳人（Chao-iong）；2 名，平海人（Peng-hoi）；1 名，饶平人（Iáo-peng）；5 名，福建人（Fo-kin）；3 名，高要人（Cou-hio）；1 名，斗门人（Táo-men）；1 名，阳江人（Iong-kong）；3 名，普宁人（Pu-leng）；1 名，永安人（Ven-gon）；2 名，Fu-kong 人；1 名，Lao-long 人；1 名，南头人（Nam-tao）；2 名，韶州人（Sio-chao）。合计 308 名。

署理华工出洋监理官、巡捕统领列地（Jeronimo Pereira Leite），1869 年 8 月 1 日，于华工出洋监理局。

——*Boletim Official*，Vol. XV，N°. 32，09 – 08 – 1869，p. 152.

25. 广东地方官致澳门华工出洋监理官回函 5 件

致尊敬的澳门华工出洋监理官费尔南德斯先生：

6 月 29 日收到阁下的公文和遣返的 Chiom-hem 等 13 名中国人；他们已经收到，并很快被遣往南海县正堂，以便遣送回家。

南海县佐堂李，同治八年四〔五〕月二十日、西历 1869 年 6 月 29 日。

由施伯多禄翻译。

致尊敬的澳门华工出洋监理官费尔南德斯先生：

收到阁下的公文和不愿出洋的 Vom-lam 等 9 名中国人，他们已经被遣回原籍。

署理番禺县正堂 Iam，同治八年五月五日、西历 1869 年 6 月 14 日。

由施伯多禄翻译。

致尊敬的澳门华工出洋监理官费尔南德斯先生：

五月廿三日、7 月 2 日收到阁下的公文和遣返的 Pin-son 等 10 名中国人；他们已被遣往南海县正堂，以便遣送回家。

南海县佐堂李，同治八年五月廿三日、西历 1869 年 7 月 2 日。

由施伯多禄翻译。

致尊敬的澳门华工出洋监理官费尔南德斯先生：

五月廿四日、7 月 3 日收到阁下的公文和遣返的 6 名中国人；他们已被本县正堂遣送回家。

南海县佐堂李，同治八年五月廿四日、西历 1869 年 7 月 3 日。

由施伯多禄翻译。

致尊敬的澳门华工出洋监理官费尔南德斯先生：

五月廿六日、7 月 5 日收到阁下的公文和遣返的 Shem-iu-cuan 等 12 名中国人；他们已被遣往南海县正堂，以便遣送回家。

南海县佐堂李，同治八年五月廿六日、西历 1869 年 7 月 5 日。

由施伯多禄翻译。

——*Boletim Official*，Vol. XV，N.º 36，06 – 09 – 1869，p. 168.

26. 广东地方官致澳门华工出洋监理官回函 7 件

致尊敬的澳门华工出洋监理官费尔南德斯先生：

收到阁下的公文和遣返的 Leom-fui 等 15 名中国人；他们已通过南海县正堂遣送回家。

南海县佐堂李，同治八年五月廿五日、西历 1869 年 7 月 4 日。

由施伯多禄翻译。

致尊敬的澳门华工出洋监理官费尔南德斯先生：

收到阁下的公文和遣返的 18 名中国人；他们已被南海县正堂遣送回家。

南海县佐堂李，同治八年五月廿九日、西历 1869 年 7 月 8 日。

由施伯多禄翻译。

致尊敬的澳门华工出洋监理官费尔南德斯先生：

收到阁下的公文和遣返的 Pun-chon 等 19 名中国人；他们已通过南海县正堂遣送回家。

南海县佐堂李，同治八年六月一日、西历 1869 年 7 月 9 日。

由施伯多禄翻译。

致尊敬的澳门华工出洋监理官费尔南德斯先生：

收到阁下的公文和遣返的 Ham-si 等 8 名中国人；他们已被南海县正堂遣返回家。

南海县佐堂李，同治八年六月六日、西历 1869 年 7 月 14 日。

由施伯多禄翻译。

致尊敬的澳门华工出洋监理官费尔南德斯先生：

收到阁下的公文和遣返的不愿出洋的 20 名中国人，其中已经遣回 14 人，其余人将尽快进行必要询问后遣送，因为阁下在公文中将他们中有些人记为"经纪人，6 次"，有些人则记为"经纪人，4 次"。他们说，他们是被拐骗到澳门的，在澳门被阁下询问 4 次或 6 次，而您在公文中称他们为"经纪人"（correctores），他们不明白何意。我想知道这些中国人是进行了 4 次或 6 次拐卖人口的经纪人，还是仅仅是被 4 次或 6 次引进监理局接受询问。因为这一点在您的公文中不够明确，希望阁下予以告知。

署理番禺县正堂 Iam，同治八年六月六日、西历 1869 年 7 月 14 日。

由施伯多禄翻译。

致尊敬的澳门华工出洋监理官费尔南德斯先生：

收到阁下的公文和遣返的 Shem-iu-cuan 等 5 名中国人；他们已被遣送回家。

南海县佐堂李，同治八年六月九日、西历 1869 年 7 月 17 日。

由施伯多禄翻译。

致尊敬的澳门华工出洋监理官费尔南德斯先生：

收到阁下的多件公文和遣返的不愿出洋的中国人，74 名全数收到，并已经被遣回原籍。

署理番禺县正堂 Iam，同治八年六月十一日、西历 1869 年 7 月 19 日。

由施伯多禄翻译。

——*Boletim Official*，Vol. XV，Nº. 38，20 - 09 - 1869，p. 175.

27. 1869 年 8 月华工出洋监理局遣返华工清单

6 名，归善人（Quai-sin）；6 名，东莞人（Tong-kun）；1 名，新安人（San-on）；1 名，博罗人（Poc-ló）；7 名，惠州人（Vai-chao）；4 名，新会人（San-hui）；1 名，鹤山人（Hoc-san）；2 名，长乐人（Chieng-loc）；1 名，开平人（Hoi-peng）；5 名，新兴人（San-neng）；3 名，Cheng-hin 人；4 名，韶州人（Chio-chao）；2 名，嘉应州人（Cahen-chao）；1 名，梧州人（Ung-cháo）；1 名，英德人（Yun-tac）；1 名，潮汕人（Chan-siang）；3 名，海丰人（Hoi-fong）；6 名，番禺人（Pun-gui）；2 名，龙门人（Long-mun）；8 名，惠来人（Hoi-loi）；1 名，陆丰人（Loc-fong）；1 名，广西人（Cong-sai）；4 名，潭水人（Yam-soy）；10 名，南海人（Nam-hoy）；1 名，阳山人（Iong-yan）；1 名，从化人（Chong-fá）；3 名，潮阳人（Cháo-iong）；1 名，揭阳人（Kit-iong）；1 名，Ho-long 人；1 名，定海人（Teng-hoi）；1 名，大埔人（Tai-pú）；2 名，普宁人（Pu-leng）。合计 92 名。

署理华工出洋监理官、巡捕统领列地（Jeronimo Pereira Leite），1869 年 8 月 31 日，于华工出洋监理局。

——*Boletim Official*，Vol. XV，Nº. 38，20 - 09 - 1869，p. 176.

28.1869 年 9 月华工出洋监理局遣返华工清单

1 名，归善人（Quai-sin）；6 名，东莞人（Tong-kun）；3 名，新安人（San-on）；3 名，肇庆人（Sio-heng）；4 名，博罗人（Poc-ló）；16 名，惠州人（Vai-chao）；8 名，新会人（San-hui）；1 名，鹤山人（Hoc-san）；1 名，长乐人（Chieng-loc）；5 名，开平人（Hoi-peng）；4 名，新宁人（Sa-neng）；5 名，Cheng-hin 人；6 名，韶州人（Chio-chao）；2 名，嘉应州人（Cahen-chao）；1 名，梧州人（Ung-cháo）；3 名，花县人（Fa-hin）；2 名，潮汕人（Chan-siang）；2 名，Hoi-long 人；11 名，番禺人（Pun-gui）；2 名，河源人（Hog-uin）；3 名，龙门人（Long-mun）；4 名，陆丰人（Loc-fong）；1 名，四会人（Si-hui）；1 名，三水人（Sam-soy）；1 名，东安人（Tong-on）；1 名，恩平人（Ien-peng）；8 名，南海人（Nam-hoy）；3 名，罗定人（Loc-teng）；2 名，阳山人（Iong-san）；1 名，从化人（Chong-fá）；1 名，揭阳人（Kit-iong）；6 名，河阳人（Ho-iong）；1 名，饶平人（Iao-peng）；1 名，福建人（Fo-kin）；2 名，连平人（Len-peng）；3 名，普宁人（Pu-leng）；2 名，德庆人（Tac-heng）；5 名，He-neng 人；1 名，Quai-chau 人；2 名，Lao-long 人；2 名，Cong-neng 人；1 名，北海人（Pac-hoy）；1 名，廉州人（Ling-chao）。合计 139 名。

署理华工出洋监理官、巡捕统领列地（Jeronimo Pereira Leite），1869 年 10 月 1 日，于华工出洋监理局。

——*Boletim Official*，Vol. XV，N°. 42，18 - 10 - 1869，p. 191.

29. 广东地方官致澳门华工出洋监理官回函 4 件

致尊敬的澳门华工出洋监理官费尔南德斯先生：

六月十日、7 月 18 日收到阁下的公文和遣返的 Chui-tac 等 13 名中国人；他们一到达这里，就将他们遣往南海县正堂，以遣送回家。

南海县佐堂李，同治八年六月十日、西历 1869 年 7 月 18 日。

由施伯多禄翻译。

致尊敬的澳门华工出洋监理官费尔南德斯先生：

六月十日、7 月 18 日收到阁下的公文和遣返的 Long-ki 等 6 名不愿出洋的中国人，一收到他们，就将他们遣回了原籍。

番禺县正堂 Iam，同治八年六月十日、西历 1869 年 7 月 18 日。

由施伯多禄翻译。

致尊敬的澳门华工出洋监理官费尔南德斯先生：

六月十一日、7 月 19 日收到阁下的公文和遣返的 Chang-fat 等 2 名中国人；他们一到达这里，就被遣往南海县正堂，以遣送回家。

南海县佐堂李，同治八年六月十一日、西历 1869 年 7 月 19 日。

由施伯多禄翻译。

致尊敬的澳门华工出洋监理官费尔南德斯先生：

六月十二日、7 月 20 日收到阁下的公文和遣返的 Chan-sam 等 7 名不愿出洋的中国人，一收到他们，就将他们遣回了原籍。

番禺县正堂 Iam，同治八年六月十二日、西历 1869 年 7 月 20 日。

由施伯多禄翻译。

——*Boletim Official*，Vol. XV，N.º 42，18 - 10 - 1869，p. 191.

30. 广东地方官致澳门华工出洋监理官回函 5 件

致尊敬的澳门华工出洋监理官费尔南德斯先生：

六月十三日、7 月 21 日收到阁下的公文和遣返的 Chang-pan 等 6 名不愿出洋的中国人，一收到他们，就将他们遣回了原籍。

番禺县正堂 Iam，同治八年六月十三日、西历 1869 年 7 月 21 日。

由施伯多禄翻译。

致尊敬的澳门华工出洋监理官费尔南德斯先生：

六月十四日、7 月 22 日收到阁下的公文和遣返的 Kiang-cum 等 10 名中国人；他们一到达这里，就被遣往南海县正堂，以遣送回家。

南海县佐堂李，同治八年六月十四日、西历 1869 年 7 月 22 日。

由施伯多禄翻译。

致尊敬的澳门华工出洋监理官费尔南德斯先生：

六月十六日、7 月 24 日收到阁下的公文和遣返的 Li-fu 等 6 名中国人；他们一到达这里，就被遣往南海县正堂，以遣送回家。

南海县佐堂李，同治八年六月十六日、西历 1869 年 7 月 24 日。

由施伯多禄翻译。

致尊敬的澳门华工出洋监理官费尔南德斯先生：

七月廿二日、8 月 29 日收到阁下的公文和遣返的 Li-seng 等 13 名中国人；他们一到达这里，就被遣往南海县正堂，以遣送回家。

南海县佐堂 Chien，同治八年七月廿二日、西历 1869 年 8 月 29 日。

由施伯多禄翻译。

致尊敬的澳门华工出洋监理官费尔南德斯先生：

七月二十日、8 月 27 日收到阁下的公文和遣返的 Chang-cuong 等 10 名中国人；他们一到达这里，就被遣往南海县正堂，以遣送回家。

南海县佐堂李，同治八年七月二十日、西历 1869 年 8 月 27 日。

由施伯多禄翻译。

——*Boletim Official*，Vol. XV，N⁰ 43，25 – 10 – 1869，pp. 195 – 196.

31. 广东地方官致澳门华工出洋监理官回函 7 件

致尊敬的澳门华工出洋监理官费尔南德斯先生：

七月十九日、8 月 26 日收到阁下的公文和遣返的 Vong-si 等 10 名中国人；他们一到达这里，就被遣往南海县正堂，以遣送回家。

南海县佐堂李，同治八年七月十九日、西历 1869 年 8 月 26 日。

由施伯多禄翻译。

致尊敬的澳门华工出洋监理官费尔南德斯先生：

收到阁下分五次遣返的 51 名不愿出洋的中国人，其中 9 名为本县人，已将他们送回家；其他人也已经照常遣返原籍。

番禺县正堂 Iam，同治八年七月十九日、西历 1869 年 8 月 26 日。

由施伯多禄翻译。

致尊敬的澳门华工出洋监理官费尔南德斯先生：

七月十八日、8 月 25 日收到阁下的公文和遣返的 Chiong-ngui 等 13 名中国人；他们一到达这里，就被遣往南海县正堂，以遣送回家。

南海县佐堂李，同治八年七月十八日、西历 1869 年 8 月 25 日。

由施伯多禄翻译。

致尊敬的澳门华工出洋监理官费尔南德斯先生：

六月廿四日、8 月 1 日收到阁下的公文和遣返的 Chan-seng 等 9 名中国人；他们一到达这里，就被遣往南海县正堂，以遣送回家。

南海县佐堂李，同治八年六月廿四日、西历 1869 年 8 月 1 日。

由施伯多禄翻译。

致尊敬的澳门华工出洋监理官费尔南德斯先生：

六月廿二日、7 月 30 日收到阁下的公文和遣返的 Chan-sap 等 13 名中国人；他们一到达这里，就被遣往南海县正堂，以遣送回家。

南海县佐堂李，同治八年六月廿二日、西历 1869 年 7 月 30 日。

由施伯多禄翻译。

致尊敬的澳门华工出洋监理官费尔南德斯先生：

六月廿一日、7 月 29 日收到阁下的公文和遣返的 Chan-lau 等 12 名中国人；他们一到达这里，就被遣往南海县正堂，以遣送回家。

南海县佐堂李，同治八年六月廿一日、西历 1869 年 7 月 29 日。

由施伯多禄翻译。

致尊敬的澳门华工出洋监理官费尔南德斯先生：

五月十五日、6 月 24 日收到阁下的公文和遣返的 Li-mi 等 9 名中国人；他们一到达这里，就被遣往南海县正堂，以遣送回家。

南海县佐堂李，同治八年五月十五日、西历 1869 年 6 月 24 日。

由施伯多禄翻译。

——*Boletim Official*, Vol. XV, N.º 45, 08 – 11 – 1869, p. 199.

32. 1869 年 10 月华工出洋监理局遣返华工清单

5 名，归善人（Quai-sin）；11 名，东莞人（Tong-kun）；1 名，新安人（San-on）；2 名，博罗人（Poc-ló）；16 名，惠州人（Vai-chao）；2 名，潭水人（Tam-soi）；5 名，新会人（San-hui）；1 名，鹤山人（Hoc-san）；4 名，长乐人（Chiong-loc）；6 名，开平人（Hoi-peng）；7 名，新安人（San-ong）；2 名，Cheng-hui 人；1 名，英德人（Ien-tac）；8 名，韶州人（Chio-chao）；3 名，嘉应州人（Cahen-chao）；1 名，湖南人（Fu-nam）；2 名，顺德人（San-tac）；3 名，花县人（Fa-hin）；7 名，潮汕人（Chan-siang）；3 名，海丰人（Hoi-fong）；2 名，番禺人（Pun-gui）；1 名，河源人（Hog-uin）；1 名，龙门人（Long-mun）；1 名，小榄人（Sio-lam）；2 名，Soc-fong 人；3 名，广西人（Cong-sai）；3 名，四会人（Si-hui）；2 名，三水人（Sam-soy）；1 名，Sim-chao 人；2 名，东安人（Tong-on）；11 名，南海人（Nam-hoy）；3 名，So-teng 人；5 名，阳山人（Iong-san）；2 名，龙门人（Long-chin）；1 名，从化人（Chong-fá）；2 名，平海人（Peng-hoi）；1 名，河阳人（Ho-iong）；5 名，饶平人（Iao-peng）；2 名，福建人（Fo-kin）；1 名，大埔人（Tai-pu）；2 名，Cong-neng 人；1 名，普宁人（Pu-leng）；1 名，潮州人（Chan-chio）；4 名，Heng-neng 人；1 名，潮安人（Chao-on）；1 名，河源人（Hog-uin）。合计 154 名。

署理华工出洋监理官、巡捕统领热罗尼莫·佩雷拉·列地（Jeronimo Pereira Leite），1869 年 11 月 3 日，于华工出洋监理局。

——*Boletim Official*，Vol. XV，N°. 45，08 – 11 – 1869，p. 203.

33. 1869 年 11 月华工出洋监理局遣返华工清单

1 名，归善人（Quai-sin）；14 名，东莞人（Tong-kun）；1 名，肇庆人（Sio-heng）；2 名，博罗人（Poc-ló）；12 名，惠州人（Vai-chao）；13 名，新会人（San-hui）；2 名，鹤山人（Hoc-san）；1 名，长乐人（Chiong-loc）；3 名，开平人（Hoi-peng）；6 名，新宁人（Sa-neng）；3 名，Cheng-hin 人；3 名，英德人（Ien-tac）；4 名，韶州人（Chio-chao）；6 名，嘉应州人（Cahen-chao）；1 名，梧州人（Ung-chao）；1 名，湖南人（Fu-nam）；4 名，顺德人（San-tac）；1 名，花县人（Fa-hin）；6 名，潮汕人（Chan-siang）；4 名，海丰

人（Hoi-fong）；6 名，番禺人（Pun-gui）；1 名，河源人（Hog-uin）；4 名，龙门人（Long-mun）；1 名，惠来人（Hoi-loi）；1 名，陆丰人（Loc-fong）；2 名，广西人（Cong-sai）；3 名，三水人（Sam-soy）；3 名，阳江人（Ion-gon）；3 名，恩平人（Ien-peng）；12 名，南海人（Nam-hoy）；1 名，罗定人（Lo-teng）；2 名，阳山人（Iong-san）；1 名，从化人（Chong-fá）；1 名，潮阳人（Chao-iong）；2 名，揭阳人（Kit-iong）；1 名，石龙人（Siack-long）；4 名，河阳人（Ho-iong）；3 名，饶平人（Iao-peng）；5 名，福建人（Fa-kin）；1 名，定海人（Teng-hoi）；2 名，高要人（Con-hio）；1 名，Fong-chin 人；3 名，Cong-neng 人；1 名，普宁人（Pu-leng）；2 名，潮州人（Chau-chio）；2 名，He-neng 人；1 名，潮安人（Chao-on）；1 名，Lin-tem 人；2 名，Chiong-neng 人；2 名，Sai-neng 人。合计 163 名。

署理华工出洋监理官、巡捕统领热罗尼莫·佩雷拉·列地（Jeronimo Pereira Leite），1869 年 12 月 1 日，于华工出洋监理局。

——*Boletim Official*，Vol. XV，N°. 50，13 – 12 – 1869，p. 223.

34. 广东地方官致澳门华工出洋监理官回函 13 件

致尊敬的澳门华工出洋监理官先生：

兹收到阁下遣返的 Fan-chiong 等 20 名不愿出洋的中国人，已将他们遣送回家。

署理番禺县正堂 Iam，同治八年六月十九日、西历 1869 年 7 月 27 日。

由施伯多禄翻译。

致尊敬的澳门华工出洋监理官先生：

兹收到阁下的公文和遣返的 Chan-cúom 等 10 名中国人；很快将他们遣往南海县正堂，以遣送回家。

南海县佐堂李，同治八年七〔八〕月二十日、西历 1869 年 9 月 25 日。

由施伯多禄翻译。

致尊敬的澳门华工出洋监理官先生：

兹收到您的公文和遣返的 Leom-ngui 等 7 名不愿出洋的中国人，已将他们遣送回家。

署理番禺县正堂 Iam，同治八年六月廿三日、西历 1869 年 7 月 31 日。

由施伯多禄翻译。

致尊敬的澳门华工出洋监理官先生：

兹收到您的公文和遣返的 Vom-sam 等 12 名不愿出洋的中国人，已将他们遣送回家。

署理番禺县正堂 Iam，同治八年六月廿四日、西历 1869 年 8 月 1 日。
由施伯多禄翻译。

致尊敬的澳门华工出洋监理官先生：

兹收到您的公文和遣返的 Lo-iat-quai 等 26 名不愿出洋的中国人，已将他们遣送回家。

署理番禺县正堂 Iam，同治八年八月十九日、西历 1869 年 9 月 24 日。
由施伯多禄翻译。

致尊敬的澳门华工出洋监理官先生：

兹收到您的公文和遣返的 Sei-cum 等 15 名中国人；他们很快被遣往南海县正堂，以遣送回家。

南海县佐堂 Chin，同治八年八月十九日、西历 1869 年 9 月 24 日。
由施伯多禄翻译。

致尊敬的澳门华工出洋监理官先生：

兹收到阁下的公文和遣返的 Chiong-loc 等 8 名中国人；他们很快被遣往南海县正堂，以遣送回家。

南海县佐堂 Chin，同治八年八月十九日、西历 1869 年 9 月 24 日。
由施伯多禄翻译。

致尊敬的澳门华工出洋监理官先生：

兹收到您的公文和遣返的 Leom-iu 等 6 名中国人，已将他们遣返原籍。
署理番禺县正堂 Iam，同治八年六月二十日、西历 1869 年 7 月 28 日。
由施伯多禄翻译。

致尊敬的澳门华工出洋监理官先生：

兹收到阁下的公文和遣返的 Ho-wan 等 10 名中国人；他们立即被遣往南海县正堂，以遣送回家。

南海县佐堂 Chin，同治八年八月廿一日、西历 1869 年 9 月 26 日。

由施伯多禄翻译。

致尊敬的澳门华工出洋监理官先生：

兹收到阁下的公文和遣返的 Vom-hem 等 12 名中国人；立刻将他们遣送回家。

南海县佐堂 Chin，同治八年八月廿二日、西历 1869 年 9 月 27 日。

由施伯多禄翻译。

致尊敬的澳门华工出洋监理官先生：

兹收到您的公文和遣返的 Lo-wan 等 21 名不愿出洋的中国人，其中 7 名为本县人，已将他们送回家；至于其他 14 人，也已差人将他们遣返原籍。

署理番禺县正堂 Iam，同治八年八月廿九日、西历 1869 年 10 月 4 日。

由施伯多禄翻译。

致尊敬的澳门华工出洋监理官先生：

兹收到阁下的公文和遣返的 Vom-cam 等 8 名中国人；很快将他们遣往南海县正堂，以遣送回家。

南海县佐堂 Chin，同治八年八月廿九日、西历 1869 年 10 月 4 日。

由施伯多禄翻译。

致尊敬的澳门华工出洋监理官先生：

兹收到您的公文和遣返的 Chan-chum 等 4 名中国人；他们一到就被遣往南海县正堂，以遣送回家。

南海县佐堂 Chin，同治八年八月廿九日、西历 1869 年 10 月 4 日。

由施伯多禄翻译。

——*Boletim Official*，Vol. XV，N.º 51，20 – 12 – 1869，pp. 225 – 226.

35. 1869 年 12 月华工出洋监理局遣返华工清单

10 名，归善人（Quai-sin）；18 名，东莞人（Tong-an）；4 名，新安人（Sa-non）；2 名，博罗人（Poc-ló）；11 名，惠州人（Vai-chao）；2 名，潭水人（Tam-soi）；11 名，新会人（San-hui）；1 名，鹤山人（Hoc-san）；4 名，

长乐人（Chiong-loc）；5 名，开平人（Hoi-peng）；6 名，新兴人（Sa-neng）；3 名，Cheng-hin 人；1 名，英德人（Ien-tac）；13 名，韶州人（Chio-chao）；5 名，嘉应州人（Cahen-chao）；1 名，梧州人（Ung-chao）；6 名，顺德人（San-tac）；2 名，花县人（Fa-hin）；3 名，潮汕人（Chan-siang）；3 名，海丰人（Hoi-fong）；14 名，番禺人（Pun-gui）；1 名，河源人（Hog-uin）；1 名，广西人（Cong-sai）；1 名，廉州人（Lin-chao）；3 名，东安人（Tong-on）；11 名，南海人（Nam-hoy）；5 名，阳山人（Iong-san）；1 名，Long-chin 人；1 名，从化人（Chong-fá）；2 名，潮阳人（Chau-iong）；1 名，饶平人（Iao-peng）；9 名，福建人（Fa-kin）；1 名，连平人（Lin-peng）；2 名，定海人（Teng-hoy）；1 名，高要人（Con-hio）；3 名，阳江人（Ion-kon）；2 名，Cong-neng 人；1 名，揭阳人（Chit-kong）；3 名，Lao-long 人；3 名，潮安人（Chao-on）；1 名，高州人（Con-chao）；1 名，Sai-neng 人；1 名，Ien-on 人；1 名，石岐人（Siac-ky）；1 名，Sio-quan 人。合计 182 名。

署理华工出洋监理官、巡捕统领热罗尼莫·佩雷拉·列地（Jeronimo Pereira Leite），1870 年 1 月 1 日，于华工出洋监理局。

——*Boletim Official*，Vol. XVI，N°. 3，17 – 01 – 1870，p. 12.

36. 1870 年 1 月华工出洋监理局遣返华工清单

3 名，归善人（Quai-sin）；14 名，东莞人（Tong-am）；4 名，新安人（Sa-non）；8 名，博罗人（Poc-ló）；16 名，惠州人（Vai-chao）；13 名，San-hen 人；1 名，鹤山人（Hoc-san）；3 名，长乐人（Cheong-loc）；4 名，开平人（Hoi-peng）；3 名，新兴人（Sa-neng）；4 名，Cheng-hin 人；1 名，英德人（Ienc-tac）；2 名，韶州人（Chio-chao）；1 名，嘉应州人（Ca-hen-chao）；3 名，顺德人（San-tac）；1 名，花县人（Fa-hin）；4 名，潮汕人（Chan-sing）；2 名，海丰人（Hoi-fong）；6 名，番禺人（Pun-gui）；3 名，河源人（Ho-guin）；8 名，惠来人（Hoi-loi）；2 名，陆丰人（Loc-fong）；1 名，三水人（Sam-soi）；5 名，东安人（Tong-on）；3 名，恩平人（Im-peng）；9 名，南海人（Nam-hoy）；1 名，罗定人（Lo-teng）；6 名，阳山人（Iong-san）；1 名，潮阳人（Chao-iong）；2 名，饶平人（Iao-peng）；12 名，福建人（Fa-kin）；1 名，Tong-hoi 人；1 名，Cong-neng 人；1 名，普宁人（Pu-ling）；1 名，阳江人（Iong-kong）；1 名，Lao-long 人；1 名，Ching-ning 人；1 名，Chiong-lui 人；3 名，Lomg-kong 人。合计 156 名。

署理华工出洋监理官、巡捕统领热罗尼莫·佩雷拉·列地（Jeronimo Pereira Leite），1870年2月7日，于华工出洋监理局。

——*Boletim Official*, Vol. XVI, N°. 7, 14 – 02 – 1870, p. 35.

37. 1870年2月华工出洋监理局遣返华工清单

3名，归善人（Quai-sin）；6名，东莞人（Tong-am）；2名，新安人（Sa-non）；1名，肇庆人（Seo-heng）；2名，博罗人（Poc-ló）；9名，惠州人（Vai-chao）；12名，新兴人（San-hen）；3名，鹤山人（Hoc-san）；1名，长乐人（Cheong-loc）；1名，开平人（Hoi-peng）；3名，新宁人（Sa-neng）；1名，韶州人（Cheo-chao）；4名，嘉应州人（Cahen-chao）；3名，顺德人（San-tac）；2名，海丰人（Hoi-fong）；7名，番禺人（Pun-gui）；1名，河源人（Ho-guin）；1名，龙门人（Long-mun）；1名，惠来人（Hoi-loi）；4名，四会人（Si-hui）；2名，三水人（Sam-soi）；1名，东安人（Tong-on）；11名，南海人（Nam-hoy）；3名，罗定人（Lo-teng）；1名，阳山人（Iong-san）；1名，Long-chen人；1名，揭阳人（Chit-iong）；1名，Ho-long人；2名，饶平人（Iao-peng）；8名，福建人（Fa-kin）；3名，连平人（Lin-peng）；2名，Con-chio人；1名，Cong-neng人；1名，高州人（Con-chao）；1名，韶关人（Seo-quan）；1名，Hem-seng人。合计107名。

署理华工出洋监理官、巡捕统领热罗尼莫·佩雷拉·列地（Jeronimo Pereira Leite），1870年3月2日，于华工出洋监理局。

——*Boletim Official*, Vol. XVI, N°. 12, 21 – 03 – 1870, p. 56.

38. 1870年4月华工出洋监理局遣返华工清单

8名，归善人（Quai-sin）；7名，东莞人（Tong-cun）；2名，新安人（Sa-non）；1名，肇庆人（Sio-heng）；4名，博罗人（Poc-ló）；11名，惠州人（Vai-chao）；7名，新会人（San-hue）；1名，鹤山人（Hoc-san）；1名，长乐人（Cheong-loc）；5名，开平人（Hoi-peng）；7名，新兴人（Sa-neng）；4名，Chen-ghuin人；1名，英德人（Ien-tac）；1名，韶州人（Chio-chao）；1名，嘉应州人（Cahen-chao）；1名，Iong-chin人；3名，顺德人（San-tac）；3

名，花县人（Fa-hin）；3 名，潮汕人（Chan-siang）；15 名，番禺人（Pun-gui）；6 名，河源人（Ho-guin）；5 名，龙门人（Long-mun）；1 名，惠来人（Hoi-loi）；1 名，广西人（Cong-sai）；1 名，三水人（Sam-soi）；1 名，廉州人（Lin-chao）；1 名，东安人（Ton-gow）；18 名，南海人（Nam-hoi）；2 名，罗定人（Lo-teng）；2 名，阳山人（Iong-san）；1 名，小榄人（Chio-long）；2 名，揭阳人（Kit-long）；1 名，饶平人（Iao-peng）；24 名，福建人（Foc-kin）；2 名，连平人（Lin-peng）；1 名，高要人（Cou-hio）；1 名，高州人（Cou-ghuin）；1 名，德庆人（Tak-heng）；1 名，北海人（Pac-hoi）；1 名，高州人（Con-chao）；1 名，Cheon-guing 人；2 名，He-neng 人。合计 162 名。

署理华工出洋监理官、巡捕统领热罗尼莫·佩雷拉·列地（Jeronimo Pereira Leite），1870 年 5 月 2 日，于华工出洋监理局。

——Boletim Official，Vol. XVI，N°. 19，09 – 05 – 1870，p. 82.

39. 广东地方官致澳门华工出洋监理官回函 8 件

致尊敬的澳门华工出洋监理官先生：

兹收到阁下遣返的 Chau-i 等 3 名不愿出洋的中国苦力，已将他们遣送回家。

南海县正堂 Chin，同治八年十月三日、西历 1869 年 11 月 6 日。

由施伯多禄翻译。

致尊敬的澳门华工出洋监理官先生：

兹收到阁下的公文和遣返的 Lo-ngui 等 5 名不愿出洋的中国苦力，已将他们遣送回家。

南海县正堂 Chin，同治八年十月三日、西历 1869 年 11 月 6 日。

由施伯多禄翻译。

致尊敬的澳门华工出洋监理官先生：

兹收到阁下遣返的 Hiu-hoan 等 14 名不愿出洋的中国苦力，已将他们遣送回家。

南海县正堂 Chin，同治八年十月八日、西历 1869 年 11 月 11 日。

由施伯多禄翻译。

致尊敬的澳门华工出洋监理官先生：

兹收到阁下遣返的 Chum-chan 等 4 名不愿出洋的中国苦力，已将他们遣送回家。

南海县正堂 Chin，同治八年十月九日、西历 1869 年 11 月 12 日。

由施伯多禄翻译。

致尊敬的澳门华工出洋监理官先生：

兹收到阁下遣返的 Lamloi-tac 等 5 名不愿出洋的中国苦力，已将他们遣送回家。

南海县正堂 Chin，同治八年十月十八日、西历 1869 年 11 月 21 日。

由施伯多禄翻译。

致尊敬的澳门华工出洋监理官先生：

兹收到阁下遣返的 Chan-chau-ki 等 5 名不愿出洋的中国苦力，已将他们遣送回家。

番禺县正堂 Iang，同治八年十月廿三［四］日、西历 1869 年 11 月 26 日。

由施伯多禄翻译。

致尊敬的澳门华工出洋监理官先生：

兹收到阁下遣返的 Chié-sam 等 2 名不愿出洋的中国苦力，已将他们遣送回家。

南海县正堂 Chin，同治八年九月廿一日、西历 1869 年 10 月 25 日。

由施伯多禄翻译。

致尊敬的澳门华工出洋监理官先生：

兹收到阁下遣返的 Chan-kam 等 9 名不愿出洋的中国苦力，已将他们遣送回家。

番禺县正堂 Iang，同治八年九月廿一日、西历 1869 年 10 月 25 日。

由施伯多禄翻译。

——*Boletim Official*，Vol. XVI，N.º 23，06 – 06 – 1870，p. 101.

40. 广东地方官致澳门华工出洋监理官回函 5 件

致尊敬的澳门华工出洋监理官先生：

　　兹收到阁下遣返的 Chan-i 等 18 名不愿出洋的中国苦力，已将他们遣送回家。

　　番禺县正堂 Iang，同治八年十月八日、西历 1869 年 11 月 11 日。

　　由施伯多禄翻译。

致尊敬的澳门华工出洋监理官先生：

　　兹收到阁下遣返的 Vom-iut 等 3 名不愿出洋的中国苦力，已将他们遣送回家。

　　南海县正堂 Chin，同治八年十月廿五日、西历 1869 年 11 月 27 日。

　　由施伯多禄翻译。

致尊敬的澳门华工出洋监理官先生：

　　兹收到阁下遣返的 Chun-iu 等 2 名不愿出洋的中国苦力，已将他们遣送回家。

　　南海县正堂 Chin，同治八年十月廿五日、西历 1869 年 11 月 27 日。

　　由施伯多禄翻译。

致尊敬的澳门华工出洋监理官先生：

　　兹收到阁下遣返的 Su-tu 等 2 名不愿出洋的中国苦力，已将他们遣送回家。

　　番禺县正堂 Iang，同治八年九月、西历 1869 年 10 月。

　　由施伯多禄翻译。

致尊敬的澳门华工出洋监理官先生：

　　兹收到阁下遣返的 Von-chiu 等 27 名不愿出洋的中国苦力，其中 2 名本县人已将他们遣送回家，其余也已遣回了原籍。

　　番禺县正堂 Iang，同治八年十一月十一日、西历 1869 年 12 月 13 日。

　　由施伯多禄翻译。

　　——*Boletim Official*，Vol. XVI，N°. 24，13 – 06 – 1870，pp. 105 – 106.

41. 1870 年 5 月华工出洋监理局遣返华工清单

5 名，归善人（Quai-sin）；19 名，东莞人（Tong-cun）；10 名，新安人（Sa-non）；9 名，惠州人（Vai-chao）；17 名，潭水人（Tam-soi）；15 名，新会人（San-hui）；2 名，长乐人（Cheong-loc）；8 名，开平人（Hoi-peng）；12 名，新兴人（San-eng）；7 名，Cheng-hin 人；8 名，韶州人（Cheo-chao）；1 名，嘉应州人（Ca-hen-chao）；2 名，湖南人（Fu-nam）；6 名，顺德人（San-tac）；4 名，花县人（Fa-hin）；6 名，潮汕人（Chau-siang）；2 名，海丰人（Hoi-fong）；13 名，番禺人（Pun-gue）；1 名，平山人（Peng-san）；3 名，河源人（Ho-guin）；6 名，龙门人（Long-mun）；2 名，陆丰人（Loc-fong）；2 名，广西人（Cong-sai）；2 名，Li-hin 人；1 名，廉州人（Lin-chao）；14 名，南海人（Nam-hoy）；3 名，阳山人（Iong-san）；7 名，潮阳人（Chao-iong）；2 名，揭阳人（Kit-iong）；2 名，饶平人（Iao-peng）；86 名，福建人（Fo-kin）；5 名，连平人（Lin-peng）；1 名，定海人（Teng-hoi）；1 名，高要人（Cou-hio）；1 名，斗门人（Tao-mun）；1 名，Cong-neng 人；4 名，潮州人（Chau-chao）；1 名，潮安人（Chao-on）；1 名，Chiong-neng 人。合计 281 名。

署理华工出洋监理官、巡捕统领热罗尼莫·佩雷拉·列地，1870 年 3 月 2 日，于华工出洋监理局。

——*Boletim Official*，Vol. XVI，N°. 24，13 – 06 – 1870，p. 106.

42. 广东地方官致澳门华工出洋监理官回函 10 件

致尊敬的澳门华工出洋监理官先生：

兹收到阁下遣返的 Um-ip 等 12 名不愿出洋的中国苦力，其中 2 名系本县人，已遣送回家，其余人也已将他们遣返原籍。

番禺县正堂 Iang，同治八年十月廿八［四］日、西历 1869 年 11 月 26 日。由施伯多禄翻译。

致尊敬的澳门华工出洋监理官卫先生：

兹收到阁下遣返的 Vai-sun 等 11 名不愿出洋的华工，已将他们遣送南海县正堂以遣返原籍。

南海县佐堂 Chien，同治八年十一月四日、西历 1869 年 12 月 6 日。

由施伯多禄翻译。

致尊敬的澳门华工出洋监理官列地先生：

兹收到阁下遣返的 Lam-iong 等 6 名不愿出洋的华工，已将他们遣往南海县正堂，以遣返原籍。

南海县佐堂 Chien，同治八年十一月十三日、西历 1869 年 12 月 15 日。

由施伯多禄翻译。

致尊敬的澳门华工出洋监理官列地先生：

兹收到阁下遣返的 Lung-tai 等 6 名不愿出洋的华工，已将他们遣往南海县正堂，以遣返回乡。

南海县佐堂 Chien，同治八年十一月十四日、西历 1869 年 12 月 16 日。

由施伯多禄翻译。

致尊敬的澳门华工出洋监理官列地先生：

兹收到阁下遣返的 Ho-peg 等 8 名不愿出洋的华工，已将他们遣往南海县正堂，以遣返回乡。

南海县佐堂 Chien，同治八年十一月十三 ［五］ 日、西历 1869 年 12 月 17 日。

由施伯多禄翻译。

致尊敬的澳门华工出洋监理官列地先生：

兹收到阁下遣返的 Vom-at 等 17 名不愿出洋的华工，已将他们遣往南海县正堂，以遣返回乡。

南海县佐堂 Chien，同治八年十二 ［一］ 月廿七日、西历 1869 年 12 月 29 日。

由施伯多禄翻译。

致尊敬的澳门华工出洋监理官列地先生：

兹收到阁下遣返的 Vom-lung 等 2 名不愿出洋的华工，已将他们遣往南海县正堂，以遣返回乡。

南海县佐堂 Chien，同治八年十一月廿九日、西历 1869 年 12 月 31 日。

由施伯多禄翻译。

致尊敬的澳门华工出洋监理官列地先生：

兹收到阁下遣返的 Iu-chao 等 3 名不愿出洋的华工，已将他们遣往南海县正堂，以遣返回乡。

南海县佐堂 Chien，同治八年十一月三十日、西历 1870 年 1 月 1 日。

由施伯多禄翻译。

致尊敬的澳门华工出洋监理官列地先生：

兹收到阁下遣返的 Chiong-tzoi 等 4 名不愿出洋的华工，已将他们遣往南海县正堂，以遣返回乡。

南海县佐堂 Chien，同治八年十二月一日、西历 1870 年 1 月 6 [2] 日。

由施伯多禄翻译。

致尊敬的澳门华工出洋监理官列地先生：

兹收到阁下遣返的 Tang-aiin 等 3 名不愿出洋的中国苦力，已将他们遣往南海县正堂，以遣返回乡。

南海县佐堂 Chien，同治九年一月十一日、西历 1870 年 2 月 12 [10] 日。

由施伯多禄翻译。

——*Boletim Official*，Vol. XVI，Nº. 26，27 – 06 – 1870，p. 113.

43. 1870 年 6 月华工出洋监理局遣返华工清单

5 名，归善人（Quai-sin）；17 名，东莞人（Tong-cun）；4 名，新安人（San-on）；2 名，博罗人（Poc-ló）；18 名，惠州人（Vai-chao）；16 名，新会人（San-hui）；3 名，鹤山人（Hoc-san）；1 名，长乐人（Cheong-loc）；6 名，新兴人（San-eng）；7 名，Cheng-hin 人；5 名，韶州人（Chio-chao）；6 名，顺德人（San-tac）；4 名，花县人（Fa-hin）；2 名，潮汕人（Chau-siang）；1 名，海丰人（Hoi-fong）；14 名，番禺人（Pun-gue）；2 名，河源人（Ho-guin）；1 名，龙门人（Long-mun）；2 名，广西人（Cong-sai）；2 名，四会人（Si-hui）；1 名，三水人（Sam-soi）；1 名，恩平人（Ym-peng）；18 名，南海人（Nam-hoy）；4 名，罗定人（Lo-teng）；5 名，阳山人（Iong-san）；1 名，从化人（Chong-fá）；2 名，潮阳人（Chao-iong）；1 名，饶平人（Iao-peng）；54 名，福建人（Fo-kin）；2 名，连平人（Lin-peng）；1 名，定海人（Teng-

hoy）；2 名，高要人（Cou-hio）；2 名，Iong-sang 人；2 名，Cong-neng 人；1
名，普宁人（Pu-leng）；1 名，Cao-long 人；1 名，韶州人（Sio-chao）；2 名，
He-neng 人；1 名，香港人。合计 228 名。

署理华工出洋监理官、巡捕统领热罗尼莫·佩雷拉·列地，1870 年 3 月 2
日，于华工出洋监理局。

——Boletim Official，Vol. XVI，N°. 28，11 – 07 – 1870，p. 119.

44. 广东地方官致澳门华工出洋监理官回函 3 件

致尊敬的澳门华工出洋监理官列地先生：

兹收到您遣返的 Lang-cuai 等 5 名不愿出洋的中国人，已将他们遣往南海
县正堂，以遣送回家。

南海县佐堂 Chien，同治九年一月十三日、西历 1870 年 2 月 15 日。

由施伯多禄翻译。

致尊敬的澳门华工出洋监理官列地先生：

兹收到您遣返的 Tau-coai 等 5 名不愿出洋的中国人，已将他们遣往南海县
正堂，以遣送回家。

南海县佐堂 Chien，同治九年一月廿七日、西历 1870 年 3 月 1 日。

由施伯多禄翻译。

致尊敬的澳门华工出洋监理官列地先生：

兹收到您遣返的 Taug-cog 等 6 名不愿出洋的中国人，已将他们遣往南海县
正堂，以遣送回家。

南海县佐堂 Chien，同治九年一月廿九日、西历 1870 年 3 月 3 日。

由施伯多禄翻译。

——Boletim Official，Vol. XVI，N°. 30，25 – 07 – 1870，p. 127.

45. 广东地方官致澳门华工出洋监理官回函 6 件

致尊敬的澳门华工出洋监理官卫先生：

兹收到您遣返的 Chau-iong 等 3 名不愿出洋的华工；已将他们遣往南海县

正堂，以便遣送回家。

南海县佐堂 Chien，同治八年九月十七日、西历 1869 年 10 月 21 日。

由施伯多禄翻译。

致尊敬的澳门华工出洋监理官卫先生：

兹收到您遣返的 Chan-log 等 11 名不愿出洋的华工；已将他们遣往南海县正堂，以便遣送回家。

南海县佐堂 Chien，同治八年九月十八日、西历 1869 年 10 月 22 日。

由施伯多禄翻译。

致尊敬的澳门华工出洋监理官卫先生：

兹收到您遣返的 Vong-chaug 等 8 名不愿出洋的华工；已将他们遣往南海县正堂，以便遣送回家。

南海县佐堂 Chien，同治八年十月廿七日、西历 1869 年 11 月 30 日。

由施伯多禄翻译。

致尊敬的澳门华工出洋监理官卫先生：

兹收到您遣返的 Lam-seng 等 8 名不愿出洋的华工；已将他们遣往南海县正堂，以便遣送回家。

南海县佐堂 Chien，同治八年十一月五日、西历 1869 年 12 月 7 日。

由施伯多禄翻译。

致尊敬的澳门华工出洋监理官列地先生：

兹收到您遣返的 Leong-chao 等 14 名不愿出洋的华工；已将他们遣往南海县正堂，以便遣送回家。

南海县佐堂 Chien，同治八年十一月廿二日、西历 1869 年 12 月 24 日。

由施伯多禄翻译。

致尊敬的澳门华工出洋监理官卫先生：

兹收到您遣返的 Sao-ium 等 4 名不愿出洋的华工；已将他们遣往南海县正堂，以便遣送回家。

南海县佐堂 Chien，同治八年十一月廿八日、西历 1869 年 12 月 30 日。

由施伯多禄翻译。

——*Boletim Official*，Vol. XVI，N°. 31，01 – 08 – 1870，p. 134.

46. 1870 年 7 月华工出洋监理局遣返华工清单

11 名，归善人（Quai-sin）；17 名，东莞人（Tong-cun）；5 名，新安人（San-on）；8 名，博罗人（Poc-ló）；22 名，惠州人（Vai-chao）；1 名，潭水人（Tam-soi）；9 名，新会人（San-hui）；3 名，鹤山人（Hoc-san）；3 名，开平人（Hoi-peng）；9 名，新兴人（San-eng）；5 名，英德人（Ien-tac）；2 名，韶州人（Cheo-chao）；4 名，嘉应州人（Ca-hen-chao）；1 名，湖南人（Fun-am）；4 名，顺德人（San-tac）；4 名，花县人（Fa-hin）；6 名，潮汕人（Chau-siang）；2 名，海丰人（Hoi-fong）；17 名，番禺人（Pun-gue）；2 名，河源人（Ho-guin）；2 名，龙门人（Long-mun）；2 名，四会人（Si-hui）；3 名，三水人（Sam-soi）；2 名，廉州人（Lin-chao）；5 名，东安人（Ton-gon）；19 名，南海人（Nam-hoy）；3 名，罗定人（Lo-teng）；5 名，阳山人（Iong-san）；4 名，Long-chin 人；2 名，从化人（Chong-fá）；60 名，福建人（Fo-kin）；1 名，连平人（Lin-peng）；1 名，定海人（Teng-hoi）；2 名，高要人（Con-hio）；3 名，Cong-neng 人；2 名，潮州人（Chau-chio）；1 名，Lao-long 人；1 名，Chiong-neng 人；1 名，Hen-eng 人。合计 254 名。

署理华工出洋监理官、巡捕统领热罗尼莫·佩雷拉·列地，1870 年 8 月 1 日，于澳门华工出洋监理局。

——*Boletim Official*, Vol. XVI, N°. 34, 22 – 08 – 1870, p. 146.

47. 广东地方官致澳门华工出洋监理官回函 37 件

致尊敬的澳门华工出洋监理官卫先生：

兹收到您遣返的 Chan-choi-hi 等 9 名不愿出洋的华工；已将他们遣回原籍。

署理番禺县正堂 Iam，同治八年九［八］月廿一日、西历 1869 年 9 月 26 日。

由施伯多禄翻译。

致尊敬的澳门华工出洋监理官卫先生：

兹收到您遣返的 Lo-iat-cuai 等 54 名不愿出洋的华工；其中 Lai-ium 等 3 人

系本县人，已将他们遣送回家；其余人也已遣返各自所属的县。

署理番禺县正堂 Iam，同治八年八月廿三日、西历 1869 年 9 月 28 日。

由施伯多禄翻译。

致尊敬的澳门华工出洋监理官卫先生：

兹收到您遣返的 Chio-cam 等 2 名不愿出洋的华工；已将他们遣往南海县正堂，以遣返原籍。

南海县佐堂 Chien，同治八年九月四日、西历 1869 年 10 月 8 日。

由施伯多禄翻译。

致尊敬的澳门华工出洋监理官卫先生：

兹收到您遣返的 Cheong-ngui 等 7 名不愿出洋的华工；已将他们遣往南海县正堂，以遣返原籍。

南海县佐堂 Chien，同治八年九月五日、西历 1869 年 10 月 9 日。

由施伯多禄翻译。

致尊敬的澳门华工出洋监理官卫先生：

兹收到您遣返的 Cham-cun 等 7 名不愿出洋的华工；已将他们遣往南海县正堂，以遣返原籍。

南海县佐堂 Chien，同治八年九月八日、西历 1869 年 10 月 12 日。

由施伯多禄翻译。

致尊敬的澳门华工出洋监理官卫先生：

兹收到您遣返的 Chan-chu 等 21 名不愿出洋的华工；已全数将他们遣返原籍。

署理番禺县正堂 Iam，同治八年九月八日、西历 1869 年 10 月 12 日。

由施伯多禄翻译。

致尊敬的澳门华工出洋监理官卫先生：

兹收到您遣返的 Li-iao 等 5 名不愿出洋的华工；已将他们遣往南海县正堂，以遣返原籍。

南海县佐堂 Chien，同治八年九月十日、西历 1869 年 10 月 14 日。

由施伯多禄翻译。

致尊敬的澳门华工出洋监理官卫先生：

兹收到您遣返的一名不愿出洋的华工 Li-vom；已将他遣往南海县正堂，以遣返原籍。

南海县佐堂 Chien，同治八年九月十一日、西历 1869 年 10 月 15 日。

由施伯多禄翻译。

致尊敬的澳门华工出洋监理官卫先生：

兹收到您遣返的 Ip-teng 等 7 名不愿出洋的华工；已全数将他们遣返原籍。

署理番禺县正堂 Iam，同治八年九月十二日、西历 1869 年 10 月 16 日。

由施伯多禄翻译。

致尊敬的澳门华工出洋监理官卫先生：

兹收到您遣返的 Kiang-quin 等 14 名不愿出洋的华工；已将他们遣往南海县正堂，以遣返原籍。

南海县佐堂 Chien，同治八年九月十六日、西历 1869 年 10 月 20 日。

由施伯多禄翻译。

致尊敬的澳门华工出洋监理官卫先生：

兹收到您遣返的 Cheong-tan 等 7 名不愿出洋的华工；已全数将他们遣返原籍。

署理番禺县正堂 Iam，同治八年九月十七日、西历 1869 年 10 月 21 日。

由施伯多禄翻译。

致尊敬的澳门华工出洋监理官卫先生：

兹收到您遣返的 Chung-si 等 23 名不愿出洋的华工；已全数将他们遣返原籍。

署理番禺县正堂 Iam，同治八年九月二十日、西历 1869 年 10 月 24 日。

由施伯多禄翻译。

致尊敬的澳门华工出洋监理官卫先生：

兹收到您遣返的 Chiong-on 等 14 名不愿出洋的华工；已全数将他们遣返原籍。

署理番禺县正堂 Iam，同治八年九月二十日、西历 1869 年 10 月 24 日。

由施伯多禄翻译。

致尊敬的澳门华工出洋监理官卫先生：

兹收到您遣返的 Um-tang 等 9 名不愿出洋的华工；已将他们遣返原籍。

南海县正堂 Chin，同治八年十月八日、西历 1869 年 11 月 11 日。

由施伯多禄翻译。

致尊敬的澳门华工出洋监理官卫先生：

兹收到您遣返的 Leom-lum 等 10 名不愿出洋的华工；其中一名 Leom-lam 系本县人，已被遣送回家，其余也已将他们遣返原籍。

署理番禺县正堂 Iam，同治八年九〔十〕月十日、西历 1869 年 11 月 13 日。

由施伯多禄翻译。

致尊敬的澳门华工出洋监理官卫先生：

兹收到您遣返的 Lau-hao 等 7 名不愿出洋的苦力；已将他们遣返原籍。

番禺县正堂 Iang，同治八年十月八日、西历 1869 年 11 月 19〔11〕日。

由施伯多禄翻译。

致尊敬的澳门华工出洋监理官卫先生：

兹收到您遣返的 Chan-iu 等 5 名不愿出洋的华工；已将他们遣返原籍。

南海县正堂 Chin，同治八年十月廿四日、西历 1869 年 11 月 26〔27〕日。

由施伯多禄翻译。

致尊敬的澳门华工出洋监理官卫先生：

兹收到您遣返的 Cheong-heng 等 10 名不愿出洋的苦力；已将他们遣返原籍。

署理番禺县正堂 Iam，同治八年十月廿五日、西历 1869 年 11 月 28 日。

由施伯多禄翻译。

致尊敬的澳门华工出洋监理官卫先生：

兹收到您遣返的 Li-tao 等 8 名不愿出洋的苦力；其中一位系本县人，已将其遣送回家，其余人也已将他们遣返原籍。

番禺县正堂 Iang，同治八年十月廿八日、西历 1869 年 12 月 1 日。

由施伯多禄翻译。

致尊敬的澳门华工出洋监理官卫先生：

　　兹收到您遣返的 Chan-gui 等 6 名不愿出洋的苦力；其中 Chan-tai 等 2 名系本县人，已被遣送回家，其余人也已将他们遣返原籍。

　　署理番禺县正堂 Iam，同治八年十一月一日、西历 1869 年 12 月 3 日。

　　由施伯多禄翻译。

致尊敬的澳门华工出洋监理官卫先生：

　　兹收到您遣返的 Im-cam 等 5 名不愿出洋的苦力；已将他们遣送回家。

　　署理番禺县正堂 Iam，同治八年十一月一日、西历 1869 年 12 月 3 日。

　　由施伯多禄翻译。

致尊敬的澳门华工出洋监理官卫先生：

　　兹收到您遣返的 Lon-in-tim 等 13 名不愿出洋的苦力；已全数将他们遣返原籍。

　　署理番禺县正堂 Iam，同治八年十一月九日、西历 1869 年 12 月 11 日。

　　由施伯多禄翻译。

致尊敬的澳门华工出洋监理官卫先生：

　　兹收到您遣返的 Lam-iao 等 17 名不愿出洋的苦力；其中 Ho-fog 系本县人，已将他遣送回家，其余人也已遣返原籍。

　　署理番禺县正堂 Iam，同治八年十一月九日、西历 1869 年 12 月 11 日。

　　由施伯多禄翻译。

致尊敬的澳门华工出洋监理官列地先生：

　　兹收到您遣返的 Lao-sang 等 22 名不愿出洋的苦力；其中 Vom-im 等 4 名系本县人，已将他们遣送回家，其余人也已遣返原籍。

　　署理番禺县正堂 Iam，同治八年十一月十九日、西历 1869 年 12 月 21 日。

　　由施伯多禄翻译。

致尊敬的澳门华工出洋监理官列地先生：

　　兹收到您遣返的 Chon-vei 等 15 名不愿出洋的华工；已将他们遣往南海县正堂，以遣返原籍。

　　南海县佐堂 Chien，同治八年十二〔十一〕月廿九日、西历 1869 年 12 月 31 日。

　　由施伯多禄翻译。

致尊敬的澳门华工出洋监理官列地先生：

兹收到您遣返的 Ip-um 等 15 名不愿出洋的苦力；其中 Cheon-iao 系本县人，已将他遣送回家，其余人也已遣返原籍。

署理番禺县正堂 Iang，同治八年十二月一日、西历 1870 年 1 月 2 日。

由施伯多禄翻译。

致尊敬的澳门华工出洋监理官列地先生：

兹收到您遣返的 Cuon-heng 等 5 名不愿出洋的华工；已将他们遣往南海县正堂，以遣返原籍。

南海县佐堂 Chien，同治八年十二月五日、西历 1870 年 1 月 6 日。

由施伯多禄翻译。

致尊敬的澳门华工出洋监理官列地先生：

兹收到您遣返的 Pu-can 等 3 名不愿出洋的华工；已将他们遣往南海县正堂，以遣返原籍。

南海县佐堂 Chien，同治八年十二月五日、西历 1870 年 1 月 6 日。

由施伯多禄翻译。

致尊敬的澳门华工出洋监理官列地先生：

兹收到您遣返的 Chan-soi 等 40 名不愿出洋的苦力；其中 2 人系本县人，已将他们遣送回家，其余人也已遣返原籍。

署理番禺县正堂 Iang，同治八年十二月六日、西历 1870 年 1 月 7 日。

由施伯多禄翻译。

致尊敬的澳门华工出洋监理官列地先生：

兹收到您分三次遣返的不愿出洋的华工：第一次，Vom-chum 等 11 名，第二次，Vong-cham 等 3 名，第三次，Chan-si 等 3 名；其中 2 人系本县人，已将他们遣返原籍。

署理番禺县正堂 Iang，同治八年十二月六日、西历 1870 年 1 月 7 日。

由施伯多禄翻译。

致尊敬的澳门华工出洋监理官列地先生：

兹收到您遣返的 Fan-chiin 等 10 名不愿出洋的华工；已将他们遣往南海县正堂，以遣返原籍。

南海县佐堂 Chien，同治八年十二月八日、西历 1870 年 1 月 9 日。

由施伯多禄翻译。

致尊敬的澳门华工出洋监理官列地先生：

兹收到您遣返的 Chan-um 等 5 名不愿出洋的华工；已将他们遣往南海县正堂，以遣返原籍。

南海县佐堂 Chien，同治八年十二月十二日、西历 1870 年 1 月 13 日。

由施伯多禄翻译。

致尊敬的澳门华工出洋监理官列地先生：

兹收到您分两次遣返的不愿出洋的华工：第一次，Chau-chiú 等 13 名，第二次，Cuo-tai 等 3 名；其中 Chum-vong 等 3 人系本县人，已将他们遣送回家，其他人也已遣返原籍。

署理番禺县正堂 Iang，同治八年十二月十四日、西历 1870 年 1 月 15 日。

由施伯多禄翻译。

致尊敬的澳门华工出洋监理官列地先生：

兹收到您遣返的 Vom-pan 等 2 名不愿出洋的华工；已将他们遣往南海县正堂，以遣返原籍。

南海县佐堂 Chien，同治八年十二月十六日、西历 1870 年 1 月 17 日。

由施伯多禄翻译。

致尊敬的澳门华工出洋监理官列地先生：

兹收到您遣返的 Lai-fog 等 13 名不愿出洋的苦力；其中 Ton-cam 系本县人，已将他遣送回家，其余人也已遣返原籍。

署理番禺县正堂 Iam，同治八年十二月十六日、西历 1870 年 1 月 17 日。

由施伯多禄翻译。

致尊敬的澳门华工出洋监理官列地先生：

兹收到您遣返的 Lui-son 等 3 名不愿出洋的华工；已将他们遣往南海县正堂，以遣返原籍。

南海县佐堂 Chien，同治八年十二月十七日、西历 1870 年 1 月 18 日。

由施伯多禄翻译。

致尊敬的澳门华工出洋监理官卫先生：

兹收到您遣返的 Chan-iao 等 3 名不愿出洋的华工；已将他们遣往南海县正堂，以遣返原籍。

南海县佐堂 Chien，同治八年十二月二十日、西历 1870 年 1 月 21 日。

由施伯多禄翻译。

——*Boletim Official*，Vol. XVI，N.º 38，19 – 09 – 1870，pp. 160 – 162.

48. 广东地方官致澳门华工出洋监理官回函及回函摘要

致尊敬的澳门华工出洋监理官列地先生：

兹收到您遣返的 Um-tao 等 7 名不愿出洋的华工；已将他们遣往南海县正堂，以遣返原籍。

南海县佐堂 Chien，同治八年十二月二十一日、西历 1870 年 1 月 22 日。

由施伯多禄翻译。

[回函摘要]

[同治八年]十二月廿二日，署理番禺县正堂回复列地，收到华工 22 名；

十二月廿二日，南海县佐堂回复列地，收到华工 8 名；

十二月廿三日，署理番禺县正堂回复列地，收到华工 23 名；

同治九年一月廿三日，署理番禺县正堂回复列地，收到华工 4 名；

一月五日，南海县正堂回复列地，收到华工 14 名；

一月十三日，南海县正堂回复列地，收到华工 9 名；

一月十四日，南海县正堂回复列地，收到华工 5 名；

一月二十日，南海县正堂回复列地，收到华工 3 名；

一月廿三日，署理番禺县正堂回复列地，收到华工 5 名；

二月廿七日，署理番禺县正堂回复列地，收到华工 13 名；

一月廿七日，南海县佐堂回复列地，收到华工 4 名；

一月廿九日，南海县佐堂回复列地，收到华工 4 名。

——*Boletim Official*，Vol. XVI，N.º 40，03 – 10 – 1870，p. 170.

49. 1870 年 8 月华工出洋监理局遣返华工清单

　　9 名，归善人（Quai-sin）；21 名，东莞人（Tong-cun）；4 名，新安人（San-on）；6 名，博罗人（Poc-ló）；29 名，惠州人（Vai-chao）；1 名，潭水人（Tam-soi）；15 名，新会人（San-hen）；4 名，鹤山人（Hoc-san）；2 名，长乐人（Chiong-loc）；4 名，开平人（Hoi-peng）；13 名，新兴人（San-eng）；5 名，Cheng-hui 人；1 名，英德人（Ien-tac）；9 名，韶州人（Chio-chao）；4 名，嘉应州人（Ca-hen-chao）；2 名，湖南人（Fu-nam）；14 名，顺德人（San-tac）；3 名，花县人（Fa-hin）；3 名，潮汕人（Chau-siang）；1 名，海丰人（Hoi-fong）；22 名，番禺人（Pun-gue）；6 名，河源人（Ho-guin）；1 名，惠来人（Hoi-loi）；2 名，广西人（Cong-sai）；4 名，Li-hue 人；5 名，三水人（Sam-soi）；1 名，雷州人（Lui-chao）；1 名，东安人（Tong-on）；2 名，恩平人（Im-peng）；27 名，南海人（Nam-hoy）；9 名，阳山人（Iong-san）；1 名，Long-chin 人；87 名，福建人（Fo-kin）；4 名，高要人（Con-hio）；1 名，斗门人（Tau-mun）；1 名，阳江人（Iong-kong）；2 名，Cong-neng 人；1 名，德庆人（Tach-eng）；1 名，电白人（Tin-pac）；2 名，Chit-kong 人；1 名，潮安人（Chao-on）；3 名，Chiong-neng 人；1 名，Chiong-lin 人；1 名，Cao-long 人；1 名，小榄人（Sio-lam）；1 名，Hen-eng 人。合计 338 名。

　　华工出洋监理官 H. A. 佩雷拉·罗德里格斯（H. A. Pereira Rodrigues），1870 年 9 月 13 日，于澳门华工出洋监理局。

——Boletim Official，Vol. XVI，N°. 41，10－10－1870，p. 173.

50. 1870 年 9 月华工出洋监理局遣返华工清单

　　14 名，归善人（Quai-sin）；17 名，东莞人（Tong-cun）；13 名，新安人（San-on）；2 名，肇庆人（Sio-heng）；6 名，博罗人（Poc-ló）；40 名，惠州人（Vai-chao）；1 名，潭水人（Tam-soi）；22 名，新会人（San-hen）；3 名，鹤山人（Hoc-san）；1 名，长乐人（Chiong-loc）；11 名，开平人（Hoi-peng）；9 名，新兴人（San-eng）；7 名，Cheng-hui 人；5 名，英德人（Ien-tac）；4 名，韶州人（Chio-chao）；6 名，嘉应州人（Ca-hen-chao）；1 名，梧州人（Ung-chao）；1 名，湖南人（Fu-nam）；12 名，顺德人（San-tac）；6 名，花县

（Fa-hin）；11 名，潮汕人（Chan-siang）；1 名，海丰人（Hoi-fong）；24 名，番禺人（Pun-gue）；4 名，河源人（Ho-guin）；1 名，平山人（Peng-san）；5 名，龙门人（Long-mun）；4 名，广西人（Cong-sai）；3 名，四会人（Si-hue）；1 名，三水人（Sam-soi）；1 名，东安人（Tong-on）；4 名，恩平人（Im-peng）；31 名，南海人（Nam-hoy）；6 名，罗定人（Lo-teng）；8 名，阳山人（Iong-san）；1 名，Long-chin 人；2 名，从化人（Chong-fá）；4 名，饶平人（Iao-peng）；64 名，福建人（Fo-kin）；12 名，连平人（Lin-peng）；2 名，定海人（Teng-hoi）；1 名，斗门人（Tau-mun）；3 名，阳江人（Iong-kong）；3 名，Chiong-neng 人；1 名，普宁人（Pu-leng）；1 名，潮州人（Chau-chio）；1 名，Lae-tong 人；1 名，Sio-cháo 人；2 名，潮安人（Chao-on）；1 名，Cong-neng 人；2 名，Hen-eng 人；4 名，Seo-heng 人；2 名，坦洲人（Tam-chao）；1 名，Ien-on 人；2 名，Iong-uin 人；8 名，福州人（Foc-chao）。合计 403 名。

华工出洋监理官 H. A. 佩雷拉·罗德里格斯（H. A. Pereira Rodrigues），1870 年 10 月 3 日，于澳门华工出洋监理局。

——*Boletim Official*, Vol. XVI, N°. 41, 10 – 10 – 1870, p. 173.

51. 华工出洋监理局第 102 号公文

Officio N°. 102 da Superintendencia da Emigração Chineza de Macau

尊敬的总督阁下：

谨以此函向阁下转呈下列 1870 年 10 月被我遣返的华工汇册，其中有些人宣布不愿出洋，另一些则是未成年人。我向阁下证实，那些人已被遣送给广州府官员 Iam 和 Chin，以便将他们送回各自的家。

8 名，归善人（Quai-sin）；15 名，东莞人（Tong-am）；13 名，新安人（San-on）；2 名，肇庆人（Sio-heng）；5 名，博罗人（Poc-ló）；29 名，惠州人（Vai-chao）；2 名，潭水人（Tam-soi）；33 名，新会人（San-hue）；2 名，鹤山人（Hoc-san）；6 名，长乐人（Chiong-loc）；5 名，开平人（Hoi-peng）；9 名，新兴人（San-eng）；5 名，Cheng-hiu 人；3 名，英德人（Ien-tac）；8 名，韶州人（Chio-chao）；10 名，嘉应州人（Ca-hen-chao）；3 名，湖南人（Fu-nam）；2 名，Iong-chiu 人；5 名，顺德人（San-tac）；3 名，花县人（Fa-hin）；5 名，潮汕人（Chau-siang）；9 名，海丰人（Hoi-fong）；28 名，番禺人（Pun-

gue）；5 名，龙门人（Long-mun）；2 名，惠来人（Hoi-loi）；2 名，广西人（Cong-sai）；7 名，三水人（Sam-soi）；2 名，恩平人（Impeng）；18 名，南海人（Nam-hoy）；2 名，罗定人（Lo-teng）；13 名，阳山人（Iong-san）；3 名，Long-chiu 人；3 名，从化人（Chong-fá）；1 名，平海人（Pung-hoi）；72 名，福建人（Fo-kin）；4 名，连平人（Lin-peng）；5 名，高要人（Con-hio）；4 名，大埔人（Tai-pu）；3 名，阳江人（Iong-kong）；3 名，江门人（Cou-mung）；1 名，德庆人（Tac-heng）；1 名，北海人（Pac-hoy）；2 名，高州人（Con-chao）；2 名，I-mon 人；3 名，Hen-eng 人；3 名，Cong-ueng 人；1 名，九龙人（Cao-long）；1 名，永安人（Ving-on）。合计 373 名。

华工出洋监理官 H. A. 佩雷拉·罗德里格斯（Hermenegildo Augusto Pereira Rodrigues），1870 年 11 月 2 日，于澳门华工出洋监理局。

——*Boletim Official*, Vol. XVI, Nº. 46, 14–11–1870, p. 192.

52. 华工出洋监理局第 139 号公文

Officio Nº. 139 da Superintendencia da Emigração Chineza de Macau

尊敬的总督阁下：

谨以此函向阁下转呈 1870 年 1 月在本监理局宣布不愿出洋的华工汇册，已照常将他们遣送给了广州府官员 Lam 和 Chiu，以便由这些官员将他们遣回原籍。我向阁下证实，那些人已被遣送回各自的家。

4 名，归善人（Quai-sin）；46 名，东莞人（Tong-am）；12 名，新安人（San-on）；2 名，肇庆人（Sio-heng）；7 名，博罗人（Poc-ló）；39 名，惠州人（Vai-chao）；8 名，潭水人（Tam-soi）；33 名，新会人（San-hue）；9 名，鹤山人（Hoc-san）；6 名，长乐人（Chiong-loc）；9 名，开平人（Hoi-peng）；15 名，新兴人（San-eng）；6 名，Cheng-hiu 人；5 名，英德人（Ien-tac）；8 名，韶州人（Chio-chao）；11 名，嘉应州人（Ca-hen-chao）；1 名，梧州人（Ung-chao）；4 名，湖南人（Fu-nam）；3 名，Iong-chiu 人；18 名，顺德人（San-tac）；5 名，花县人（Fa-hin）；8 名，潮汕人（Chan-siang）；6 名，海丰人（Hoi-fong）；32 名，番禺人（Pun-gue）；16 名，河源人（Ho-guin）；2 名，龙门人（Long-mun）；4 名，广西人（Cong-say）；1 名，德庆人（Tac-heng）；2 名，陆丰人（Loc-fong）；2 名，四会人（Si-huy）；4 名，三水人（Sam-soi）；

1 名，东安人（Tong-on）；5 名，恩平人（Im-peng）；40 名，南海人（Nam-hoy）；12 名，阳山人（Iong-san）；3 名，Long-chin 人；4 名，石龙人（Seac-long）；113 名，福建人（Fo-kin）；1 名，连平人（Lin-peng）；2 名，平海人（Peng-hoy）；3 名，大埔人（Tai-pu）；1 名，德庆人（Tac-heng）；1 名，Lao-long 人；1 名，韶州人（Sio-chao）；2 名，Lin-tan 人；1 名，Chong-neng 人；2 名，阳江人（Iong-kong）；6 名，Cong-neng 人；1 名，Gui-mon 人；1 名，Tu-kong 人。合计 528 名。

华工出洋监理官 H. A. 佩雷拉·罗德里格斯（Hermenegildo Augusto Pereira Rodrigues），1870 年 12 月 2 日，于澳门华工出洋监理局。

——Boletim Official, Vol. XVI, N.º 50, 12 - 12 - 1870, p. 209.

53. 广东地方官致澳门华工出洋监理官回函及回函摘要

致尊敬的澳门华工出洋监理官列地先生：

兹收到您遣返的 Cog-sao-tug 等 3 名不愿出洋的苦力；已将他们遣返原籍。

番禺县正堂 Iong，同治八年十二月廿二日、西历 1870 年 1 月 23 日。

由施伯多禄翻译。

［回函摘要］

［同治］九年二月五日，番禺县正堂回复列地，收到华工 20 名。

二月八日，南海县佐堂回复列地，收到华工 18 名。

二月九日，南海县佐堂回复列地，收到华工 8 名。

二月十日，南海县佐堂回复列地，收到华工 3 名。

二月十一日，南海县佐堂回复列地，收到华工 4 名。

二月十四日，番禺县正堂回复列地，收到华工 28 名。

二月十六日，南海县佐堂回复列地，收到华工 8 名。

二月十七日，番禺县正堂回复列地，收到华工 4 名。

二月十七日，南海县佐堂回复列地，收到华工 6 名。

二月十七日，南海县佐堂回复列地，收到华工 1 名。

二月廿二日，番禺县正堂回复列地，收到华工 4 名。

二月十八日，南海县佐堂回复列地，收到华工 4 名。

二月廿二日，番禺县正堂回复列地，收到华工 14 名。

二月廿三日，南海县佐堂回复列地，收到华工 4 名。

二月廿四日，南海县佐堂回复列地，收到华工 3 名。

二月廿四日，南海县佐堂回复列地，收到华工 3 名。

二月廿六日，番禺县正堂回复列地，收到华工 5 名。

三月一日，南海县佐堂回复列地，收到华工 3 名。

三月二日，南海县佐堂回复列地，收到华工 4 名。

三月三日，南海县佐堂回复列地，收到华工 5 名。

三月五日，番禺县正堂回复列地，收到华工 36 名。

三月十日，南海县佐堂回复列地，收到华工 10 名。

三月十一日，番禺县正堂回复列地，收到华工 7 名。

三月十三日，南海县佐堂回复列地，收到华工 8 名。

三月十五日，番禺县正堂回复列地，收到华工 17 名。

三月二十日，南海县佐堂回复列地，收到华工 8 名。

三月廿一日，南海县佐堂回复列地，收到华工 3 名。

三月廿二日，南海县佐堂回复列地，收到华工 6 名。

三月廿四日，南海县佐堂回复列地，收到华工 6 名。

三月廿七日，南海县佐堂回复列地，收到华工 5 名。

三月廿九日，南海县佐堂回复列地，收到华工 2 名。

三月廿七日，南海县佐堂回复列地，收到华工 5 名。

四月四日，南海县佐堂回复列地，收到华工 8 名。

四月八日，番禺县正堂回复列地，收到华工 12 名。

四月十日，南海县佐堂回复列地，收到华工 6 名。

四月十日，南海县佐堂回复列地，收到华工 8 名。

四月十一日，番禺县正堂回复列地，收到华工 23 名。

四月十二日，番禺县正堂回复列地，收到华工 84 名。

四月十五日，番禺县正堂回复列地，收到华工 26 名。

四月十七日，南海县佐堂回复列地，收到华工 8 名。

四月十七日，番禺县正堂回复列地，收到华工 17 名。

四月廿四日，番禺县正堂回复列地，收到华工 33 名。

四月廿四日，番禺县正堂回复列地，收到华工 24 名。

四月廿六日，南海县佐堂回复列地，收到华工 10 名。

四月廿六日，南海县佐堂回复列地，收到华工 5 名。

五月四日，番禺县正堂回复列地，收到华工 46 名。

五月四日，番禺县正堂回复列地，收到华工 15 名。

五月七日，南海县佐堂回复列地，收到华工 5 名。

五月八日，南海县佐堂回复列地，收到华工 7 名。

五月九日，番禺县正堂回复列地，收到华工 16 名。

五月十日，南海县佐堂回复列地，收到华工 16 名。

五月十三日，南海县佐堂回复列地，收到华工 10 名。

五月十六日，番禺县正堂回复列地，收到华工 56 名。

五月廿一日，番禺县正堂回复列地，收到华工 16 名。

五月廿五日，番禺县正堂回复列地，收到华工 16 名。

六月二日，番禺县正堂回复列地，收到华工 2 名。

六月六日，番禺县正堂回复列地，收到华工 35 名。

六月六日，番禺县正堂回复列地，收到华工 56 名。

六月八日，南海县佐堂回复列地，收到华工 10 名。

六月十二日，南海县佐堂回复列地，收到华工 15 名。

六月十九日，南海县佐堂回复列地，收到华工 11 名。

七月二日，南海县佐堂回复列地，收到华工 12 名。

七月廿五日，南海县佐堂回复列地，收到华工 13 名。

——*Boletim Official*，Vol. XVI，N.º 51，19 – 12 – 1870，pp. 213 – 214.

54. 广东地方官致澳门华工出洋监理官回函及回函摘要

致尊敬的澳门华工出洋监理官罗德里格斯先生：

兹收到您遣返的 Li-heng 等 138 名不愿出洋的苦力；已将他们遣返原籍。

番禺县正堂 Iang，同治九年八月十三日、西历 1870 年 9 月 8 日。

由施伯多禄翻译。

［回函摘要］

［同治］八月十五日，南海县佐堂回复罗德里格斯，收到华工 43 名。

八月十九日，南海县佐堂回复罗德里格斯，收到华工 14 名。

八月廿六日，番禺县正堂回复罗德里格斯，收到华工 22 名。

九月七日，南海县佐堂回复罗德里格斯，收到华工 29 名。

九月七日，番禺县正堂回复罗德里格斯，收到华工 41 名。

九月十三日，番禺县正堂回复罗德里格斯，收到华工 124 名。

九月十七日，番禺县正堂回复罗德里格斯，收到华工 4 名。

　　九月十七日，番禺县正堂回复罗德里格斯，收到华工 5 名。

55. 华工出洋监理局第 2 号公文

Officio N.° 2 da Superintendencia da Emigração Chineza de Macau

尊敬的总督阁下：

　　谨以此函向阁下转呈 1870 年 12 月在本监理局宣布不愿出洋的华工汇册，已照常将他们遣送给了广州府官员 Iam 和 Chin，以便由这些官员将他们遣回原籍。

　　17 名，归善人（Quai-sin）；55 名，东莞人（Tong-cun）；26 名，新安人（San-on）；5 名，肇庆人（Sio-heng）；10 名，博罗人（Poc-ló）；51 名，惠州人（Vai-chao）；43 名，新会人（San-hui）；5 名，鹤山人（Hoc-san）；7 名，长乐人（Chiong-loc）；16 名，开平人（Hoi-peng）；24 名，新兴人（San-eng）；10 名，从化人（Cong-fá）；8 名，Cheng-hin 人；9 名，英德人（Ien-tac）；13 名，韶州人（Chio-chao）；13 名，嘉应州人（Ca-hen-chao）；4 名，湖南人（Fu-nam）；17 名，顺德人（San-tac）；8 名，花县人（Fa-hin）；14 名，潮汕人（Chan-siang）；3 名，海丰人（Hoi-fong）；67 名，番禺人（Pun-gue）；15 名，河源人（Ho-nguin）；1 名，平山人（Peng-san）；9 名，Song-men 人；3 名，广西人（Cong-sai）；1 名，德庆人（Tac-heng）；6 名，四会人（Si-hui）；9 名，三水人（Sam-soi）；2 名，廉州人（Liu-chao）；6 名，东安人（Tong-on）；4 名，恩平人（Ien-peng）；52 名，南海人（Nam-hoi）；14 名，阳山人（Iong-san）；5 名，Song-chiu 人；2 名，Siac-cong 人；1 名，饶平人（Iao-peng）；68 名，福建人（Fo-quin）；7 名，Con-hiu 人；2 名，Iao-mun 人；1 名，太平人（Tai-peng）；1 名，阳江人（Iong-kong）；2 名，梧州人（Ung-chao）；7 名，Chiong-chao 人；7 名，Chiong-neng 人；1 名，北海人（Pac-hoi）；1 名，Hu-neng 人；1 名，Lao-long 人；1 名，永安人（Veng-on）；1 名，黄埔人（Vom-pu）；1 名，福州人（Foc-chao）；1 名，Iong-chau 人。合计 657 名。

　　华工出洋监理官 H. A. 佩雷拉·罗德里格斯，1871 年 1 月 2 日，于澳门华工出洋监理局。

56. 华工出洋监理局第36号公文

Officio N.º 36 da Superintendencia da Emigração Chineza de Macau

尊敬的总督阁下：

谨以此函向阁下转呈今年1月由本监理局遣返的华工汇册。我向阁下保证，那些人已全部被遣送给了广州府官员 Iam 和 Chin，以便由这些官员将他们遣回原籍。

15名，归善人（Quai-sin）；40名，东莞人（Tong-am）；30名，新安人（San-on）；5名，肇庆人（Sio-heng）；13名，博罗人（Poc-ló）；32名，惠州人（Vai-chao）；22名，新会人（San-hue）；7名，鹤山人（Hoc-san）；7名，长乐人（Chiong-loc）；13名，开平人（Hoi-peng）；13名，新兴人（San-eng）；4名，Cheng-hiu 人；3名，英德人（Ien-tac）；4名，韶州人（Chio-chao）；10名，嘉应州人（Ca-hen-chao）；8名，顺德人（San-tac）；1名，花县人（Fa-hin）；4名，潮汕人（Chan-siang）；23名，番禺人（Pun-gue）；4名，海丰人（Hoi-fong）；8名，河源人（Ho-nguin）；4名，龙门人（Long-mun）；2名，陆丰人（Loc-fong）；1名，四会人（Se-hui）；6名，三水人（Sam-soi）；3名，东安人（Tong-on）；6名，恩平人（Iem-peng）；33名，南海人（Nam-hoi）；4名，阳山人（Ion-san）；2名，Long-chin 人；5名，从化人（Cong-fá）；1名，平海人（Peng-hoi）；72名，福建人（Foc-quin）；2名，Con-hiu 人；2名，斗门人（Tau-mun）；2名，阳江人（Iong-cong）；2名，Chong-neng 人；1名，北海人（Pac-hui）；2名，He-neng 人；2名，潮州人（Chan-chao）；2名，黄埔人（Vong-pu）。合计420名。

上帝保佑阁下！

华工出洋监理官 H. A. 佩雷拉·罗德里格斯（Hermenegildo Augusto Pereira Rodrigues），1871年2月6日，于澳门华工出洋监理局。

——*Boletim Official*，Vol. XVII，N.º 10，06–03–1871，p. 41.

57. 华工出洋监理局第 59 号公文

Officio N?. 59 da Superintendencia da Emigração Chineza de Macau

尊敬的总督阁下：

　　谨以此函向阁下转呈今年 2 月由本监理局遣返的华工名册。我向阁下保证，已照常规将他们遣送给了广州府官员 Iam 和 Chin，以便由这些官员将他们遣回原籍。

　　2 名，归善人（Quai-sin）；2 名，东莞人（Tong-cun）；4 名，新安人（San-on）；2 名，博罗人（Poc-ló）；6 名，惠州人（Vai-chao）；7 名，新安人（San-on）；1 名，鹤山人（Hoc-san）；1 名，长乐人（Chiong-loc）；2 名，开平人（Hoi-peng）；3 名，新兴人（San-eng）；1 名，Cheng-hiu 人；1 名，韶州人（Chio-chao）；2 名，顺德人（San-tac）；2 名，海丰人（Hoi-fong）；5 名，番禺人（Pun-gue）；2 名，龙门人（Long-mun）；1 名，陆丰人（Loc-fong）；3 名，广西人（Cong-sai）；1 名，东安人（Tong-on）；1 名，恩平人（Im-peng）；5 名，南海人（Nam-hoi）；3 名，罗定人（Lo-teng）；2 名，阳山人（Iong-san）；28 名，福建人（Fo-kin）；1 名，Iong-chin 人。合计 88 名。

　　上帝保佑阁下！

　　华工出洋监理官 H. A. 佩雷拉·罗德里格斯，1871 年 3 月 1 日，于澳门华工出洋监理局。

　　　　　　　　——*Boletim Official*, Vol. XVII, N?. 10, 06 – 03 – 1871, p. 41.

58. 华工出洋监理局第 85 号公文

Officio N?. 85 da Superintendencia da Emigração Chineza de Macau

尊敬的总督阁下：

　　谨以此函向阁下转呈今年 3 月由本监理局遣返的华工名册。已照常规将他们遣送给了广州府官员 Iam 和 Chin，以便由这些官员将他们遣回原籍。

　　10 名，归善人（Quai-sin）；81 名，东莞人（Tong-cun）；27 名，新安人

（San-on）；5 名，肇庆人（Sio-heng）；23 名，博罗人（Poc-ló）；40 名，惠州人（Vai-chao）；2 名，潭水人（Tam-soy）；44 名，新会人（San-hue）；9 名，鹤山人（Hoc-san）；10 名，长乐人（Chiong-loc）；14 名，开平人（Hoi-peng）；23 名，新兴人（San-eng）；8 名，Cheng-hiu 人；6 名，英德人（Ien-tac）；2 名，韶州人（Chio-chao）；10 名，顺德人（San-tac）；7 名，花县人（Fa-hin）；14 名，潮汕人（Chan-siang）；6 名，海丰人（Hoi-fong）；62 名，番禺人（Pun-gue）；10 名，河源人（Ho-guin）；2 名，平山人（Peng-san）；9 名，龙门人（Long-mun）；1 名，小榄人（Seo-lam）；2 名，陆丰人（Loc-fong）；3 名，广西人（Cong-sai）；6 名，四会人（Se-hue）；10 名，三水人（Sam-soy）；4 名，廉州人（Lin-chao）；8 名，东安人（Tong-on）；9 名，恩平人（Im-peng）；42 名，南海人（Nam-hoy）；4 名，罗定人（Lo-teng）；14 名，阳山人（Iong-san）；6 名，Long-chin 人；2 名，饶平人（Iao-peng）；118 名，福建人（Fo-kin）；2 名，连平人（Lin-peng）；7 名，高要人（Con-hio）；2 名，太平人（Tai-peng）；6 名，阳江人（Yong-kong）；1 名，琼州人（Cheong-chao）；8 名，崇明人（Cheong-mung）；2 名，福州人（Foc-chao）；2 名，Chit-kong 人。合计 683 名。

　　上帝保佑阁下！

　　华工出洋监理官 H. A. 佩雷拉·罗德里格斯，1871 年 4 月　日，于澳门华工出洋监理局。

——Boletim Official, Vol. XVII, N°. 15, 10 - 04 - 1871, p. 60.

59. 华工出洋监理局第 115 号公文

Officio N°. 115 da Superintendencia da Emigração Chineza de Macau

尊敬的总督阁下：

　　谨以此函向阁下转呈今年 4 月由本监理局遣返的华工名册。我向阁下证实已照常规将他们遣送给了广州府官员 Iam 和 Chin，以便由这些官员将他们遣回原籍。

　　3 名，归善人（Quai-sin）；34 名，东莞人（Tong-cun）；6 名，新安人（San-on）；9 名，博罗人（Poc-ló）；17 名，惠州人（Vai-chao）；22 名，新会人（San-hue）；1 名，鹤山人（Hoc-san）；3 名，长乐人（Chiang-loc）；5 名，

开平人（Hoi-peng）；8 名，新兴人（San-eng）；1 名，英德人（Ien-tac）；4
名，嘉应州人（Ca-hen-chao）；3 名，湖南人（Fu-nam）；5 名，顺德人（San-
tac）；6 名，潮汕人（Chan-siang）；17 名，番禺人（Pun-gui）；15 名，河源人
（Ho-guin）；7 名，龙门人（Long-mun）；1 名，陆丰人（Loc-fong）；3 名，广
西人（Cong-sai）；4 名，四会人（Se-hue）；5 名，三水人（Sam-soi）；2 名，
东安人（Tong-on）；4 名，恩平人（Ien-peng）；10 名，南海人（Nam-hoi）；2
名，罗定人（Lo-teng）；3 名，花县人（Fa-hin）；2 名，阳山人（Iong-san）；1
名，Long-chin 人；1 名，从化人（Chong-fá）；21 名，福建人（Fo-kin）；10
名，连平人（Lin-peng）；3 名，高要人（Cou-hio）；1 名，斗门人（Tau-
mun）；2 名，阳江人（Iong-kong）；2 名，梧州人（Ung-chao）；3 名，Chiong-
neng 人；2 名，He-neng 人；5 名，永安人（Veng-on）；2 名，Chit-kong 人；2
名，Fu-kong 人；2 名，韶州人（Sio-chao）。合计 259 名。

华工出洋监理官 H. A. 佩雷拉·罗德里格斯，1871 年 5 月 4 日，于澳门华
工出洋监理局。

——*Boletim Official*，Vol. XVII，N°. 20，15 - 05 - 1871，p. 80.

60. 华工出洋监理局第 138 号公文

Officio N°. 138 da Superintendencia da Emigração Chineza
de Macau

尊敬的总督阁下：

谨以此函向阁下转呈今年 5 月由本监理局遣返的华工名册。我向阁下证实
已照常规将他们遣送给了广州府官员 Iam 和 Chim，以便由这些官员将他们遣
回原籍。

2 名，归善人（Quai-sin）；7 名，东莞人（Tong-cun）；4 名，新安人
（San-on）；3 名，博罗人（Poc-ló）；6 名，惠州人（Vai-chao）；4 名，潭水人
（Tam-soi）；1 名，鹤山人（Hoc-san）；1 名，开平人（Hoi-peng）；2 名，新兴
人（San-eng）；1 名，英德人（Ien-tac）；1 名，嘉应州人（Ca-hen-chao）；2
名，Iong-chiu 人；4 名，海丰人（Hoi-fong）；3 名，番禺人（Pun-gui）；3 名，
龙门人（Long-mun）；1 名，德庆人（Tac-heng）；1 名，三水人（Sam-soy）；1
名，廉州人（Lin-chao）；1 名，东安人（Tong-on）；1 名，恩平人（Im-peng）；
5 名，南海人（Nam-hoi）；1 名，罗定人（Lo-teng）；2 名，福建人（Fo-kin）；

1名，高要人（Cou-hio）；1名，琼州人（Chung-chao）；1名，永安人（Veng-on）。合计60名。

华工出洋监理官 H. A. 佩雷拉·罗德里格斯，1871年6月3日，于澳门华工出洋监理局。

——*Boletim Official*，Vol. XVII，N°. 23，05－06－1871，p. 94.

61. 华工出洋监理局第171号公文

Officio N°. 171 da Superintendencia da Emigração Chineza de Macau

尊敬的总督阁下：

谨以此函向阁下转呈今年6月由本监理局遣返的华工名册。我向阁下证实已照常规将他们遣送给了广州府官员 Iam 和 Chin，以便由这些官员将他们遣回原籍。

11名，归善人（Quai-sin）；20名，东莞人（Tong-cun）；4名，新安人（San-on）；11名，博罗人（Poc-ló）；41名，惠州人（Vai-chao）；1名，潭水人（Tam-soi）；11名，新会人（San-hue）；5名，鹤山人（Hoc-san）；3名，长乐人（Chiong-loc）；5名，开平人（Hoi-peng）；11名，新兴人（San-eng）；5名，Cheng-hiu 人；2名，英德人（Ien-tac）；8名，韶州人（Chio-chao）；2名，嘉应州人（Ca-hen-chao）；2名，湖南人（Fu-nam）；2名，顺德人（San-tac）；4名，花县人（Fa-hin）；2名，潮汕人（Chan-siang）；2名，海丰人（Hoi-fong）；13名，番禺人（Pun-gui）；5名，河源人（Ho-guin）；4名，龙门人（Long-mun）；1名，陆丰人（Loc-fong）；3名，广西人（Cong-sai）；1名，三水人（Sam-soy）；1名，廉州人（Lin-chao）；3名，东安人（Tong-on）；3名，恩平人（Im-peng）；10名，南海人（Nam-hoi）；2名，罗定人（Lo-teng）；7名，阳山人（Iong-san）；2名，Long-chin 人；1名，从化人（Chong-fá）；64名，福建人（Fo-kin）；1名，连平人（Lin-peng）；2名，定海人（Teng-hoi）；2名，高要人（Cou-hio）；4名，阳江人（Iong-kong）；2名，Chiong-neng 人；1名，北海人（Pac-hoi）；3名，He-neng 人；1名，永安人（Veng-on）；4名，Iong-chan 人；3名，韶州人（Sio-chao）；1名，Fu-kong 人；3名，江门人（Con-mung）。合计302名。

华工出洋监理官 H. A. 佩雷拉·罗德里格斯，1871 年 7 月 4 日，于澳门华工出洋监理局。

——*Boletim Official*，Vol. XVII，N°. 28，10 - 07 - 1871，p. 112.

62. 华工出洋监理局第 206 号公文
Officio N°. 206 da Superintendencia da Emigração Chineza de Macau

尊敬的总督阁下：

谨以此函向阁下转呈今年 7 月由本监理局遣返的华工名册。我向阁下证实，已照常规将他们遣送给了广州府官员 Iam 和 Ien，以便由这些官员将他们遣回原籍。

25 名，归善人（Quai-sin）；65 名，东莞人（Tong-cun）；9 名，新安人（San-on）；2 名，肇庆人（Sio-heng）；22 名，博罗人（Poc-ló）；92 名，惠州人（Vai-chao）；5 名，潭水人（Tam-soi）；25 名，新会人（San-hui）；5 名，鹤山人（Hoc-san）；13 名，长乐人（Chiong-loc）；16 名，开平人（Hoy-peng）；20 名，三水人（Sam-soy）；7 名，Chen-hui 人；8 名，英德人（Ien-tac）；2 名，Chui-chao 人；17 名，嘉应州人（Ca-hen-chao）；7 名，湖南人（Fu-nam）；12 名，顺德人（San-tac）；12 名，花县人（Fa-hin）；9 名，潮汕人（Chang-siang）；3 名，海丰人（Hoy-fong）；39 名，番禺人（Pun-gui）；16 名，河源人（Ho-guin）；2 名，平山人（Peng-san）；8 名，龙门人（Long-mun）；1 名，小榄人（Sio-lam）；1 名，惠来人（Hoy-loy）；8 名，四会人（Si-hui）；12 名，三水人（Sam-soy）；4 名，雷州人（Lui-chao）；4 名，东安人（Tong-on）；7 名，恩平人（Im-peng）；25 名，南海人（Nam-hoi）；3 名，罗定人（Lo-teng）；13 名，阳山人（Iong-san）；7 名，Long-chiu 人；2 名，从化人（Chong-fá）；1 名，石龙人（Siac-long）；129 名，福建人（Fo-kin）；1 名，连平人（Lin-peng）；9 名，高要人（Cou-hio）；1 名，斗门人（Táo-mun）；5 名，阳江人（Iong-kong）；1 名，梧州人（Ung-chio）；1 名，琼州人（Chiong-chao）；1 名，Chiong-neng 人；1 名，En-eng 人；1 名，Lao-long 人；4 名，永安人（Veng-on）；3 名，Tack-cheong 人；2 名，Iong-chau 人；1 名，潮州人（Chan-chao）；3 名，和平人（Vo-peng）；3 名，Chit-kong 人；3 名，Fu-kong 人；4 名，江门人（Cou-meng）。合计 702 名。

华工出洋监理官 H. A. 佩雷拉·罗德里格斯，1871 年 8 月 3 日，于澳门华工出洋监理局。

——*Boletim Official*，Vol. XVII，N°. 32，07 – 08 – 1871，pp. 129 – 130.

63. 华工出洋监理局第 231 号公文
Officio N°. 231 da Superintendencia da Emigração Chineza de Macau

尊敬的总督阁下：

谨以此函向阁下转呈今年 8 月由本监理局遣返的华工名册，其中仅有一位是注册的，可见数量之少。我向阁下证实，已照常规将他们遣送给了广州府官员 Iam，以便由他将他们遣回原籍。

2 名，归善人（Quai-sin）；10 名，东莞人（Tong-cun）；5 名，新安人（San-on）；1 名，肇庆人（Sio-eng）；4 名，博罗人（Poc-ló）；10 名，惠州人（Vai-chao）；4 名，新会人（San-hui）；1 名，鹤山人（Oc-sang）；1 名，长乐人（Chiong-loc）；3 名，开平人（Hoy-peng）；6 名，新兴人（San-eng）；3 名，Cheng-hiu 人；1 名，英德人（Ieng-tac）；1 名，潮州人（Chio-chao）；1 名，梧州人（Ung-chio）；1 名，湖南人（Fu-nam）；4 名，顺德人（San-tac）；2 名，花县人（Fa-hin）；1 名，潮汕人（Chang-siang）；2 名，海丰人（Hoy-fong）；11 名，番禺人（Pun-gui）；5 名，婺源人（Uo-guin）；1 名，龙门人（Long-mun）；1 名，四会人（Si-huy）；1 名，恩平人（Ieng-pem）；8 名，南海人（Nam-hoi）；1 名，阳山人（Iong-san）；1 名，揭阳人（Chit-iong）；14 名，福建人（Uo-kien）；3 名，高要人（Con-hio）；1 名，阳江人（Iong-kong）；1 名，福州人（Foc-chao）。合计 111 名。

上帝保佑阁下！

华工出洋监理官 H. A. 佩雷拉·罗德里格斯，1871 年 9 月 2 日，于澳门华工出洋监理局。

——*Boletim Official*，Vol. XVII，N°. 36，04 – 09 – 1871，p. 143.

64. 华工出洋监理局第 258 号公文

Officio Nº. 258 da Superintendencia da Emigração Chineza de Macau

尊敬的总督阁下：

谨以此函向阁下转呈今年 9 月由本监理局遣返的华工名册。我向阁下证实，已照常规将他们遣送给了广州府官员 Iam，以便由他将他们遣回原籍。

10 名，归善人（Quai-sin）；19 名，东莞人（Tong-cun）；7 名，新安人（San-on）；1 名，肇庆人（Sui-heng）；8 名，博罗人（Poc-ló）；40 名，惠州人（Vai-chao）；1 名，潭水人（Tam-soy）；25 名，新会人（San-hui）；6 名，鹤山人（Hoc-san）；13 名，长乐人（Chiong-loc）；10 名，开平人（Hoy-peng）；7 名，新兴人（San-eng）；6 名，Cheng-hiu 人；2 名，英德人（Ieng-tac）；3 名，潮州人（Chio-chao）；7 名，嘉应州人（Ca-eng-chao）；1 名，梧州人（Ung-chio）；1 名，Iong-chiu 人；7 名，顺德人（San-tac）；2 名，花县人（Fa-hin）；6 名，潮汕人（Chang-siang）；2 名，海丰人（Hoy-fong）；21 名，番禺人（Pun-gui）；9 名，婺源人（Uo-guin）；9 名，龙门人（Long-mun）；2 名，广西人（Cong-say）；3 名，四会人（Si-huy）；5 名，三水人（Sam-soy）；1 名，东安人（Tong-on）；4 名，恩平人（Ieng-pem）；20 名，南海人（Nam-hoi）；6 名，阳山人（Iong-san）；1 名，从化人（Chong-fá）；10 名，福建人（Uo-kien）；6 名，连平人（Lin-peng）；9 名，高要人（Cou-hiu）；1 名，斗门人（Táo-mun）；4 名，阳江人（Iáng-kong）；2 名，梧州人（Ung-chao）；1 名，潮汕人（Chang-siang）；3 名，En-neng 人；2 名，Láo-long 人；1 名，Iong-chau 人；2 名，Fu-kong 人；4 名，韶州人（Sio-chao）；4 名，Co-meng 人；1 名，广西人（Cong-say）；1 名，罗定人（Lo-teng）。合计 316 名。

上帝保佑阁下！

华工出洋监理官 H. A. 佩雷拉·罗德里格斯，1871 年 10 月 3 日，于澳门华工出洋监理局。

——*Boletim Official*, Vol. XVII, Nº. 41, 09 – 10 – 1871, p. 165.

65. 华工出洋监理局第 304 号公文

Officio N.º 304 da Superintendencia da Emigração Chineza de Macau

尊敬的总督阁下：

　　谨以此函向阁下转呈今年 10 月由本监理局遣返的华工名册。我向阁下证实，已照常规将他们遣送给了广州府官员 Iam 和 Ien，以便由这些官员将他们遣回原籍。

　　31 名，归善人（Quai-sin）；51 名，东莞人（Tong-cun）；24 名，新安人（San-on）；6 名，肇庆人（Sio-heng）；34 名，博罗人（Poc-ló）；105 名，惠州人（Vai-chao）；4 名，新会人（San-hui）；58 名，潭水人（Tam-soy）；6 名，鹤山人（Hoc-san）；20 名，长乐人（Chiong-loc）；22 名，开平人（Hoy-peng）；41 名，新兴人（San-eng）；17 名，Cheng-hui 人；8 名，英德人（Ieng-tac）；4 名，潮州人（Chio-chao）；14 名，嘉应州人（Ca-eng-chao）；3 名，梧州人（Ung-chao）；3 名，湖南人（Fu-nam）；20 名，顺德人（San-tac）；11 名，花县人（Fa-hin）；12 名，潮汕人（Chang-siang）；3 名，海丰人（Hoy-fong）；78 名，番禺人（Pun-gui）；27 名，河源人（Ho-guin）；8 名，龙门人（Long-mun）；3 名，小榄人（Sio-lam）；2 名，陆丰人（Loc-fong）；7 名，广西人（Cong-say）；1 名，Tae-lung 人；9 名，四会人（Si-hui）；15 名，三水人（Sam-soy）；3 名，廉州人（Lin-chao）；8 名，东安人（Tong-on）；14 名，恩平人（Iem-peng）；63 名，南海人（Nam-hoi）；6 名，罗定人（Lo-teng）；24 名，阳山人（Iong-san）；7 名，Long-chui 人；6 名，从化人（Chong-fá）；1 名，平海人（Peng-hoy）；1 名，揭阳人（Kit-iong）；2 名，饶平人（Iao-peng）；84 名，福建人（Fu-kin）；9 名，Lui-peng 人；3 名，定海人（Teng-hoy）；16 名，高要人（Cou-hiu）；1 名，斗门人（Táo-mun）；7 名，阳江人（Iong-kong）；2 名，Ien-au 人；6 名，Cheong-neng 人；1 名，北海人（Pac-hoy）；6 名，Láo-long 人；8 名，永安人（Veng-au）；4 名，Iong-chau 人；4 名，和平人（Vo-peng）；2 名，韶州人（Sio-chao）；5 名，江门人（Con-mung）。合计 940 名。

　　上帝保佑阁下！

　　华工出洋监理官 H. A. 佩雷拉·罗德里格斯，1871 年 11 月 7 日，于澳门华工出洋监理局。

　　——*Boletim Official*, Vol. XVII, N.º 46, 13 - 11 - 1871, pp. 184 - 185.

66. 华工出洋监理局第 307 号公文

Officio N.º 307 da Superintendencia da Emigração Chineza de Macau

尊敬的总督阁下：

　　谨以此函向阁下转呈今年 11 月由本监理局遣返的华工名册。我向阁下证实，已照常规将他们遣送给了广州府官员 Iam 和 Ien，以便由这些官员将他们遣回原籍。

　　1 名，潭水人（Tam-soy）；44 名，新兴人（San-eng）；138 名，惠州人（Vai-chao）；3 名，花县人（Fa-hin）；71 名，东莞人（Tong-cun）；21 名，三水人（Sam-soy）；17 名，嘉应州人（Ca-eng-chao）；16 名，肇庆人（Sio-eng）；57 名，新会人（San-huy）；61 名，南海人（Nam-hoi）；79 名，番禺人（Pun-gui）；25 名，顺德人（San-tac）；24 名，阳山人（Iong-sang）；2 名，和平人（Vo-peng）；7 名，海丰人（Hoy-fong）；10 名，英德人（Ieng-tac）；12 名，长乐人（Chong-loc）；4 名，廉州人（Lin-chao）；8 名，Iong-chau 人；4 名，Fo-hui 人；45 名，湖南人（Fu-nam）；51 名，福建人（Fo-kien）；7 名，Long-chiu 人；26 名，开平人（Hoy-peng）；5 名，肇庆人（Sio-heng）；13 名，潮汕人（Chan-seang）；4 名，恩平人（Iem-peng）；8 名，鹤山人（Hoc-san）；1 名，Fu-kong 人；20 名，高要人（Cou-hio）；3 名，Ien-au 人；9 名，连平人（Lin-peng）；4 名，Chiong-neng 人；23 名，博罗人（Poc-ló）；3 名，龙门人（Long-mun）；10 名，Cheng-hui 人；15 名，东安人（Tong-on）；27 名，新安人（San-on）；28 名，归善人（Quai-sin）；4 名，阳江人（Iong-kong）；7 名，广西人（Cong-say）；8 名，从化人（Chong-fá）；2 名，斗门人（Táo-mun）；1 名，揭阳人（Kit-iong）；20 名，河源人（Ho-guin）；6 名，Iong-hui 人；2 名，北海人（Pac-hoy）；4 名，和平人（Vo-peng）；2 名，Láo-long 人；5 名，梧州人（Ung-chao）；4 名，德庆人（Tac-heng）；3 名，潮州人（Chio-chao）；5 名，罗定人（Lo-teng）；4 名，Chiong-neng 人；2 名，电白人（Tin-pac）。合计 985 名。

　　上帝保佑阁下！

　　华工出洋监理官 H. A. 佩雷拉·罗德里格斯，1871 年 12 月 4 日，于澳门华工出洋监理局。

　　——*Boletim Official*, Vol. XVII, N.º 49, 04 – 12 – 1871, pp. 195 – 196.

67. 广东地方官员给澳门华工出洋监理官的回函 20 件

致尊敬的澳门华工出洋监理官 H. A. 佩雷拉·罗德里格斯先生：

兹收到您遣返的 Li-chan 等 26 名不愿出洋的苦力；已将他们遣返原籍。

署理番禺县正堂 Hu，同治十年五月、西历 1871 年 6 月。

由埃德亚多·马克斯（Eduardo Marques）翻译。

致尊敬的澳门华工出洋监理官 H. A. 佩雷拉·罗德里格斯先生：

兹收到您遣返的 Hoiao-iao-foc 等 68 名不愿出洋的苦力；已将他们遣返原籍。

署理番禺县正堂 Hu，同治十年五月、西历 1871 年 6 月。

由埃德亚多·马克斯（Eduardo Marques）翻译。

致尊敬的澳门华工出洋监理官 H. A. 佩雷拉·罗德里格斯先生：

兹收到您遣返的 Pao-fat、Cheong-seng 等 45 名不愿出洋的苦力；已将他们遣返原籍。

署理番禺县正堂 Hu，同治十年五月、西历 1871 年 6 月。

由埃德亚多·马克斯（Eduardo Marques）翻译。

致尊敬的澳门华工出洋监理官 H. A. 佩雷拉·罗德里格斯先生：

兹收到您遣返的 Lao-sam、Iong-long 等 81 名不愿出洋的苦力；已将他们遣返原籍。

署理番禺县正堂 Hu，同治十年五月、西历 1871 年 6 月。

由埃德亚多·马克斯（Eduardo Marques）翻译。

致尊敬的澳门华工出洋监理官 H. A. 佩雷拉·罗德里格斯先生：

兹收到您遣返的 Fong-hoi、Chang-ioc 等 82 名不愿出洋的苦力；已将他们遣返原籍。

署理番禺县正堂 Hu，同治十年五月十五日、西历 1871 年 7 月 2 日。

由埃德亚多·马克斯（Eduardo Marques）翻译。

致尊敬的澳门华工出洋监理官 H. A. 佩雷拉·罗德里格斯先生：

兹收到您遣返的 Tam-cam 等 22 名不愿出洋的苦力；已将他们遣返原籍。

署理南海县佐堂 Ien，同治十年五月廿一日、西历 1871 年 7 月 8 日。

由副翻译官埃德亚多·马克斯（Eduardo Marques）翻译。

致尊敬的澳门华工出洋监理官 H. A. 佩雷拉·罗德里格斯先生：

兹收到您遣返的 Lai-si、Lo-kuong 等 69 名不愿出洋的苦力；已将他们遣返原籍。

署理番禺县正堂 Hu，同治十年五月廿五日、西历 1871 年 7 月 12 日。

由副翻译官埃德亚多·马克斯（Eduardo Marques）翻译。

致尊敬的澳门华工出洋监理官 H. A. 佩雷拉·罗德里格斯先生：

兹收到您遣返的 Coc-chio、Fong-hoi 等 67 名不愿出洋的苦力；已将他们遣返原籍。

署理番禺县正堂 Hu，同治十年五月廿五日、西历 1871 年 7 月 12 日。

由副翻译官埃德亚多·马克斯（Eduardo Marques）翻译。

致尊敬的澳门华工出洋监理官 H. A. 佩雷拉·罗德里格斯先生：

兹收到您遣返的 Vong-chan 等 25 名不愿出洋的苦力；已将他们遣返原籍。

署理番禺县正堂 Hu，同治十年五月廿五日、西历 1871 年 7 月 12 日。

由副翻译官埃德亚多·马克斯（Eduardo Marques）翻译。

致尊敬的澳门华工出洋监理官 H. A. 佩雷拉·罗德里格斯先生：

兹收到您遣返的 Siu-sao 等 27 名不愿出洋的苦力；已将他们遣返原籍。

署理南海县佐堂 Ien，同治十年五月廿八日、西历 1871 年 7 月 15 日。

由副翻译官埃德亚多·马克斯（Eduardo Marques）翻译。

致尊敬的澳门华工出洋监理官 H. A. 佩雷拉·罗德里格斯先生：

兹收到您遣返的 Lao-kuai 等 49 名不愿出洋的苦力；已将他们遣返原籍。

署理南海县佐堂 Ien，同治十年五月三十日、西历 1871 年 7 月 17 日。

由副翻译官埃德亚多·马克斯（Eduardo Marques）翻译。

致尊敬的澳门华工出洋监理官 H. A. 佩雷拉·罗德里格斯先生：

兹收到您遣返的 Lai-chong 等 34 名不愿出洋的苦力；已将他们遣返原籍。

署理南海县佐堂 Ien，同治十年六月四日、西历 1871 年 7 月 21 日。

由副翻译官埃德亚多·马克斯（Eduardo Marques）翻译。

致尊敬的澳门华工出洋监理官 H. A. 佩雷拉·罗德里格斯先生：

兹收到您遣返的 Loc-piu 等 18 名不愿出洋的苦力；已将他们遣返原籍。

署理番禺县正堂 Hu，同治十年六月六日、西历 1871 年 7 月 23 日。

由副翻译官埃德亚多·马克斯（Eduardo Marques）翻译。

致尊敬的澳门华工出洋监理官 H. A. 佩雷拉·罗德里格斯先生：

兹收到您遣返的 Iong-camg 等 28 名不愿出洋的苦力；已将他们遣返原籍。

署理南海县佐堂 Ien，同治十年六月七日、西历 1871 年 7 月 24 日。

由副翻译官埃德亚多·马克斯（Eduardo Marques）翻译。

致尊敬的澳门华工出洋监理官 H. A. 佩雷拉·罗德里格斯先生：

兹收到您遣返的 Vong-iao、Ip-foc 等 85 名不愿出洋的苦力；已将他们遣返原籍。

署理番禺县正堂 Hu，同治十年六月八日、西历 1871 年 7 月 25 日。

由副翻译官埃德亚多·马克斯（Eduardo Marques）翻译。

致尊敬的澳门华工出洋监理官 H. A. 佩雷拉·罗德里格斯先生：

兹收到您遣返的 Tang-van 等 15 名不愿出洋的苦力；已将他们遣返原籍。

署理番禺县正堂 Hu，同治十年六月八日、西历 1871 年 7 月 25 日。

由副翻译官埃德亚多·马克斯（Eduardo Marques）翻译。

致尊敬的澳门华工出洋监理官 H. A. 佩雷拉·罗德里格斯先生：

兹收到您遣返的 Chan-foc、Coc-chiong、Loc-i 等 74 名不愿出洋的苦力；已将他们遣返原籍。

署理番禺县正堂 Hu，同治十年五［六］月八日、西历 1871 年 7 月 25 日。

由副翻译官埃德亚多·马克斯（Eduardo Marques）翻译。

致尊敬的澳门华工出洋监理官 H. A. 佩雷拉·罗德里格斯先生：

兹收到您遣返的 Chie-loc、Chan-seng 等 36 名不愿出洋的苦力；已将他们遣返原籍。

　　署理番禺县正堂 Hu，同治十年六月十日、西历 1871 年 7 月 27 日。

　　由副翻译官埃德亚多·马克斯（Eduardo Marques）翻译。

致尊敬的澳门华工出洋监理官 H. A. 佩雷拉·罗德里格斯先生：

　　兹收到您遣返的 Chan-quai 等 20 名不愿出洋的苦力；已将他们遣返原籍。

　　署理南海县佐堂 Ien，同治十年六月十一日、西历 1871 年 7 月 28 日。

　　由副翻译官埃德亚多·马克斯（Eduardo Marques）翻译。

致尊敬的澳门华工出洋监理官 H. A. 佩雷拉·罗德里格斯先生：

　　兹收到您遣返的 Hao-chao 等 49 名不愿出洋的苦力；已将他们遣返原籍。

　　署理南海县佐堂 Ien，同治十年六月十四日、西历 1871 年 7 月 31 日。

　　由副翻译官埃德亚多·马克斯（Eduardo Marques）翻译。

　　——*Boletim Official*，Vol. XVII，N°. 51，18 – 12 – 1871，pp. 205 – 206.

五、澳门华工出洋监理局文件

de chins que annualmente vem a Macau buscar a protecção do governo portuguez, para se embarcarem nos paizes estrangeiros.

Penetrado d'estas boas intenções de V. Ex.ª, e desejoso de ser util á minha patria, me tenho dedicado, apezar das minhas occupações a preencher, segundo os meus fracos recursos, o cargo de que V. Ex.ª houve por bem incumbir-me, em cujo desempenho não me inspirei d'outro sentimento, senão da esperança de poder contribuir com o meu modesto contingente para a solução d'esta espinhosa questão.

A primeira verdade que resalta de um estudo sobre este assumpto, e que se torna evidentissima para quem se põe em contacto diario com os emigrantes chins, é a mui grande utilidade, que resulta e pode resultar d'essa emigração para a immensa população que pullula no vasto imperio chinez.

O estado de quasi nudez e de emaciação que apresentam esses emigrantes, quando aportam em Macau, dá uma idéa bem triste e dolorosa da penuria em que viviam nas suas terras, donde em fim, a necessidade de que os impellio a sahir, para irem buscar algum allivio na emigração.

Á vista do aspecto d'esses homens, e ouvindo-lhes as repetidas queixas das privações de commodidades da vida, que soffriam em suas aldeias, torna-se inutil recorrer a outras observações e provas para uma pessoa se convencer de que o grande movimento da emigração chineza, que se nota em Macau, não se explica, de certo, attribuindo-lhe uma causa artificial, por exemplo, a ambição despertada nos emigrantes por meios illegitimos, as seducções ou cousa semelhante.

Basta examinar de perto e interrogar os proprios emigrantes para se conhecer que o motivo verdadeiro que impelle tantos milhares de chins a sahirem de Macau para o Perú, Havana, e outros paizes, é a grande pobreza e a pavorosa miseria que procedem do crescente desequilibrio que existe entre a população da China e os meios de subsistencia que o paiz offerece. Escusado me parece, pois, o alongar-me sobre este ponto.

Se a emigração é um bem, e um bem immenso para a China, forçoso é tambem admittir que d'ella se tem abusado bastante, e os que d'ella mais abusam, são os proprios chins que não duvidam por interesses mesquinhos, recorrer ás vezes a meios illegitimos, para victimarem os seus proprios compatriotas.

A miseria, como é sabido, é credula e avida de illusões, e facilmente se deixa transviar por tudo quanto lhe offerece alguma esperança de melhoramento. Esta circumstancia predisponente, e mais ainda, a timidez natural dos chins, de um lado, e d'outro, o amor entranhavel da mentira que os characterisa, tem aberto um campo vasto e fecundo para as maquinações illicitas da avidez e da cubiça, principalmente dos chamados corretores chinas, empregados para angariar os emigrantes.

Convencido d'estas verdades, formulei em conformidade com a minha idéa, a fiscalisação de que V. Ex.ª me encarregou.

Tenho posto particular desvelo em fazer comprehender aos emigrantes o verdadeiro estado da sua situação, e em instigal-os a manifestar livremente a sua resolução, qualquer que ella fosse, assegurando-lhes toda a protecção do governo, e animando-os a deliberarem desafrontados de toda a influencia estranha, e a dizerem a verdade com todo o desafogo. Para este fim recorri a explicações longas e diffusas, e a

repetidas perguntas e interrogatorios, o que seria talvez exagerado, se não se tratasse do povo chinez, cuja indole insincera é o maior obstaculo que tenho encontrado para a extirpação dos abusos.

Os emigrantes, como determina o regulamento, são sujeitos a dois exames perante o superintendente. O primeiro tem logar quando os emigrantes se apresentam á matricula na superintendencia, e o segundo tres dias depois, no acto da assignatura do contrato.

Antes da matricula, tenho sempre feito ler e explicar o contrato no dialecto particular de cada grupo de emigrantes, acompanhando esta explicação de alguns esclarecimentos mais sobre a duração da viagem, sobre o genero de trabalho a que são na generalidade destinados, e sobre outras mais circumstancias relativas ao mesmo contrato, e ao paiz para o qual elles pertencem emigrar, só com o fim de habilitar os emigrantes a deliberarem depois com conhecimento de causa, tanto quanto for possivel.

V. Ex.ª perceberá facilmente que para tornar estas diversas explicações intelligiveis aos emigrantes, se torna necessaria a cooperação intelligente de interpretes, que fallem com perfeição os diversos dialectos usados na superintendencia para emigrarem.

Os emigrantes são na sua quasi totalidade chinas de Punti, Hak-ka e Hok-lo, as tres raças que habitam na provincia de Quam-tun, e os chinas da provincia de Fo-kien.

Os dois linguas da procuradura que alternadamente servem na superintendencia, fallam com proficiencia os dois dialectos Punti e Hak-ka, e se teem mostrado zellosos e activos, do que me apraz dar aqui um solemne testimunho. Mas quanto aos dialectos Hok-lo e Fo-kien, a superintendencia ainda carece de um interprete idoneo e habil, cuja falta pude temporariamente supprir, admittindo com auctorisação de V. Ex.ª um interprete chim de minha confiança.

Depois de matriculados são concedidos aos emigrantes tres dias para elles ponderarem e reflexionarem maduramente sobre o engajamento que vão contrahir; e passados os tres dias são de novo apresentados todos aquelles que perserveraram na intenção de deixarem o paiz. N'esta occasião são-lhes feitas as mesmas explicações sobre o contrato e os accessorios, como no dia da matricula, e ainda com mais desenvolvimento, e além disto tenho-lhes sempre feito diversos interrogatorios para me convencer da espontaneidade dos emigrantes.

Em ambos os exames, depois das explicações feitas aos emigrantes em grupo, são todos estes chamados, um por um, a virem perante mim e perante um alumno interprete declarar se comprehenderam o contrato, se estão livremente resolvidos a emigrar, ou se tem de que se queixar contra alguem. Quasi sempre me tenho aproveitado destes momentos para lhes fazer novas explicações e advertencias.

Só depois de verificada com evidencia a espontaneidade dos emigrantes, e depois d'elles mostrarem que estão bem no facto das condições dos contratos, são então admittidos a assignarem os contrato, para em seguida se embarcarem.

Todos aquelles dos emigrantes que patenteam a sua resolução de não querer emigrar (e não são poucos) são postos logo de parte, ficando debaixo da protecção da superintendencia, são alojados n'uma casa destinada para este fim, ficando elles seguros e livres da influencia dos corretores. Todos estes chinas tem sido repatriados

por mim pelas melhores e mais seguras opportunidades que se tem offerecido.

Qualquer queixa que tem feito os emigrantes, tem sido logo attendida, e eu puz sempre toda a deligencia em aprehender o queixado, o qual é logo castigado com o rigor que a lei permitte.

Tenho-me esforçado mui particularmente, e tenho empregado meios diversos, como opportunamente tenho dado parte a V. Ex.ª, para cohibir um abuso que antes muito vogava, o qual era de não se apresentarem a assignar o contrato os mesmos chinas que se tinham antes apresentado á matricula. O primeiro não posso lisongear-me que tal abuso não se tenha commettido desde que tomei conta da superintendencia, mas estou convencido que se taes abusos ainda se praticam, devem elles ser rarissimos.

Apezar dos meus esforços devo porem confessar que surgem todos os dias novos obstaculos, que se oppoem á repressão d'este abuso, para evitar o qual me parece, que só restam dois expedientes, os quaes tomo a liberdade de submetter á consideração de V. Ex.ª

O primeiro expediente é reduzir os dois exames dos emigrantes perante o superintendente a um só, fazendo-se a matricula, a assignatura do contrato, e o embarque dos colonos no mesmo dia.

Este expediente é de mui facil execução e até certo ponto recommendavel; mas apresenta ao mesmo tempo inconvenientes, entre os quaes avulta o de ficarem os emigrantes privados do tempo bastante para reflexionar antes de se engajarem definitivamente, donde poderá resultar muitas vezes que os chinas, enleiados pela novidade da sua situação, e tomados de surpreza pelo facto de se acharem pela primeira vez perante uma auctoridade estrangeira, se julguem coactos, e obrigados a responder affirmativamente a todas as perguntas. Os males que d'isto podem provir, são faceis de imaginar: á vista d'isto, este expediente não é por tanto o preferivel.

O outro expediente mais proficuo, mas deficil, consiste em estabelecer uma casa debaixo da direcção e inspecção do governo, com empregados nomeados pelo governo, onde serão depositados os emigrantes logo depois de matriculados, e onde permanecerão até ao dia do embarque, ficando durante todo esse tempo prohibida a entrada dos corretores n'essa casa.

Este expediente parece ser o unico que offerece garantias de extirpar o abuso mencionado; e além disto offerece a vantagem de habilitar mais efficazmente o superintendente para apurar a verdade, e para vir a ter conhecimento de quaesquer abusos de que os emigrantes tenham, talvez, sido victimas; porque é de crer que os emigrantes achando-se fóra da acção dos corretores, e conhecendo praticamente que o governo os protege e vela pela sua segurança, não duvidarão então manifestar qualquer queixa que contra, os corretores tenham de fazer, e patentearão em fim a verdade com mais desassombro. D'este momo quaesquer maquinações illicitas dos corretores ou d'outros, ou quaesquer seducções que as houver, serão logo desmascaradas e frustradas. Assim os verdadeiros emigrantes ficarão joeirados, por assim dizer, e separados dos que não são emigrantes, dos que não querem emigrar e dos que não vieram a Macau para o fim de emigrarem.

Adoptado que seja este expediente, prevejo que não faltarão tentativas para inutilisar e para malograr o fim que se tem em vista, mas creio que uma vigilancia in-

随着华工出洋业务的扩大和管理难度的增加，澳葡当局认识到须有专门的部门负责这一事务的管理。1860 年 4 月 30 日，澳门总督基马良士发布第 76 号训令，任命安东尼奥·马忌士·佩雷拉出任华工出洋监理官，主持监理局的工作，对华工出洋实施更加专门化的管理。监理局组建之后，参与和实施了多个方面的管理，从而形成了一批部门文件。除了第四部分所辑录的遣返华工清单外，这里收录了三份关于该部门任职的总督训令，12 份监理局的公文。这些公文的内容包括：对各个华工收容站检查的情况通报，就检查结果开具的证明，给澳门总督的专项汇报，转呈所搜集到的证词、证明等，此外还有一份长篇报告。

01. 1860 年 4 月 30 日第 76 号总督训令

Portaria N°. 76 de 30 d' Abril de 1860

澳门总督决定：

根据市民安东尼奥·马忌士·佩雷拉（Antonio Marques Pereira）所表现出来的才干和其他条件，现决定任命他担任华工出洋监理官（Superintendente da Emigração Chineza）一职，该职务的履行应遵循 4 月 30 日第 74 号总督训令的规定。

基马良士，1860 年 5 月 1 日，于澳门。

——*Boletim Official*, Vol. VI, N°. 22, 05 – 05 – 1860, p. 86.

02. 1863 年华工出洋监理局依照现行章程在各契约华工收容站实施检查的情况统计

Movimento D'Emigrantes, durante o Anno de 1863, nos Differentes Estabelecimentos D'Emigração Contractada, que Foram Fiscalisados pela Superintendencia na Conformidade dos Regulamentos em Vigor

注册者的人数	8 774
拒绝出洋者人数	1 726

因父母不同意而放弃出洋者	72
被拒绝出洋者	146
签约并接受了预付款之后逃走者	12
签约之后反悔者	3
合法证明病亡者	64
因病但未亡而下船上岸者	91
按照合同出发者	6 660

被华工出洋监理官拒绝出洋人数的增加，大部分原因是，在这一年的后半年，来自西部地区的华人的加入，以及进入收容站的儿童的人数增多。

尽管采取了种种措施，收容站的医生们也做了努力，西部华人（客家人）的涌入，还特别地促成了病者和亡者人数的增加，因为他们全都是处在悲惨情况之下的人。

华工出洋监理官马忌士·佩雷拉（A. Marques Pereira），1864 年 1 月 18 日，于澳门华工出洋监理局（Superintendencia da Emigração Chineza）。

——*Boletim Official*，Vol. X，Nº. 4，25 – 01 – 1864，p. 13.

03. 1864 年华工出洋监理局依照现行章程在各契约华工收容站实施检查的情况统计

已注册的人数	15 778
因个人意愿放弃出洋	4 888
因父母要求而放弃出洋	39
注册之后被确认不能出洋	85
因死亡而未能出洋	54
实际出洋人数	10 712

华工出洋监理官 A. 马忌士·佩雷拉，1865 年 1 月 27 日，于华工出洋监理局。

——*Boletim Official*, Vol. XI, N.º 7, 13 – 02 – 1865, p. 25.

04. 1865 年 12 月 31 日第 14 号和第 16 号总督训令
Portarias N.º 14 e N.º 16 de 31 de Dezembro de 1865

第 14 号总督训令

澳门总督决定：

因工作需要改任他职，现决定免去马忌士·佩雷拉华工出洋监理官之职。他曾认真、勤恳、忠实地履行了其职责。有关部门遵照执行。

澳门总督阿穆恩，1865 年 12 月 31 日，于澳门。

第 16 号总督训令

澳门总督决定：

因华工出洋监理官马忌士·佩雷拉改任华政衙门理事官之职，华工出洋监理官一职现空缺，现决定任命顾辣地（José Bernardo Goularte）担任华工出洋监理官之职。他于 1865 年当选为理事官，其任期现已届满。

相关部门遵照执行。

澳门总督阿穆恩，1865 年 12 月 31 日，于澳门。

——*Boletim Official*, Vol. XII, N.º 1, 01 – 01 – 1866, p. 2.

05. 华工出洋监理局文件
Officios da Superintendencia da Emigração Chineza de Macau

在香港出版的葡文刊物《人民回声报》（*Echo do Povo*）屡次提及一位患有眼病的华人从一个出洋华工收容站被送到贫民救济院（Asylo dos pobres）一事。该报对其病情的报道不准确。现奉上级命令，刊布下列文件，以揭示真相。

华工出洋监理官顾辣地证明

兹证明：查阅华工出洋收容站登记簿可见，该华工 Hum-Hey 生于廉州

（Lin-chau），22 岁，1865 年 9 月 16 日进入贝尔纳多·埃斯特旺·卡内罗（Bernardo Estevão Carneiro）所属位于花王堂街（Rua de Santos Antonio）10 号的收容站，被编为 113 号；同月 22 日，在华政衙门签署契约，23 日被转入意大利船 Providenza 号上，排号为 33。由于他在船上患了严重的眼病，便于 11 月 9 日下船，送往卡内罗位于草堆街（Tarrafeiro）31 号的收容站，以便在那里进行治疗。然而，当其病情变得不可医治时，根据医生的意见，并获得时任华工出洋监理官佩雷拉的批准，于同月 17 日将其转入贫民救济院。

另证明：该华工于同年 12 月 18 日被传唤至华政衙门，我当时是该市的理事官，他当着我、华工出洋监理官和其他人的面宣称，他的真实名字叫 Hong-chioy，不是 Hum-Hey，后一个名字在收容站被认为更适合于他。我证实全部遵行了本月 5 日第 9 号一般公文（officio do expediente geral）给我下达的命令。

华工出洋监理官顾辣地（José Bernardo Goularte），1866 年 1 月 7 日，于澳门华工出洋监理局。

民用医生科斯达证明

兹证明：出洋华工 Hum-Hey，生于廉州，22 岁，在意大利船天意号（Providenza）上患上梅毒性眼炎（ophtalmia syphilitica），下船之后，在草堆街 31 号的收容站由我进行了 20 多天的治疗，然后被转入贫民救济院，因为已经处于不可治愈状态。据此实情，我同意了他的请求，因为我发誓这样做是必须的。

民用医生莱奥卡迪奥·儒斯蒂诺·达·科斯达（Leocadio Justino da Costa），1866 年 1 月 6 日，于澳门。

草堆街 31 号收容站医生特莱斯证明

兹证明：我与同事莱奥卡迪奥·儒斯蒂诺·达·科斯达（Leocadio Justino da Costa）医生共同为华人 Hum-Hey 治疗，他患有淋病病毒引起的梅毒性眼炎，被勒令从意大利船 Providenza 号上下来。据此实情，我同意了他的请求，我发誓这样做是必要的。

若亚敬·坎迪多·达·席尔瓦·特莱斯（Joaquim Candido da Silva Telles），1866 年 1 月 6 日，于澳门。

阿尔瓦雷斯致华工出洋监理官函

尊敬的监理官阁下：

我荣幸地告知阁下来函收悉，并向阁下汇报落实情况。我的同事莱奥卡迪奥·儒斯蒂诺·达·科斯达医生对 Hum-Hey 的病情进行了诊断，发现他患的是由直接接触淋病脓（pus blennorrhogico）而引起的梅毒性眼炎，正如病者本人对我宣称的那样，那时他患了淋病。我与我的同事泰勒斯和医生助理科斯达对其进行了联合治疗，我制定了合适的治疗方法。

上帝保佑阁下！

若昂·雅克斯·弗洛里亚诺·阿尔瓦雷斯（João Jaques Floriano Alvares），1866 年 1 月 6 日。

贫民救济院院长席尔瓦神父致辅政使司函

尊敬的辅政使司阁下：

谨就刚刚收到阁下的公函回复如下：12 月 16 日，本院收容了一个名叫 Hong-chioy 的华人，生于廉州，已婚，19 岁，由贝尔纳多·埃斯特旺·卡内罗（Bernardo Estevão Carneiro）送来，患有眼炎。同月 18 日上午 11 时，离开本院前往华政衙门，下午 4 时返回本院，目前仍在本院。

上帝保佑阁下！

贫民救济院委员会主席（Presidente da commissão do Asylo）佛朗西斯科 A. 达·席尔瓦神父（Pe. Francisco A. da Silva），1866 年 1 月 5 日，于澳门。

——*Boletim Official*，Vol. XII，Nº 2，08 - 01 - 1866，p. 6.

06. 华工出洋监理官费尔南德斯提交澳门总督的报告
Relatorio do Berdinario Sena de Fernandes，Superintendente da Emigração Chineza de Macau

尊敬的总督阁下：

承蒙阁下委任我署理华工出洋监理官之职，我定将不辜负阁下给予我的信任，尽最大努力完成阁下赋予我的使命。现向阁下阐述我所采取的检查制度，并请允许我向阁下陈述我从经验和思考中所得出的建议和反思，以供阁下参考。

本澳的华工出洋业务最近几年有了大规模的发展，成为阁下关切的一个重要目标，正如阁下所发布实施的各项措施所显示的那样。这些措施无一不在证明，您所安排的政府关注的目标，不是国家从这种移民中得到某些经济利益（就像常常被渲染的那样），而是这一难题中所包含的正义和人道的高尚原则，同样也揭示了对每年来澳门寻求葡萄牙政府保护以便登船前往外国的大量华人进行保护的必要性。

领会了阁下的这番善意和为我们国家利益着想的愿望，我已决定致力于阁下赐予我的职务；这不是出于某种别的想法，而是希望我能够对这一棘手问题的解决有所贡献。

对这个问题进行研究后得出的第一个真相是，这种移民活动为辽阔的中华帝国内的庞大人群带来了巨大的好处；而这一点对每天都与出洋华工发生联系的人们来说已是十分明显的事实。

这些处于几近赤贫和极端消瘦状态的移民，在他们登岸澳门时给人留下这样的印象：他们在家乡生活得极其悲凉和贫困。正是这种贫穷迫使他们走出去，希望在出洋活动中寻找到某种缓解。

看看这些人的外貌，听听他们对其家乡生活条件贫困的频繁抱怨，人们就不用去诉诸别的观察和证据来使一个人确信，在澳门所看到的华工出洋巨大浪潮，肯定不能归之于一个人为的原因，例如被激发出来的在移民过程中采取非法的、收买的或者类似手段以获利的野心。

只要近距离考察和询问这些出洋者本身，就足以明白，迫使如此多的中国人从澳门出洋前往秘鲁、哈瓦那或其他国家的真实原因，是人口存在与其国家所能提供的资源之间的失衡所导致的严重贫困和极度悲惨。所以，我不想在这个问题上做更多的阐述。

如果说移民对于中国而言是件好事、一件大好事，那么，也就不得不承认其间存在大量的违规行为，而且大多为华人自己所为。他们为了微薄的利益，常常诉诸非法手段伤害其同胞。

众所周知，这种贫穷对幻觉的轻信与渴望，会促使他因为出现了改善的希望而误入歧途。这种先天具有的情况，加之华人一方面天性胆怯，另一方面又发自内心地喜爱说谎，就为贪婪和野心的非法密谋打开了一个广阔而肥沃的场所，尤其是被称为经纪人（corretores）、以募集移民为业的华人。

确信了上述真相后，我按照自己的想法，就您交给我的监管工作提出了一套办法。

我特别注意弄清楚各出洋华工的真实状况，劝说他们自由表达他们的任何决定，向他们保证会得到政府的保护，鼓励他们在决策时免受任何外来的影响，向他们说出全部的真相。为此，我向他们进行长时间的解释和宣传，反复地提问和询问。对中国人而言，这些做法不算是夸张，因为他们不诚实的天性是我在根除违规行为时所遇到的最大障碍。

按照章程的规定，这些出洋华工必须在监理官面前接受两次检查。第一次是在这些人前来监理局进行注册之时；第二次是在 3 天之后签署契约之时。

在注册之前，我总是叫人先用他们各自的方言宣读并解释契约的内容，同时就航行期、他们一般要从事的工作以及与契约和他们将要移居的国家有关的情况做出补充说明。这样做只是为了让他们在做出决定时尽可能胸有成竹。

阁下不难明白，为了让出洋华工都能理解这些解释，需要得到翻译人员的精明合作。他们必须会说为出洋而前来华工出洋监理局的华人所说的方言。

出洋华工几乎全都是居住在广东省和福建省的本地人（Punti）、客家人（Hak-ka）和福佬人（Hok-lo）。

轮流在华工出洋监理局担任翻译的华政衙门的 2 名翻译官，能流利地说两种方言：本地话和客家话，在工作中表现出了热忱和勤勉，对此我高兴地在此给予证明。但是，对于福建话和福佬话，本监理局还缺少一位合适的翻译。如果阁下批准我所信任的一名华人翻译，这一短缺可暂时得到弥补。

注册完成之后，这些华工可以有 3 天时间反复考虑将要受雇的事情，3 天时间一到，那些坚持出国意愿的人将再次前来监理局。在此场合，再次向他们解释契约及相关问题，正如注册那天一样。此外，我总是向他们询问别的事情，以便确信这些华工出洋的自愿性。

在这两次检查中，在向他们分组做了解释后，将所有人一一叫到我和一名翻译官的面前，宣告他是否明白了契约的内容，是否自愿决定出洋，或者是否要投诉其他人。我总是利用这个时机向他们做出新的解释和提醒。

只有在明显确认了出洋华工的自愿性并且显示清楚知道契约条款之后，方可允许签署契约，以便接下来登船。

所有明确表示不愿出洋的人（数量还不少），很快被置于另一边，处于监理官的保护之下，安排住进为此目的而专设的房子，保证他们的安全，并免受经纪人的影响。所有这些人都将由我安排利用更好更安全的机会送回原籍。

出洋华工提出的任何投诉，都马上得到受理。我总是全力以赴地抓到被投诉者，并实施了法律所许可的严惩。

我特别努力地动用各种手段戒除以前流行的一种违规行为，即那些前来注册的华工不亲自到场签署契约。我不能自诩自从我担任监理官以来这种违规行为已经绝迹了，但是我确信，即使这样的违规还有发生，应该说也已经很少了。

尽管我做出了努力，却还是要承认，每天都遇到新的障碍，阻止我消除这种违规的行为。为此我认为有两个办法可以克服这些障碍。在此我冒昧地向阁下陈述以供参考。

第一种办法是将出洋华工在监理局所受的检查由两次缩减为一次，即让他们在同一天完成注册、签约和登船。这种办法简单可行，但同时又引起了新的麻烦。其中明显的麻烦是，出洋华工在确定受雇之前没有足够的时间考虑其决定，由此导致的结果是，中国人为其危险状况所困扰，加之第一次面对外国官员而出现的紧张，会让他们觉得是被迫对所有的问题做出了肯定回答。由此带来的弊端是不难想象的，因此，这个办法不是更可取的。

另一种更为有利但难以实行的办法是，在政府监管之下建立一处住所，由政府任命职员，将注册后的华工安置在这里，直至登船之日，在此期间禁止经纪人进入该住所。

这种办法看上去是能够为消除上述违规现象提供保障的唯一选择，此外它还有一个利好之处，即能够使监理官更有效地查明实情，最终得以掌握任何可能使出洋华工成为牺牲品的违规行为，因为人们相信，这些华工处于经纪人的行动之外，实际上承认政府在保护他们，守护着他们的安全，就会毫不迟疑地表达对任何经纪人的投诉，最终会更加大胆地揭示真相。这样的话，经纪人或其他人的任何非法计谋，或任何收买，一旦发生，很快就会被揭露和挫败。这样，真正的出洋华工就会得到筛选，与那些不愿出洋和非为出洋目的而来澳的非出洋者区别开来。

如果采用这个办法，还要预见到可能成为失败或无效的尝试，但我相信，一种不懈的监督和有力的惩处，一定会使这些办法产生良好的效果。

如果能够摆脱经纪人的活动，那么，所有或近乎所有的违规行为就会自此停止。然而，目前经验尚未显示它是一种切实可行的办法。在契约华工出洋大规模发生的每个地方，澳门、香港、广州、厦门，或者汕头，或者别的地方，都还无法避开经纪人的参与。

其原因是显而易见的。大量准备出洋的中国人并非生活在沿海人口稠密的城市，而是几乎全部来自中国内地。为了将他们从家乡运到一个沿海港口，他们需要钱款和引导他们的人。这些经纪人就是向他们提供钱款和引导他们的人。因此，经纪人的存在，是一种弊端，但相信是一种必要的弊端。

根据这一点，只有两种可替代性办法。第一是完全禁止华工出洋，以便避免经纪人可能实施的犯罪事实。第二种是制定一部新的简单明了的华工出洋章程，作为有力高效措施的基础，以便戒除违规行为，抵消经纪人的影响，能够引导经纪人为了自身利益而变得诚实可靠。

第一种替代办法容易执行，但是阁下将会清楚地看到，这样的禁令是对一种自然权利即移民权利的侵犯。这种极端手段或许会被掩盖在不可能制止华工出洋违规行为的表象之下，如果在进行了尝试之后显示了不可能性的话。尤其是，已经确知中国存在着一个特别庞大的缺少工作的劳动力大军，结果导致这个人群缺少生存手段，那么禁止这些在其国家不能生存的人前往有大量工作机会的国家，就是非正当的，甚至是可笑的了。这样的国家能为他们提供稳定正当的生计，文明的天主教的政府承诺保护他们，关心那些移民的福利和自由。

另一种替代办法在目前情况下是唯一可以推荐的。然而在我看来，任何新章程的基础应该是建立一个场所，即前文已经指出的一个由政府主导的专门的收容站，华工们在注册之后应该收容在这里。他们在这里可以享有签约之前决策的全部自由，没有身体和精神上的强迫，可以完全摆脱经纪人的影响，可以对自己和保护他们的政府获得信心，可以大胆地揭露任何可能使他们成为牺牲品的阴谋诡计，最后，可以掌握中国人的事情，从而保障他们的安全与自由。

如果这些预防措施伴以极其严厉的禁止性法律（leis repressivas），如果犯罪的经纪人受到严惩（不仅在澳门，而且在其家乡由中国当局实施这种惩罚），如果主动的监管不放过任何经纪人的欺骗行为，那么，这些经纪人就会看到，他们的非法诡计不能奏效了，他们的骗局已被戳穿，他们的利益非但不能以非法手段得到发展，反而因此受到损害，他们的全部受害者转化成了他们的追究者（不仅在澳门，也在中国内地），那么，这些经纪人就可能会出于自身利益的考虑和害怕受到严惩而去保障那些决定出洋的真移民，希望从这个人口大国大量存在的过剩人口的出洋活动中获益。

为了不使这个报告拖得太长，这里不能转入改善澳门华工出洋检查方法的细节。我将在合适的机会向阁下陈述，以作参考。不过，我认为我有责任提请阁下关注契约中的某些条款，即前往秘鲁和哈瓦那的华工常常与雇用他们的雇主所订立的契约。

正如所看到的，这份文件是契约华工出洋的基础，所以我认为，在有关这种出洋事务的问题中，政府最应该关切的就是这个契约。它是出洋华工未来的保障，是他们希望改善其生活条件的源头，也是迫使他们背井离乡的吸引力所在。

由于这些契约必须在这里由当地政府加以合法化，所以，无可争辩的是，政府会保护权利，以便使这些契约在公正和平衡的限度内签署。

在前往哈瓦那的华工的契约中，有这样一个条款：八年合同期结束后，华工可以有 60 天时间准备“用我的钱返回我的国家（中国），或者去对我更有用的雇主那里寻找工作”。由此推断，即使八年之后，如果没有一位雇主的监护，华工们仍然不能自由地从事他所满意的任何工作，所以阁下将看到，希望契约变得更加自由，然而，这样的条款在前往秘鲁的华工的契约中是没有的。

至于华工返回中国一事，也不可能指望他们在八年一到就能有钱自己支付航行的费用。在这期间即使他们的工资稍有节省，大部分情况下也是不足以支付旅费的。

鉴于这种移民的主要目的不是殖民化，也不是减少劳动力，那么，华工们在契约满期之后，在远离家乡工作了这么久之后，由在如此长的时间里占用他们劳动的雇主支付旅费返回故土，就是公正、公平的了。如果契约能够保障华工的这个好处，华工出洋过程就会具备更加人道的形态，由此也会给雇主带来更多好处，因为这样可以更容易地找到数量更大、素质更好的出洋华工。有助于达成此一目的的建议很多，但我在这里略而不谈，因为在目前的报告中或许不是合适的时机。

我还认为，要求华工在秘鲁和哈瓦那的气候条件下每天工作 11 小时太过分了；而根据我在这个国家获取的信息，即便是苦力，每天劳动也不超过 10 小时。因此，为了华工的安全而修改条款并不困难，同时消除契约中那些夸张的特例："总是不包括别墅里的"。

按照契约的规定，出洋华工在签署契约后应该得到 8 元的预支款作为生活费，条件是在他们前去的港口从每月工资中扣去这 8 元钱。在我看来，这笔预支款应被视为纯粹的补助（bonu），不应该在工资中扣除。

在本报告中，我只限于认为两点是必需的：一是确认出洋华工自愿性的必要措施，二是修改契约，因为我认为，如果能使经由澳门出洋前往任何国家的华工都成为自愿决定的行为者，没有受到任何的压力，并在这里得到一份公正合理的契约的保护，那么别的就都不缺了。

我怀着尊敬的心情向阁下陈述了我的思考和建议以供参考。请求阁下的宽容，并希望阁下垂顾我所陈述的真诚想法。

尽管我曾经希望在你委任我的职务上持续工作更长时间，但是，我的其他义务和我的生意，使我不能这样做，所以请求阁下免去我华工出洋监理的职务。

上帝保佑阁下！

华工出洋监理官费尔南德斯（B. S. Fernandes），1868 年 4 月 4 日，于澳门。

——*Boletim Official*，Vol. XIV，N°. 15，13 - 04 - 1868，pp. 71 - 73.

07. 华工出洋监理官致澳门总督函
Officio da Superintendencia da Emigração Chineza ao
Governador de Macau

尊敬的总督阁下：

　　我荣幸地向您转达一位被其母亲否决出洋的华工透过布伦克将军（Brunker）的副官、船长汤普森（Thompson）在华工出洋监理局所作的声明。阁下从中可以看到，这位华工已经完成了注册并自由签署了契约，已经决定要出洋。然而，这个决定最终被其母亲前来寻找他这一事实改变了。他也是因为担心，如果他出乎意料地出洋的话，其母亲真的会像曾表明的那样自杀。因此，根据理事官的命令并参照我的陈述对其进行了处罚之后，将其交给了他母亲，因为已经证明了他的不诚实。他在注册时多报了年龄，并且躲开了其母亲的陪伴。他还是个未成年人。

　　我高兴地通知阁下，与该名华工签订契约的代理人菲利普·卡纳瓦鲁—卡（Filipe Canevaro y Ca）已同意将其交还其母亲，不收取为其支出的任何开销以及预付给他的18元（patacas）钱，甚至拒绝接收这位华工直接从代理人那里收到的8元，而他的母亲则表示愿意给还这笔钱。同样，船长纳蒂尼（Nattini）也将一个与他签了约的华工交还给了其母亲，而不索取任何补偿，而他完全有这个权利。这种宽容的行为是非常值得赞扬的；他们为从事移民活动的人争了光。

　　上帝保佑阁下！

　　华工出洋监理官费尔南德斯，1868年6月27日，于澳门华工出洋监理局。

［附件］一位出洋华工在监理局所作的声明
Declaração Junta Feita na Superintendencia por um Emigrante

　　1868年5月25日，在澳门华工出洋监理局，当监理官费尔南德斯面，华人 Chem-a-foc 与本文书到场。此人19岁，新安人（San-non）。当其母亲 Angui 面，问其是否已经注册作为佣工前往秘鲁，他回答说，的确已经注册，并且是自愿签约，没有任何胁迫；问他是否在注册当场准确申报了姓名、籍贯和年龄，他回答说，只是将其年龄由 19 岁增加至 22 岁；问他在注册和签约当场是否被问及愿意出洋与否，他回答说，被问及，而且每次都肯定地作答，因为他已经下定了决心要出洋；问他现在是否要出洋，他回答说，鉴于母亲来澳门找他，并发誓如果他接受审查出洋她就要自杀，所以他现在决定不出洋了；问他在签约后收到了多少钱，他回答说，收到了 18 元（patacas）。上述证词已向被询问人 Chem-a-foc 宣读，他已经认可，并同监理官和我一起签名为据。

华工出洋监理官费尔南德斯、文书马克西姆·达·N. 罗萨里奥、母亲 Gui-mui、Chem-a-foc、证人老贵（Loc-kuae）、翻译 Lam-iun、马忌士（E. Marques）

——*Boletim Official*，Vol. XIV，N.º 27，04 - 07 - 1868，pp. 121 - 122.

08. 有关遣返华工的三份华语声明的葡语译本
Versão Portugueza de Tres Cartas Originaes em Caracteres Sinicos Relativa aos Emigrantes que Foram Repatriados

尊敬的澳门—帝汶总督苏沙阁下：

我荣幸地向总督阁下转述寄给我的三封有关被我所遣返的出洋华工的华语信函，并附上相应的葡语译文：一封是 Sha-ham-nam-iom 村和 Tum-pem 村市政当局的；一封是惠州府（departamento de Vei-chao）碣石（Kit-seac）的海军中将 Chi-ang-pit-sim 的；第三封是韶州府（departamento de Chio-chao）揭阳（Kit-heom）县（districto de Kit-heom）海门警站（guarda estacionada em Hoi-mun）负责人的。我认为这些文件应该交由您处理，以便知晓其中的内容，并获得有用的信息。

上帝保佑阁下！

华工出洋监理官费尔南德斯，1868 年 8 月 21 日，于澳门华工出洋监理局。

致尊敬的贝尔纳尔迪诺·德·塞纳·费尔南德斯阁下：

华历本月 24 日收到阁下来函，高兴地获悉，阁下对于中国人抱有如此好感，并如此善待他们，令我非常感激。

至于被遣送回来的 15 个人，我已下令地保（cabeça da rua）将他们送回他们的村子，在那里可以靠劳动谋生。给了他们每个人一些纹银，作为生活费。已得知阁下对此非常感兴趣，故写信给阁下，带去我对您身体安康的真诚祝愿。

惠州府（departamento de Vei-chao）碣石（Kit-seac）的海军中将 Chi-ang-pit-sim，华历［同治七年］闰四月廿五日、西历 1868 年 6 月 15 日。

施伯多禄（P. Nolasco da Silva Jr.）翻译。

公沙维（João Rodrigues Gonçalves）核对。

致尊敬的费尔南德斯阁下：

华历 5 月 20 日、西历 6 月 24 日，一艘载有 38 人的小船 San-loi-fat 号抵达这里。我很快履行职责，着人将他们送回了他们的村子。他们刚到这里时，出现了骚动，要求船长每人给他们 200 文钱，船长别无选择，只好给了他们钱。为此船长花掉了七八千文。然而，事情已经解决，阁下无须挂念。

我急着给您写这封短信是要把所发生的这件事情告诉您。至于其他的事情，以后再写信告诉您。

韶州府（departamento de Chio-chao）Kit-heom 县（districto de Kit-heom）海门警站（guarda estacionada em Hoi-mun）负责人 Cou tsum kim（印签），华历同治七年六月初一，西历 1868 年 7 月 20 日。

施伯多禄（P. Nolasco da Silva Jr.）翻译。

公沙维（João Rodrigues Gonçalves）核对。

致尊敬的费尔南德斯阁下：

此前我们已获知，澳门有良好的华工出洋章则，官员（即华工出洋监理官）也是正直、杰出和有同情心之人，而中国人的骗术却很多。因此，很多人被骗，村子里的乡下人很容易上当受骗。

尽管这些人都已过了堂，但是，由于语言的不同，还是发生了很多华工被胁迫出洋的情况。

然而，最近一批被遣返的人回到了这里，他们所带来的消息在整个地区传播开来。

于是我们知晓，阁下展现了（对华工）的同情，根除违章行为，此外，还命令保护他们的家庭。

为了采取这些措施并收到足够的效果，阁下必须充分地知道在这个事务中有多少骗术、多少谎言、多少欺诈和多少圈套。

古人说：爱人的人被所爱之人爱戴；憎恨人的人被所憎之人憎恨。因此，所有这些措施不仅为中国人带来了好处，也制止了他人的诋毁，凸显了澳门的良好声誉。

　　本广东省地广人稠，因此，自然有许多人自动地去谋求生计，也自然有很多人要离开这里。所以我希望，阁下继续保护他们中的任何一位，由此产生无限美好和幸福的结果。

　　今年春季，本村的两位年轻人 Hip a-lim 和 A-vo 被一个名叫 Tai 的 Ai-chum 人引诱，最后，他因一些问题而被拆穿。当这两个年轻人到达时，局势一直处于要发生打斗的状态。他们的双亲都非常高兴，一场冲突避免了。人非草木，孰能无情。所以很多人都为此善行而无比感激。

　　至于近一百天来返回本村的签字画押的其他人，共有 130 多人，他们都有父母妻儿，因再次团聚而感到幸福。所以高兴感激的人数不胜数！

　　考虑到如此多的善行，我们在此张贴了一些赞扬的海报，并且很快将去澳门张贴，以公开表示我们诚挚的谢意。此外，我们还将于秋末或冬初前去向总督阁下致以问候。

　　我们也将带去向你们表示感激的证人，即那些被遣返回村的人。他们受到了你们的恩惠，觉得无以回报，只能祈求上苍保佑澳门，赐予它繁荣，并希望阁下在您的工作中继续关照我们的幸福。

　　请原谅我们乡下人的粗俗表达，但请相信我们的诚意和我们对阁下的敬意。

　　祝愿阁下和同僚幸福安康！

　　Sha-ham-nam-iom 村委员会（印章），接着是 12 个当地文人的名字。

　　Tum-pem 村委员会（印章），接着是 7 个当地老人和文人的名字。

　　施伯多禄（P. Nolasco da Silva Jr.）翻译。

　　公沙维（João Rodrigues Gonçalves）核对。

　　　　——*Boletim Official*，Vol. XIV，N°. 35，31 – 08 – 1868，pp. 163 – 164.

09. 华工出洋监理官致澳门总督苏沙函
Officio da Superintendente da Emigração Chineza ao Governador de Macau

尊敬的澳门总督苏沙阁下：

　　谨以此函告知阁下，阁下着辅政使司于今日发给我的第 443 号公函已经收悉，并对转达给我的阁下的决定表示满意，现对其中包含的问题答复如下：

关于第一个问题："按照 1856 年 7［6］月 5 日章程第十六条和 1860 年 4 月 30 日章程第十三条的规定，被遣返原籍的苦力是否欠代理人或收容站负责人的伙食费或其他花费？"我可以告诉您，自从我担任监理官以来，没有一位被本局遣返的苦力欠交在此期间的伙食费或其他开销，也不欠纳返回原籍的交通费用。

关于第二个问题："这些苦力中是否有人被胁迫或强制支付这些费用？"我可以宣布，在我任内没有发生任何这样的情况，如果他们不能给付这些赔偿，有关章程也不允许扣留这些苦力。

最后，关于第三个问题："是谁为那些拒绝出洋且在宪报公布了名字的苦力支付了生活费和返回原籍的运费？"我不得不说，那些费用是由华工所属的收容站的负责人支付的，而根据我所掌握的信息，那些费用始终是由相应的经纪人提供的。

我时刻愿意遵照您的决定向您提供信息。

上帝保佑阁下！

华工出洋监理官费尔南德斯，1868 年 9 月 11 日，于澳门华工出洋监理局。

——*Boletim Official*，Vol. XIV，N°. 37，14 - 09 - 1868，p. 172.

10. 华工出洋监理官致澳门总督苏沙函

Officio da Superintendente da Emigração Chineza ao Governador de Macau

尊敬的澳门总督苏沙阁下：

我应该通知阁下，12 月 27 日，一些属于医院街（Rua da hospital）147 号收容站的出洋华工被带到出洋监理局进行注册。他们几乎全部肯定地回答了向他们提出的问题，但由于他们在华政衙门遇到了葡语和其他语言理解上的困难，产生了怀疑，必须对他们进行最后的调查。我已经找到了一个会说那些华工的方言的中国人，通过他获知，这些前来注册的华工是海南人，有些人是被欺骗而来的，另一些则是被胁迫来的。另据该收容站负责人的报告和这些苦力本人的声明，除了这些已经来到监理局的人以外，在该收容站和一艘开往韶州的小船上还有一些人。我着人将他们带到我面前，总共 17 名。我对他们进行了询问，我会将笔录寄送阁下。阁下从中可以明白，他们都是以非法的手段被骗来澳门的。

该船长 Assem 是位妇女，是询问提到的那艘小船的基督徒负责人，目前已奉阁下之命将其收监。

这一两天会有一次机会遣送这些华人回原籍，但是如果错过了这次机会，再找到一艘前往海南的船就难了，所以，如果还需要华政衙门对他们展开新的调查，或查阅船长 Assem 及其船员签字确认的笔录，请阁下令他们尽快完成。

上帝保佑阁下！

华工出洋监理官费尔南德斯，1868 年 11 月 4 日，于澳门华工出洋监理局。

——*Boletim Official*, Vol. XIV, N°. 45, 09 – 11 – 1868, p. 205.

11. 华工出洋监理局第 58 号公文
Officio N°. 58 da Superintendencia da Emigração Chineza de Macau

致尊敬的澳门—帝汶总督苏沙阁下：

谨以此函告知阁下，遵照辅政使司第 581 号公文中载录的阁下的决定，在本监理局进行了合法的调查。根据全部职员的声明，他们中没有任何人向华工出售过任何物品，反而证明，他们自从进入监理局工作开始，就坚决下令禁止与华工有任何的生意，也不得以任何理由收取任何人的钱财。

尽管对这些职员的指控是毫无根据的，他们还是请求必须让诽谤者证明指控的真实性，因为如果这些指控被证明属实，他们必须接受法律规定的惩罚；如果相反，则希望并请求对缺乏诚信的诽谤者依法严惩。总之，阁下要求的一切工作进展顺利。

上帝保佑阁下！

巡捕统领兼任华工出洋监理官热罗尼莫·佩雷拉·列地（Jeronimo Pereira Leite），1868 年 11 月 25 日，于澳门。

——*Boletim Official*, Vol. XIV, N°. 48, 30 – 11 – 1868, p. 220.

12. 华工出洋监理局第 50 号公文
Officio N.º 50 da Superintendencia da Emigração Chineza
de Macau

致澳门—帝汶总督苏沙阁下：

　　谨以此函向总督阁下陈述，《独立报》在本月 6 日第 10 号上刊布了一封化名为"一个非住户"（Um não rezidente）的书信，内称他已经访问了本部门的职员，他们殴打不愿出洋的华工。因此，我有责任透过政府部门的可信之人及其职员，请求阁下下令开展一项调查，如果属实，要使不法者受到惩罚；如果这些指控被证明是诽谤，则证明本部门的职员无辜。阁下可做出任何必要的决定。

　　随函附上本部门职员、各收容站负责人以及出洋华工签约人的名册。

　　上帝保佑阁下！

　　巡捕统领兼任华工出洋监理官热罗尼莫·佩雷拉·列地，1868 年 11 月 12 日。

　　　　　　　　　　——*Boletim Official*, Vol. XIV, N.º 48, 30 – 11 – 1868, p. 220.

13. 华工出洋监理局第 94 号公文
Officio N.º 94 da Superintendencia da Emigração Chineza
de Macau

尊敬的总督阁下：

　　遵照阁下在辅政使司本月 10 日第 191 号公文中所发布的命令，荣幸地报告阁下，经查阅本监理局注册簿获知，去年 9 月 16 日，华工出洋代理人若泽 A. 图顿（José A. Tuton）提出申请注册出洋苦力，以搭载停泊在拉达航道、准备前往秘鲁的努韦勒·佩纳卢普号船。其申请获得批准，这些苦力在监理局停留至 22 日，然后有 176 人登船。在这 3 天期间，他们待在出洋监理局，在大厅用三种中国方言本地话、客家话和漳州话（Chincheo）宣读契约，一对一公开进行，用每一种方言询问这样的问题：是否愿意出洋？是否知道去往哪里？（如果不知，就给他解释）是否知晓契约的条款？（向他解释条款，并消除他所提出的任何疑问）是否受到欺骗或胁迫？提醒他如果受到虐待大可以指出来，向他们保证会得到政府的全力保护，乃至如果不愿出洋，就会被遣送回乡。

在注册当场，有76人因为宣布不愿出洋而被遣返，6人因其父母反对出洋而交给了双亲，1人因病而返回了收容站，2人被移送辅政司署接受处罚。这2人宣布是经纪人，并非为了出洋，只是陪同想要出洋的人而进来的，这已被查实。

所以，注册了257名华工，81人离开了，176人因明确表示要出洋而登船。

同月25日，该代理人在此申请注册，以完成离港手续。26日，其申请获准，按照前面的程序进行，57名华工被遣返，3名因父母拒绝出洋，2名因病返回收容站，4名经纪人被移交辅政司署接受处罚，结果注册的200名华工中，66人离去，134人登船，加上第一次注册的176人，共有310名华工登船，于同年同月30日出港。

11月初，法国领事来到本监理局宣布，在9月份登上努韦勒·佩纳卢普号船的华工已经返回，怀疑这些人中有些回到了澳门，故请求我阻止他们再次登船。在获得阁下批准后，我做到了；而根据查证的结果，即根据该领事向我提出的三个检举者的说法，165人被确认，他们被置于了华政理事官的管理之下；再度出洋的情况是，63人实现了出洋，其中23人于12月5日上了圣埃夫斯号（St. Ives），27人在同日上了维斯图拉号（Vistula），5人于同月14日上了香港号，8人于同月21日上了内利号（Nelly）。此外还有22人打算出洋而被代理人拒绝，因为他们的船只的船长不肯运载这些人。根据代理人对我的宣称，这些人的确属于努韦勒·佩纳卢普号船。

船长们的拒绝可以得到某种证实，因为被确认的最初的一批华工中，有一位显示出出洋决定很坚决，在他要被遣往华政衙门时，从三层楼的阳台跳下，穿过了监理局的地库，撬开一扇窗，逃到了街上，未能抓到他，以前已告知了阁下。这名华工被他的44名同伴指为此次动乱的最主要头目，他们与他一起被确认，告诉我说他逃去了香港。

根据华政衙门寄给我的由监房狱卒出具的证明书，共有253名华工被收监在本市的公共监房，由此可见，除了由我移交的那165名外，还有88名，他们是在各华工出洋收容站，所以，某些苦力可能不知道前去收容站的目的，我不能确定他们的人数。

以上所述就是我所能得到的说明，谨以此函转呈阁下，希望能够符合阁下对我的要求。

上帝保佑阁下！

华工出洋监理官埃尔梅内吉尔多·奥古斯托·佩雷拉·罗德里格斯，1871
年4月15日，于澳门华工出洋监理局。

——*Boletim Official*，Vol. XVII，N°. 19，08－05－1871，pp. 76－77.

14. 华工出洋监理局第269号公文
Officio N°. 269 da Superintendencia da Emigração Chineza de Macau

尊敬的总督阁下：

谨以此函向阁下报告，遵照阁下在辅政司署第591号公文中下达的命令，
昨日前往秘鲁的三桅船卡米洛·卡武尔号，在监理局主持了对华工的第二次考
察后，下午1点半从这里出发。

在船上的华工都表示满意。我吩咐人提醒他们我来此的目的，希望知道他
们有没有什么事情要投诉，他们回答说没有。他们的健壮和快乐表明，他们对
所受到的待遇表示赞扬。

432名华工转入法国三桅船米勒—特内号，该船已经完成登船，准备出
发；另外179名转入秘鲁三桅船香港号，该船在首次注册时预定的人数是
314人。

下午7时，我和我的职员、华政衙门的副翻译官及三等口译一起返回。我
荣幸地告知阁下，一切进展得非常令人满意。

上帝保佑阁下！

华工出洋监理官 H. A. 佩雷拉·罗德里格斯，1871年10月7日，于澳门
华工出洋监理局。

——*Boletim Official*，Vol. XVII，N°. 41，09－10－1871，p. 165.

15. 华工出洋监理局第 367 号公文
Officio N°. 367 da Superintendencia da Emigração Chineza de Macau

尊敬的总督阁下：

　　我荣幸地报告阁下，一些华工出洋代理人已按照其船上所载华工每人一角 (dez avos) 的标准向我捐款。这笔款将置于总督阁下掌控之下，用于慈善事业 (obras pias)。

　　这项捐赠自去年 4 月中止华工出洋直到现在一直没有收到过，而现在，这些代理人为自己的良知所驱使，再次愿意提供。

　　今天，代理人奥莱利亚·诺奥拉诺 (Aurelia Olano) 已经交付了一笔 59 元 (patacas) 的捐款，用于上文所指的目的。

　　这笔钱已经存入了公物会银库，有相关收据为证。

　　上帝保佑阁下！

　　华工出洋监理官 H. A. 佩雷拉·罗德里格斯，1871 年 12 月 23 日，于华工出洋监理局。

——Boletim Official, Vol. XVIII, N°. 1, 01 –01 –1872, p. 2.

六、葡萄牙驻安德列斯群岛哈瓦那总领事馆文件

1.º Tres escotilhas collocadas em differentes logares do navio no sentido de popa á proa medindo de comprimento 4ᵐ,80, e de largura 4ᵐ,69 ;

2.º Duas aberturas no convez de cada bordo medindo .todas 3ᵐ,76 de comprido e 0ᵐ,23 largo ;

3.º Tem bomba de ventilação, tres ventiladores de metal collocados em differentes logares do navio com o diametro de 0ᵐ,17, e ventiladores de lona.

Este navio parece-me estar nas primeiras condições do regulamento podendo conduzir 311 colonos.

O Ex.ᵐᵒ Governador resolverá o que for servido.

Deus guarde a v. ex.ª—Capitania do porto de Macau, 4 de novembro de 1871. —Ex.ᵐᵒ sr. Henrique de Castro, secretario geral do governo.—J. E. Scarnichia, capitão do porto.

Ill.ᵐᵒ e ex.ᵐᵒ sr.—Tenho a honra de communicar a v. ex.ª para os fins convenientes, que foi passada a ultima visita á galera peruana Peru, que se destina d'este porto para o de Callão de Lima com colonos, os quaes tem os seus contratos e vão por sua vontade, com o numero de 400 colonos.

O capitão declarou que não lhe consta levar a seu bordo piratas, nem colonos contra vontade.

O medico, e interprete tiraram passaportes.

Deus guarde a v. ex.ª—Capitania do porto de Macau, 5 de novembro de 1871. —Ill.ᵐᵒ e ex.ᵐᵒ sr. Henrique de Castro, secretario geral do governo.—J. E. Scarnichia, capitão do porto.

Occurrencias policiaes de 28 de outubro até 4 de novembro de 1871

Presos por ladrões......'.........Chinas 5

Appareceram mortos em differentes sitios da cidade nove chinas e tres crianças chinas ; os quaes foram enterrados depois das formalidades do costume.

Fernando de Gáver e Tiscar, cavalleiro das ordens militares de Nossa Senhora da Conceição de Villa Viçosa e de Nosso Senhor Jesus Christo, consul geral da nação portugueza no archipelago das antilhas hespanholas em Havana por S. M. Fidelissima que Deus guarde, &c., &c.

N.º 75

Certifico a rogo da Aliança e Ca., do commercio d'esta praça, que no dia 9 do presente mez chegou a este porto o vapor hespanhol Cataluña, capitão J. Roldan, procedente de Macau com escala por Cabo da Boa Esperança, com 95 dias de viagem e 505 passageiros, colonos chinas para esta ilha, com os quaes foi destinado a fazer quarentena no porto do Mariel, voltando a este da Havana no dia 13 do mesmo mez com 505 passageiros. O capitão em virtude das disposições do governo de Macau deu noticia da sua chegada, e a casa consignataria apresentou uma lista dos contratos dos passageiros dos quaes se tomou nota no livro do registo correspondente ; resultando das diligencias praticadas que os ditos passageiros foram bem tratados e que o capitão cumpriu com elles tudo o que se acha prevenido nas disposições do governo de Macau ; tendo feito constar que os 26 que faltam para o completo numero dos 531 embarcados em Macau, morreram na viagem os numeros 46, 49, 51, 75, 105, 140, 142, 166, 167, 219, 244, 246, 253, 259, 263, 330, 379, 432, 489, 136, 215, 231, 393, 458 e 477 de tysis, febre e dysenteria. E ficando

satisfeito do bom trato dado aos ditos passageiros na sua viagem pelo capitão e mais tripulantes do dito navio, dou o presente por triplo para assim o fazer constar onde convier, assignado por mim e sellado com o sello d'este consulado geral da nação portugueza no archipelago das antilhas hespanholas, em Havana, aos 17 dias do mez de maio de 1871.—Fernando de Gáver e Tiscar.

N.º 76

Certifico a rogo da Aliança e Ca., do commercio d'esta praça, que no dia 13 do presente mez chegou a este porto a barca franceza Lucie, capitão Didier, procedente de Macau com escala por Santa Helena, com 109 dias de viagem e 332 passageiros, colonos chinas para esta ilha, com os quaes foi destinado a fazer quarentena no porto do Mariel, voltando a este da Havana no dia 17 do mesmo mez com 332 passageiros. O capitão em virtude das disposições do governo de Macau deu noticia da sua chegada, e a casa consignataria apresentou uma lista dos contratos dos passageiros dos quaes se tomou nota no livro do registo correspondente ; resultando das diligencias praticadas que os ditos passageiros foram bem tratados e que o capitão cumpriu com elles tudo o que se acha prevenido nas disposições do governo de Macau ; tendo feito constar que os 28 que faltam para o completo numero 360 embarcados em Macau, morreram na viagem os numeros 17, 26, 38, 53, 75, 85, 90, 120, 122, 136, 150, 152, 163, 184, 206, 232, 237, 238, 240, 248, 254, 259, 263, 286, 298, 307, 318 e 338 por falta de opio. E ficando satisfeito do bom trato dado aos ditos passageiros na sua viagem pelo capitão e mais tripulantes do dito navio, dou o presente por triplo para assim o fazer constar onde convier, assignado por mim e sellado com o sello d'este consulado geral da nação portugueza no archipelago das antilhas hespanholas, em Havana, aos 31 dias do mez de maio de 1871.—Fernando de Gáver e Tiscar.

N.º 77

Certifico a rogo da Aliança e Ca., do commercio d'esta praça, que no dia 21 do presente mez chegou a este porto a barca hespanhola Altagracia, capitão I. B. Onainde, procedente de Macau com escala por Anjer, com 125 dias de viagem e 343 passageiros, colonos-chinas para esta ilha, com os quaes foi destinado a fazer quarentena no porto do Mariel, voltando a este da Havana no dia 26 do mesmo mez com 343 passageiros. O capitão em virtude das disposições do governo de Macau deu noticia da sua chegada, e a casa consignataria apresentou uma lista dos contratos dos passageiros dos quaes se tomou nota no livro do registo correspondente ; resultando das diligencias praticadas que os ditos passageiros foram bem tratados e que o capitão cumpriu com elles tudo o que se acha prevenido nas disposições do governo de Macau ; tendo feito constar que os 18 que faltam para o completo numero dos 361 embarcados em Macau, morreram na viagem os numeros 44, 46, 69, 89, 108, 125, 131, 135, 173, 250, 252, 274, 312, 325, 327, 335, 342 e 350 de anasarca, febre e dysenteria. E ficando satisfeito do bom trato dado aos ditos passageiros na sua viagem pelo capitão e mais tripulantes do dito navio, dou o presente por triplo para assim o fazer constar onde convier, assignado por mim e sellado com o sello d'este consulado geral da nação portugueza no archipelago das antilhas hespanholas,

em Havana, aos 31 dias do mez de maio de 1871.—Fernando de Gáver e Tiscar.

N.º 94

Certifico a rogo da Aliança e Ca., do commercio d'esta praça, que no dia 8 do corrente chegou a este porto a barca hespanhola Encarnacion, capitão J. A. Gardoqui, procedente de Macau com escala por Santa Helena, com 121 dias de navegação e 311 passageiros, colonos chinas para esta ilha, com os quaes foi destinado a fazer quarentena no porto do Mariel, voltando da Havana no dia 12 do mesmo mez com 310 passageiros. O capitão em virtude das disposições do governo de Macau deu noticia da sua chegada e a casa consignataria apresentou uma lista dos contratos dos passageiros, dos quaes se tomou nota no livro do registo correspondente ; resultando das diligencias praticadas que os ditos passageiros foram bem tratados e que o capitão cumpriu com elles tudo o que se acha prevenido nas disposições do governo de Macau ; tendo feito constar que os 17 que faltam para o completo numero dos 327 embarcados em Macau, morreram na viagem os numeros 26, 28, 43, 63, 78, 105, 131, 139, 148, 163, 164, 142, 194, 212, 217 e 300, e no Mariel o numero 172, de febre, tysis e dysenteria. E ficando satisfeito do bom trato dado aos ditos passageiros na sua viagem pelo capitão e mais tripulantes do dito navio, dou o presente por triplo para assim o fazer constar onde convier, assignado por mim e sellado com o sello d'este consulado geral da nação portugueza no archipelago das antilhas hespanholas, em Havana, aos 26 dias do mez de julho de 1871.—Fernando de Gáver e Tiscar.

PARTE NÃO OFFICIAL

MACAU, 6 DE NOVEMBRO DE 1871

O dia 31 de outubro foi um dia de jubilo para os habitantes de Macau por ser o anniversario natalicio do nosso excelso monarcha.

Ao romper d'alva a musica do batalhão de infantaria tocou o hymno de S. M. arvorando-se por essa occasião a bandeira nacional em todas as fortalezas.

As 8 horas da manhã ao som do

图6　葡萄牙驻哈瓦那总领事馆公文四件（《澳门宪报》1871 年 11 月 6 日）

华工出洋活动管理的特殊难度，在于离港之后的管理难以落实。为了实现"两头堵"的检查效果，早在 1857 年，葡萄牙外交部就指示葡萄牙驻安德列斯群岛总领事与澳门总督就华工出洋问题保持联络，进而达成了一些落实后期管理的规范，即华工在澳门签约时要求其抵达后前往该总领事馆确认契约内容，而总督应要求代理人呈交领事馆开具的载明其完成华工交验手续的证明；澳门总督在需要时可要求领事提供有关信息等。可见，葡萄牙政府赋予了领事馆一定的管理权。本专题收录的文献，即为总领事馆在履行其监管职责过程中所形成的文件，包括给澳门总督的报告，致澳门辅政司署的公文，对抵岸船只检查的证明，就具体问题所做的调查报告，转录的一些契约等。这部分文献对了解华工航行途中的待遇、到港人数以及途中死亡情况等，具有不可替代的意义。

01. 葡萄牙驻哈瓦那总领事馆公文

Officio do Consulado Geral de Portugal na Ilha de Cuba，Havana

葡萄牙驻古巴哈瓦那总领事馆致澳门总督阁下：

去年 11 月 18 日，外交部国务秘书（Secretario de Estado dos Negocios Estranggeiros）曾来函称："如果阁下与澳门总督之间就出洋华工事宜保持经常性通信，以保护从本港出洋前往该岛的华工尽可能免受虐待，将大有益处，故此，特建议阁下，接受该总督寄给你的指示，并向其传递所能得到的一切信息。"

为全面准确地执行该项命令，经澳门港来本岛的华工的合同，必须包含一个条款或不可缺少的要求，即华工必须前往领事馆，确认合同的内容，并完成必要的注册，从而将华工置于领事馆的保护之下；他们的东家（patrões）应该按照合同规定照料他们。若发生权力滥用，华工可透过该理事官向该岛的总督提出申诉。

同样重要的是，总督阁下应要求华工代理人出示本领事馆开具的载明他们在此履行了将华工交给本领事馆查验之规定的证明书。

值此机会，我向阁下表示尊敬和敬意。

上帝保佑！

总领事费尔南多·德·加威尔（Fernando de Gaver），1857年4月23日，于哈瓦那。

——*Boletim Official*，Vol. III，N°. 45，29－08－1857，p. 177.

02. 葡萄牙驻西属安德列斯群岛哈瓦那总领事馆第8号公文
Officio N°. 8 do Consulado Geral de Portugal em Havana

尊敬的澳门总督阿穆恩阁下：

当我荣幸地于今年1月25日收到阁下公函时，已经完成了这份关于华工出洋的详细报告。我进行这项工作，不仅因为您在此前的文件中已经指明了要求一份关于此问题的详细资讯的愿望，也是因为获悉，针对这些出洋活动的不公正的非议，或许不是出于中肯的批评，而可能是阻碍这项活动的借口。

自从1847年亚洲移民首次抵达该岛开始，我一直遵照下达给我的有关命令，监督实施对这些移民的善待以及与他们有关的一切事项，并提出自认为合适的改善移民制度的建议性措施。如果阁下查阅本政府的档案，就会发现我在1857、1858和1859年所提交的公文，其中包含了一些关于移民劳工保护的有用的记录。

这里不再重复陈述，以免阁下生厌。

今日重提这个话题，不仅因为阁下有此要求，也是因为我的职责所在、人性使然。我就劳工移民的情况向阁下做了详细的报告，希望能够符合阁下仁慈的愿望，也希望总是旨在恶意损害华工出洋的谩骂之声音不再被听到。我斗胆请阁下不必担心劳工在由澳门前来本岛的航行中以及在这里的待遇问题。

严格执行陛下政府和阁下前任者给我的指令，以前是办不到的，因为我遇到了异议：华工一旦上岸，只有权得到当地政府的保护，所以，由于种种原因，我只能是一个观察者。当劳工乘坐外国船来到时，我的检查仅限于医生和翻译以及一些到本领事馆获取证明的人所能搜集到的信息。现在所幸的是，随着葡国船只路易齐塔号、贾梅士号、瓦斯科·达·伽马号、阿丰索·德·布克尔克号、堂·玛利亚·达·格洛利亚号和堂·费尔南多号的相继到来，我可以更好地满足阁下的愿望。

过去的情况常常令人惋惜，来自其国家的人提交了真实的合同，却要在不公正的行动之后遭受比在其无利可图的国家更糟的待遇。

我请阁下相信我一直在密切关注旅途中的高死亡现象。但我应不失公正地告诉阁下，每当死亡率超过百分之六，西班牙政府就会对导致死亡的原因做出一个总结性的调查。当然，这样的调查并不能满足我的关切。现在，我对这种死亡有一个解释，兹向阁下陈述。

来自马列尔港口（porto de Mariel）的商船（达到 40 艘）一到达，我就登上船舱，检查是否有乘客在途中受到善待。

我得到的证据使我认识到，航行途中一般都能得到善待，尤其对于如此漫长的航程而言。中国劳工的死亡是由他们本身的过度行为（excessos）和气候变化而引起的。这是那些船上的中国医生所承认的；而路易齐塔号和堂·玛利亚·达·格洛利亚号两艘船上的欧洲医生则使我对这种死亡原因看得更加清楚。

附件中阁下会看到我的报告。

实际上，阁下对于中国人的个性、嗜好和恶习比我更加了解，能够对蒙特尼·德拉萨勒（Montny de la Salle）和菲尔普斯（R. E. Phelps）两位医生对华人疾病的说法做出更加准确的评价。

吸食鸦片不仅使他们身体虚弱，而且引发他们的性欲，而他们中的大部分人就以邪恶手段来满足这一欲望。在种植园，我调查了大量患有痨病（phtysico）的劳工，他们的雇主向我断言，这种病是由他们自己的原因造成的。

有一个想法应该可以消除将船上虐待视为死亡原因的全部观念，我特别提请阁下注意这一点。

船东们接收华工前往这里和秘鲁是受利益驱动的。每运送一位华工到这里（活而不盲者），他们可获得 55 ~ 70 比索（pesos）不等的运费收入，另有 5 比索的酬金，所以，显而易见，船长们会尽力维护船上乘客的健康。

我们姑且承认，他们这样做更多的是出于利益而非仁慈，但是可以肯定的是，其结果对出洋华工是有利的。

在这个国家，很多中国人在他们的合约到期后已经定居下来。这里的当局和法院，只处罚那些因为其犯罪行为而应当受罚的人。

在华工向该岛移民的开始阶段，载运华工来此的人中，确有一些人曾经虐待过他们。正如阁下在我 1857 年 5 月 6 日和 1858 年 5 月 4 日的报告中所看到的那样，我已经向该政府通报了这种情况。

目前，庄园中华工的待遇已经发生了很大变化，因为对运送黑奴的严厉处罚和该岛劳工章程的规定，迫使庄园主们更加和善地对待所有劳工，履行他们的合约，并认识到之所以必须履行合约，不仅是因为劳动力紧缺，也是为了避免因犯法引致处罚。若有某些雇主行为不合规定，当局会对他们施以严惩，如果违规行为是针对劳工实施了未经章程核准的处罚，则处罚尤其严厉。我可向阁下举出种植园的主人和管理者因为对劳工实施了章程绝对禁止的体罚而被罚款或监禁的很多事例。最近，该首府的司法法院（tribunal de justiça）审理了一件起诉四名华人杀死另一名华工的刑事案件。其中一个同伙被判具有减罪情节，受了鞭刑而致死。结果种植园的管理者因为批准了这个处罚而被法院判处巨额罚款。

华工们所要从事的工作普遍是杆茎作物的种植和蔗糖的生产，工作无疑是费力和艰苦的。然而，许多中国人也从事手工业，生活得很舒适。他们得到的食物一般就是当地劳工所消费的食物，主要包括干腌肉、香蕉、甜土豆、薯蓣、豌豆、南瓜和木薯粉，在许多种植园，还会提供他们最爱吃的食物——稻米。

至于他们工资的支付，阁下得知了相关利益关系就会明白，他们在这方面是多么的急迫，如果支付拖延，他们无疑就会拒绝工作，甚至会掀起暴动。所以，雇主们一般都会按时向雇工们支付工资。

雇主们没有也不可能废除华工的劳动合约，因为华工们随身持有一份合约的副本，以便在其受雇期届满时呈出。该岛政府每年要求出具担保凭证（cedulas seguranças），如果雇主将这些文件作废，他就不能证明其拥有支配这些佣工劳务的权利，而他少了这些证明，这个华工立刻就会变成自由人。

在各区首长所在地，都设有一名劳工代理辩护人（um procurador e defensor）。当他们受到雇主的欺凌，或者雇主以任何方式违反合约，华工就可向代理辩护人投诉。如果投诉被证实，则该代理人就将其呈送地方法官，该法官有权促使雇主履行合约，或者将华工转给别的雇主以履行合约剩余的劳动期限，若有人身虐待，还将依法对雇主实施惩罚。幸运的是，后一种情况在这个国家越来越少了，甚至连黑奴本身也受到善待。

1860 年之前到达这里的华工，在合约期满后，只要接受了洗礼，就会得到居住证（cartas de domicilio），即可自由选择自己愿意从事的职业和行业，享受该国其他市民同样的特权（privilegios）。1860 年以后到达者，在其合约期满后，或者重新续约，或者离开该国。

在第一种情况下，新合约必须在政府监督下签署，工钱调整为每月 9 比索，以使他们有所积蓄，在期满后可以回国或前往别的国家。本领事馆不介入新合约的签署。

我没有充分的理由向阁下说明西班牙政府迫使华工在其合约一到期就离开该国的目的究竟是什么，但我可以肯定地说，这些人定居这里后，他们中的大部分人沉迷于鸦片、赌博及其他放纵行为，导致在该市丑闻不断；他们甚至到乡村，向生活在那里的劳工兜售鸦片及其他有害东西。由此导致了可怕的犯罪行为，而且日趋严重，甚至导致了该国犯罪记录的上升。所以，人们不应该责备当地政府以任何理由禁止他们定居。

正如已经向阁下指出的那样，尽管该岛政府拒绝执行 1857 年 8 月 4 日下令在该国布告的规定，但还是应该对阁下说，该港埠的一些商人或代理人履行了他们的义务，将华工的契约送到了领事馆，对此我一一作了登记，并开出了相关证明。但是，另一些人则拒绝呈出契约，由于我不能强迫他们去做，从而致使既有的规定失去了效力。然而，请阁下允许我再次指出，应该要求船长们缴纳一笔保证金，该保证金只有在看到了我所开具的证明他们向我呈出了华工的契约和护照的证明时才能返还。这样我就可以对乘坐任何船只来到该港口的华工进行检查，对他们在船上的待遇做出官方调查。我也相信，这样就能使船长们更加仔细地对待华工，向他们提供好的医生、药房、水和食品。

那些携带欧洲医生而非中国江湖郎中的商船运载华工的情况无疑更好些，因为这些船的船长向我坚称，那些庸医更多地致力于同华工们做生意，而非治愈他们的疾病，向他们出售鸦片及其他有害物品。我还记得，携带欧洲医生的商船从澳门出发时，携带了足够整个航程所用的储水，以避免在别的港口加水，或者因为缺水而不得不留下华工。此外，与外国船相比，我更倾向于葡萄牙船载运华工前来该岛，因为，除了我能够获得必要的信息之外，船长们在运输乘客的过程中也更加小心，因为他们确知这里有一个本国当局，会认真调查华工运输方面发生的情况。

报告结尾，我提请阁下关注载运华工进入该港口的船只的名册，阁下在其中每艘船的前面可以看到死亡的人数。

我相信已经完成了向您汇报该岛华工移民情况的任务，尽管这些信息并非如我所愿的那样翔实可靠，但我可以向阁下保证，它是深刻确证和总结我在该国常住 20 多年间华工事务方面的经验所得出的结果，出洋华工的殖民化进程将从起点开始一步一步向前发展。

所以，我斗胆请求阁下不要相信那些人的谣言。他们仇恨一切不能为自己所用的事情，试图歪曲事实真相，丑化这一有益的事业。

我作为葡萄牙驻西属安德列斯群岛总领事，时刻准备向政府和阁下提交有关华工出洋以及其他任何事务的更可靠、更公正的资料。

恭请阁下接受我的真诚的敬意。

上帝保佑阁下！

总领事费尔南多·德·加威尔—蒂斯卡尔·亚番·德·利贝拉—埃莱拉

（Fernando de Gaver e Tiscar Afan de Ribera y Herrera），于葡萄牙驻西属安德列斯群岛总领事馆，1864 年 5 月 15 日，哈瓦那。

　　备注：该公文中提到的文件，将在下期刊布。

　　——*Boletim Official*，Vol. X，N°. 38，19 – 09 – 1864，pp. 150 – 151.

03. 葡萄牙驻西属安德列斯群岛总领事馆公文
Officio do Consulado Geral de Portugal em Havana

　　总领事费尔南多·德·加威尔—蒂斯卡尔·亚番·德·利贝拉—埃莱拉于哈瓦那证明：

　　在我登上葡萄牙三桅圆帆船路易齐塔号进行检查时，曾要求该船的外科医生蒙特尼·德拉萨勒就船只在航行中发生的事情向我做出书面报告，其内容如下：

尊敬的总领事先生，鉴于阁下表示希望得到该船乘客死亡的真实原因，现荣幸地向阁下报告如下：

　　载运如此大量华工进行如此远程航行的任何船只，都应该采取对于发生疾病的预防措施。首先应该采取更加有效的卫生措施（如船只的通风和整体清洁、食物和水等）、经验教授的和科学指明的保健措施，这一切都由船长负责。其次要对航行期间病人的治疗情况进行检查，为此要有好的药物，并由一位医生全权负责治疗事务。

　　我在这里观察到，承运华工的路易齐塔船的船长和所有人，都在直接利益的驱动下促使他们的乘客处于良好状态，因为他们的运输契约规定，只有在每个乘客活着且不失明地在哈瓦那下船上岸，他们才能得到运费；同样的原因，殖民化事业（empresa de colonisação）也给船长带来了酬金。同样，也不能想象船长会在食物的质量和数量上营私舞弊，因为所有食物都是由企业供应的。还要补充的是，这些食物只有经过我和货监（sobrecarga）的检查后才能装上船，正如两年前完成的航行那样，当时我和那位货监乘坐"我的女王号"（My Queen），为了顺利完成委托的任务，携带了欧洲医生。

　　如上所述，我检查了食物，它们质量尚好；我还检查了储水，使船长确信，应该优质供应以便完成整个航行，担心在途中变质成为导致华工死亡的一个原因。当我们经过好望角时，我要求他紧急停靠，以便补充新鲜水，并向他断言这项预防措施会对全部乘客的健康产生有利的影响。不这样做，我们可能不必在那里滞留，但是，这样做了，我们就有了食物和水的良好供应；滞留虽然给船只增加了很多费用，但是我们却得到了更多的水，尽管这并不必要，因为乘客们喝了大量澳门的水，足以抵达那里。每人每天的供水量常常是 1 加仑，不过有时候减少，也是应我的要求，为的是对他们自身有益。对船只的通风和清洁同样很细心，正如政府医局医生金塔纳尔（Dr. Quintanar）的官方证据所证明的那样。在持续了 40 天的航行中他在船上待了 13 天，他证实通风、清洁、食物和水等状况良好，船上也有一个为乘客和船员供应必需药品的药房。

所以，不能将船上发生的疾病归罪于船长和船只。这些疾病是偶然发生的，其原因将向阁下解释。众所周知，在某些气候、温度和人口条件下，任何城市都有可能遭受某种疾病，而不遭受另一种，对这个事实不可能给出绝对的解释。

那些船上发生的情况也一样。任何船只都可以载运如此多的乘客顺利地完成如此漫长的航行，但即使情况相同的一艘船，也会发生较高的乘客死亡率。为了清楚地理解这一点，阁下需要考虑一下某些族群的疾病类型。中国人特有的饮食结构，在其国家生活的极端贫困，吸食鸦片的恶习，懒散和贪食，不讲整洁等，在他们中间产生了一种肠内严重贫血的疾病（molestias intestinas com a excessive pobresa de sangue）。淋巴腺结核的普遍存在增加了体质的脆弱，而许多人更因为手淫（masturbação）的习惯而加重病情；这是因为小脑中的鸦片会导致泌尿生殖器官处于兴奋状态。

因此，不难想象，这样一个族群，在相同情况下，自然会患上许多疾病，而其原因，除了过量饮食外别无他项，因为过量进食会导致肠内严重病痛，而海洋上的空气又会引发坏血病（scorbuto）。在这一切之外还应该补充指出，吸食鸦片时人的神经处于极度衰弱状态，任何急性病都是致命的，药物不可能产生任何效果。

在我所在的船上只有 59 名死者，应该看到，其中 4 人患坏血引起的疾病，死于停船检疫隔离期（quarentena），我敢肯定如果在船只到达时下船，就已经治好了。这里我不得不再次引用金塔纳尔医生的证词。另外 2 人是淹死的。所以，航行途中死亡者仅有 53 人，另有 5 人失明。

这 53 人的死因为：2 人，脑充血；16 人，痢疾；4 人，贫血；19 人，胃热；1 人，胸膜肺炎；1 人，瘘管；1 人，胃炎；1 人，皮下水肿；1 人，胃痛；1 人，慢性腹泻；1 人，癫痫性痉挛；2 人，胃肠炎；2 人，溃疡。查看了这些死者的资料后发现，胃热和脑充血发生在航行的头两个月，其原因是显而易见的。

我们在中国海经历了 25 天的风平浪静。高温的加剧引发了胃动力减弱，结果导致了肠胃病人的较高数字。在航行的随后两个月，中国人中间出现了各种形式的坏血病（scorbuto），尽管在好望角城（cidade do Cabo）接纳了新鲜食物，在抵达哈瓦那的航行中病情还是加剧了。咸肉不是造成坏血病的唯一原因；海上的蒸汽产生了严重影响，对于中国人而言，唯一的医治办法就是在陆地上生活。

我认为，几乎所有的贫血症、慢性腹泻、溃疡和眼疾，都只是坏血病的变异。

我们做了治愈华人所能做的全部，并且在一定程度上是有效果的。在 51 个胃热患者中，仅有 19 人死亡，6 个眼疾患者中只有 5 人失明。

总之，领事先生，我可能缺少聪明才智，但不缺少热情和善意。如果有必要面对一个医生委员会（juri de facultativos）就船上的各种病患实施治疗的情况做出回答的话，我会随时准备前往。我支持阁下。葡萄牙三桅圆帆船路易齐塔号船上医生蒙特尼·德拉萨勒（签名）。

以上文字与英语原件核对无误。C. 马忌士（C. Marques）、总领事费尔南多·德·加威尔—蒂斯卡尔。此为在检查路易齐塔号后收到之原件的全真抄件，原件已在本总领事馆归档，今抄出此副本由我签署向总督阁下提交。

总领事费尔南多·德·加威尔—蒂斯卡尔，1864 年 4 月 25 日，于哈瓦那。

——*Boletim Official*, Vol. X, Nº. 39, 26 - 09 - 1864, pp. 153 - 154.

04.《澳门宪报》第 38 期所载葡萄牙驻哈瓦那总领事馆公文中提到的文件的结尾部分

Conclusão dos Documentos a que se Refere o Officio do Consul Geral de Portugal em Havana, Publicado no Boletim Official Nº. 38

兹证明：应我的要求，葡萄牙三桅圆帆船堂·玛利亚·达·格洛利亚号（D. Maria da Gloria）医生菲尔普斯（Mr. R. E. Phelps）向我提交了书面报告，其内容如下：

尊敬的葡萄牙领事先生：

按照阁下本月 23 日的要求，我荣幸地向阁下提交下述有关自澳门出发的华工健康状况的报告，以供阁下参考。1863 年 10 月 30 日，我们的船载着 296 名华工从澳门起航，经过了 17 天的停船检疫隔离期和 177 天的航行后，于今年 4 月 23 日到达哈瓦那，正如阁下在附表中看到的，从澳门登船的人中 40% 以上的人在航行中丧生。该船备足了航行所需的物资，通风设备良好，每天都进行熏蒸消毒（fumigações）。食物、水和药品储量丰富，质量上乘。在安吉尔（Anger）和好望角还补充了给养。

如此预防，本可以避免高死亡率的，只因漫长航行中我们在海域遇到了逆风和无风以及其他极端危害健康的情况，正如南中国海和南大西洋赤道带那样。一艘具备良好通风条件的商船，如果在航行中长时间处于无风状态，必然会遭遇污浊的空气，这不仅导致热病，还会引起肝脏麻痹（torpidez do figado）和严重的反胃（completa revolucao no estomago），而这种情况一般极易引起严重病变，对此我在报告中没有加以细节描述。

在我看来，船上乘客高死亡率的真正原因，源于更久远的根源，即来源于澳门收容站。那些出洋华工，至少是他们中的大部分，都来自中国内地，不适应海上气候。他们被视为华人社会的渣滓，在经历了多个月的艰难困苦之后在半饥饿状态下进入收容站。他们在这里吃饱肚子之后，就沉迷于吸食鸦片。这种不良的生活习惯，从他们一到达该居留地（澳门）时就开始了，持续到船只离港后。这对他们而言是一个更坏的原因，因为它在华工中间造成了一种暂时性的兴奋，在船只离开后便导致消化不良、消瘦、虚弱和缺血。这些是他们随身携带的坏血病，没有征兆，当病情显现出来时，已经无法阻止它的持续恶化或者支撑有效的治疗。大量进食对中国人而言肯定是一个危险的原因，其理由我略而不谈了。但是我认为，吸食鸦片是一个更危险的因素，因为这种恶习无疑会引起剧烈的痉挛，或者更准确地说，一种极易造成致命后果的精神错乱。这些病例普遍出现在华工中间，我已经观察到，那些人的恶习已经存在很多年了。即使那些没有沾染此种恶习的人，也常常患有大脑疾病。脊柱系统（O systema espinhal）影响了泌尿生殖器官（orgão genito urinarios），遭受这样影响的人，容易养成这样一种对人体系统非常脆弱的习惯，以至于只要这种习惯持续存在，所有的药物辅助都是徒劳的。

一艘装载了乘客的船马上开始一个短程航行，如果实施了所有的预防措施，很有可能只有少量的人死亡。但是，如果一艘船载着乘客在港口停了两个月，预防措施已经失效了，因为病菌已经吸收了这些根，后续的药物治疗只能起到延迟其进展的作用，那么华工的死亡就只是一个时间问题了。然而，这些后果又因航行中所经历的磨难而加重了。这种结果不能预见，更无法避免。三桅圆帆船堂·玛利亚·达·格洛利亚号处在受这些恶劣情况支配的极其特殊的状态，而我认为正是这些因素造成了乘客的高死亡率。以上所述经过慎重考虑。葡萄牙三桅圆帆船堂·玛利亚·达·格洛利亚号随船医生菲尔普斯（R. E. Phelps）。

此为在检查堂·玛利亚·达·格洛利亚号后收到之原件的全真抄件，原件已在本总领事馆归档，今抄出此副本由我签署向总督阁下提交。

总领事费尔南多·德·加威尔—蒂斯卡尔，1864 年 4 月 25 日，于哈瓦那。

——*Boletim Official*，Vol. X，N.º 40，03 - 10 - 1864，pp. 157 - 158.

05. 葡萄牙驻哈瓦那领事馆对堂·玛利亚·达·格洛利亚号船华工死亡原因调查结果

Mappa das Enfermidades Occurridas a Bardo da Galera D. Maria da Gloria，e do Numero dos Mortes de Cada Uma D'Ellas，Consulado Geral de Portugal em Havana

月份	因鸦片而体弱	胃热	腹泻	贫血	皮下水肿	意外	viceras	痉挛	咯血	总人数
11	3	1	2	0	0	0	0	0	0	6
12	2	2	2	3	3	1	0	1	0	14
1	0	0	0	2	42	3	2	0	0	51
2	0	1	3	1	32	0	2	0	1	40
3	0	0	1	3	26	0	1	0	0	31
4	0	0	3	0	19	0	0	0	0	22
合计	5	4	13	9	122	4	5	1	1	164

此表为抄件。总领事费尔南多·德·加威尔—蒂斯卡尔，1864 年 4 月 26 日，于哈瓦那，葡萄牙驻西属安德列斯群岛总领事馆。

——*Boletim Official*，Vol. X，N.º 40，03 - 10 - 1864，p. 158.

06. 葡萄牙驻哈瓦那总领事馆第 2 号公文
Officio Nº 2 do Consulado Geral de Portugal em Havana

致澳门辅政使司里贝罗阁下：

本人荣幸地告知阁下，阁下之第 94 号公文已收悉，其中提及本人于去年 8 月 2 日所开具的关于我国商船贾梅士号载运华人乘客抵达该岛情况的第 33 号证明书，向我透露说总督认为我在那个文件中没有提及航行中发生的新情况，即在澳门的登船人数和抵达这里的人数之差，并指示我在调查报告中应将显著的差异写得足够详细。

作为回复，我只能请阁下好心转陈总督阁下，每当运载华工的船只到达时，本领事馆都组织快速程序，透过一名翻译官，不仅调查华工在航行中的待遇，还调查备用物和食物的状况和数量，这些都得到我的亲自认可；另外还查问华工住处的地方和条件，听取船长、医生、翻译官以及所有其他人的解释（他们都认为致死原因对于解释死亡人数的真相是很重要的），及时提供一份一式三份的证明书，内载华工在航行途中被善待还是虐待，到达的人数，并认为出具证明书的目的就是提高每艘船在遵行该政府的规定方面所显现出的可信度。在第一种情况下，我应该向本政府寄送一份公文，通报船只到达，提出登船人数、下船人数、航行中死亡人数和患病人数的准确解释，并汇报其他一切我认为有必要告知该政府的信息。由刚刚收到的阁下第 95 号公文得知，我去年 8 月 2 日的第 23 号公文尚未到达阁下手上，其中我提供了我所得到的关于三桅圆帆船贾梅士号途中死亡者的信息。当阁下收到该函时，就会相信我尽可能地履行了职责，提供了必要的解释和说明，总是在寄给该政府的公文中提供了每艘船上死亡者和患病者的信息；但是，考虑到总督阁下的要求，我希望阁下向总督说明，自今以后，我将会在证明书中写明阁下去年 10 月 28 日第 94 号公文中明确提及的细节，同样也将避免阁下第 95 号公文中提及的拖延，以更安全更快捷的途径进行沟通。

我再次向阁下重申我的表白。

上帝保佑阁下！

总领事费尔南多·德·加威尔—蒂斯卡尔，1866 年 1 月 24 日，于葡萄牙驻西属安德列斯群岛哈瓦那总领事馆。

07. 葡萄牙驻哈瓦那总领事馆第 14 号公文
Officio Nº. 14 do Consulado Geral de Portugal em Havana

致尊敬的澳门总督柯达阁下：

  对引起痢疾和腹泻并造成来自该殖民地的华人乘客途中大量死亡原因的调查和研究，很久以来就吸引了我的注意力；根据对船长、医生的查询，并就其原因咨询本市某些称职的医生，可能已经找到了避免这些疾病的办法。虽然调查的结果在我看来还只是可能性，但还是要向阁下暂做汇报。根据他们的意见，我相信，中国人大部分都有吸食鸦片的习惯，有些人已积染成瘾（完全戒除此一习惯将对他们的整个经济造成严重损失），由此导致航行途中船上出现痢疾和腹泻；那些人还认为，这些病痛还阻止华人戒除在航行途中吸食鸦片，因此船长不得不带一些鸦片在船上，根据判断或在极端情况下给他们使用，正如船上医生所指出的，这是为了维持病人的生命。

  阁下的洞见可能会更清楚地解释这些病的病因和避免患病的方法。我尽职尽责，希望得到阁下的评价。

  上帝保佑阁下！

  总领事费尔南多·德·加威尔—蒂斯卡尔，1867 年 3 月 15 日，于葡萄牙驻西属安德列斯群岛哈瓦那总领事馆。

    ——*Boletim Official*，Vol. XIII，Nº. 21，27 - 05 - 1867，p. 144.

08. 葡萄牙驻西属安德列斯群岛总领事第 19 号公文
Officio Nº. 19 do Consul Geral de Portugal em Havana

兹证明：

  西班牙大船马尼利亚·德·比尔包号（Manilha de Bilbao）于本月 9 日自澳门抵达该港，运载 236 名华工前来该岛，公共健康委员会指定该船前往马列尔港（Mariel）进行了停船检疫，同月 14 日载运那些乘客返回该港。按照澳门政府的规定，船长向本领事馆报告了船只到达的消息，船舶代理行（casa consignatario）陈出了一份名册和乘客的契约，它们都记录在相应的注册簿内。本领事馆通过上述行动得知，那些乘客受到了善待，该船长执行了澳门政府对船长的全部规定，并记录了比澳门登船时 252 人的总数所缺少的人数，根据该政府给本使馆的公文，1 人在船只离开前就下了船；此外，航行途中 50 号、181 号、142 号、135 号、13 号、132 号和 40 号死于痢疾，11 号和 24 号死于胃热，172 号、35 号、196 号和 224 号死于腐烂性发热（febre putrida），191号死于肺炎，217 号死于 plenistis；他们的契约都并入了本馆的登记簿（didigencias praticadas）。那艘船的船长和船员在航行中善待了乘客，以此一式三份之证明加以载录，由我签署并加盖本馆印章为据。

总领事费尔南多·德·加威尔—蒂斯卡尔，1867 年 4 月 20 日，于葡萄牙驻西属安德列斯群岛哈瓦那总领事馆。

——*Boletim Official*，Vol. XIII，N°. 27，08 - 07 - 1867，p. 156.

09. 葡萄牙驻哈瓦那总领事第 21 号公文
Officio N°. 21 do Consul Geral de Portugal em Havana

兹证明：

保禄号船本月 10 日自澳门抵达该港，船长为桑托斯（Santos），运载华工287 人，由于强大的北风阻止该船前往马列尔港，不得不在哈瓦那港进行停船检疫，直至本月 14 日，其间 1 人死亡。该船的船长享有行动自由，前来本领事馆，按照澳门政府的规定，向本领事馆报告了船只到达的消息，船舶代理行（casa consignatario）陈出了一份名册和乘客的契约，它们都记录在相应的注册簿内。本领事馆通过上述行动得知，那些乘客受到了善待，该船长执行了澳门政府对船长的全部规定，并记录了比澳门登船时 296 人的总数缺少 10 人，其中 269 号、82 号、139 号、79 号、165 号、5 号、265 号、219 号和 231 号死于航行途中，213 号死于停船检疫期间，全部死于皮下水肿。他们的契约都归入了本领事馆的档案簿。那艘船的船长和船员在航行中善待了乘客，以此一式三份之证明加以载录，由我签署并加盖本馆印章为据。

总领事费尔南多·德·加威尔—蒂斯卡尔，1867 年 4 月 20 日，于葡萄牙驻西属安德列斯群岛哈瓦那总领事馆。

——*Boletim Official*，Vol. XIII，N°. 27，08 - 07 - 1867，p. 156.

10. 葡萄牙驻哈瓦那总领事第 20 号公文
Officio N°. 20 do Consul Geral de Portugal em Havana

兹证明：

西班牙三桅圆帆船奥莱利亚号（Aureliana），船长为巴泰拉（Barterra），自澳门出发，于 3 月 10 日抵达该港，运载华工 296 名，公共健康委员会指定其前往马列尔港进行停船检疫，然后运载乘客于 14 日返回该港。根据澳门政府的规定，该船长向本领事馆报告了船只到达的消息，船舶代理行（casa consignatario）陈出了一份名册和乘客的契约，它们都记录在相应的注册簿内。本领事馆通过上述行动得知，那些乘客受到了善待，该船长执行了澳门政府规定中对船长的全部要求；记录显示比澳门登船时 313 人的总数缺少 17 人，其中 57 号、62 号、91 号、103 号、129 号、169 号、193 号、203 号、213 号、226 号、259 号、336 号、340 号、353 号、354 号、359 号和 154 号航行中死于腹泻和鸦片缺乏，船长供称不能陈出他们的契约，因为已经连同死者尸体一起抛入了大海。那艘船的船长和船员在航行中善待了乘客，以此一式三份之证明加以载录，由我签署并加盖本馆印章为据。

总领事费尔南多·德·加威尔—蒂斯卡尔，1867 年 4 月 20 日，于葡萄牙驻西属安德列斯群岛哈瓦那总领事馆。

——*Boletim Official*, Vol. XIII, N°. 29, 22 – 07 – 1867, p. 167.

11. 葡萄牙驻哈瓦那总领事第 24 号公文
Officio N°. 24 do Consul Geral de Portugal em Havana

兹证明：

法国三桅圆帆船亨利四世号（Henri IV），船长是阿莱兰（Alerán），由澳门起航，于 4 月 14 日抵达该港，运载前来本岛的华工 447 人，公共健康委员会指定该船前去马列尔港进行停船检疫，然后运载原装乘客于本月 21 日返回该港。该船长按照澳门政府的规定向本官报告了船只抵达的消息，船舶代理行（casa consignatario）陈出了一份名册和乘客的契约，它们都记录在相应的注册簿内。本领事馆通过上述行动得知，那些乘客受到了善待，该船长执行了澳门政府对船长的全部规定；记录显示比澳门登船总人数的缺额，其中 16 号、125

号和 223 号航行途中死于［页面不清］热，46 号死于 tobardilho，118 号、276 号、65 号、2［页面不清］号和 382 号死于腹泻。只有 125 号的契约归入了本领事馆的档案簿。据船长称，其他人的契约都已经丢失了。该艘船曾经停好望角，以接纳新鲜补给品，由于同样原因，船只被迫停经那提尼克岛（Martinica）。船上的医生按照船政官的指令对病人进行了治疗。船长和船员在航行中善待了乘客。特以此一式三份之证明加以载录，由我签署并加盖本馆印章为据。

　　总领事费尔南多·德·加威尔—蒂斯卡尔，1867 年 5 月 13 日，于葡萄牙驻西属安德列斯群岛哈瓦那总领事馆。

——Boletim Official，Vol. XIII，N°. 30，29 – 07 – 1867，p. 174.

12. 葡萄牙驻哈瓦那总领事证明

Certificado do Consul Geral de Portugal em Havana

　　兹证明：

　　西班牙三桅圆帆船香港号（Hongkong），船长是伊利贝里（Yriberri），由澳门起航，于 4 月 16 日抵达该港，运载前来本岛的华工 314 人，公共健康委员会指定该船前去马列尔港进行停船检疫，然后运载 313 名乘客于本月 21 日返回该港。该船长按照澳门政府的规定向本官报告了船只抵达的消息，船舶代理行（casa consignatario）陈出了一份名册和乘客的契约，它们都记录在相应的注册簿内。本领事馆通过上述行动得知，那些乘客受到了善待，该船长执行了澳门政府对船长的全部规定；记录显示比澳门登船总人数 314 只缺 1 人，即 201 号，停船检疫期间死于神经性疾病突发，其契约归入了本领事馆的档案簿。该艘船曾经停圣埃伦娜（Santa Elena），以接纳新鲜补给品，船上的医生按照船政官的指令对病人进行了治疗。船长和船员在航行中善待了乘客。特以此一式三份之证明加以载录，由我签署并加盖本馆印章为据。

　　总领事费尔南多·德·加威尔—蒂斯卡尔，1867 年 5 月 13 日，于葡萄牙驻西属安德列斯群岛哈瓦那总领事馆。

——Boletim Official，Vol. XIII，N°. 32，12 – 08 – 1867，p. 187.

13. 葡萄牙驻哈瓦那总领事证明
Certificado do Consul Geral de Portugal em Havana

兹证明:

西班牙三桅圆帆船路易齐塔号（Luisita），船长是戈尔丁（Gordin），由澳门起航，于 4 月 9 日抵达该港，运载前来本岛的华工 516 人，公共健康委员会指定该船前去马列尔港进行停船检疫，然后运载原装乘客于同月 14 日返回该港。该船长按照澳门政府的规定向本官报告了船只抵达的消息，船舶代理行（casa consignatario）陈出了一份名册和乘客的契约，它们都记录在相应的注册簿内。本领事馆通过上述行动得知，那些乘客受到了善待，该船长执行了澳门政府对船长的全部规定；记录显示比澳门登船总人数 558 缺 42 人，其中 6 号、37 号和 381 号航行途中死于溃疡，554 号、550 号、508 号、194 号、215 号、224 号、243 号、250 号、264 号、274 号、279 号、307 号、322 号、329 号、336 号、470 号、466 号、452 号、446 号、459 号、430 号、416 号、397 号、372 号和 385 号死于腹泻，187 号、179 号、177 号、152 号和 138 号死于肺结核，79 号、58 号、54 号、51 号、98 号和 84 号死于发热。他们的契约都归入了本领事馆的档案簿。船长和船员在航行中善待了乘客。特以此一式三份之证明加以载录，由我签署并加盖本馆印章为据。

总领事费尔南多·德·加威尔—蒂斯卡尔，1867 年 5 月 14 日，于葡萄牙驻西属安德列斯群岛哈瓦那总领事馆。

——*Boletim Official*, Vol. XIII, N.º 32, 12 – 08 – 1867, p. 187.

14. 葡萄牙驻哈瓦那总领事第 35 号公文
Officio N.º 35 do Consul Geral de Portugal em Havana

兹证明:

法国三桅船曼谷号（Bangkok），船长是沙波（Chappot），由澳门起航，于本月 21 日抵达该港，运载前来本岛的华工 229 人，公共健康委员会指定该船前去马列尔港进行停船检疫，然后运载原装乘客于同月 25 日返回该港。该船长按照澳门政府的规定向本领事馆报告了船只抵达的消息，船舶代理行（casa consignatario）陈出了一份名册和乘客的契约，它们都记录在相应的注册簿内。本领事馆通过上述行动得知，那些乘客受到了善待，该船长执行了澳门政府对船长的全部规定；记录显示比澳门登船总人数 233 缺 4 人，即 75 号、94 号、160 号和 198 号航行途中死于腹泻和鸦片缺乏。他们的契约都归入了本领事馆的档案簿。该船曾经停好望角，以接纳新鲜补给品。船上的医生按照船政官的指令对病人进行了治疗。船长和船员在航行中善待了乘客。特以此一式三份之证明加以载录，由我签署并加盖本馆印章为据。

　　总领事费尔南多·德·加威尔—蒂斯卡尔，1867 年 5 月 31 日，于葡萄牙驻西属安德列斯群岛哈瓦那总领事馆。

　　　　——*Boletim Official*，Vol. XIII，N°. 34，26 – 08 – 1867，p. 197.

15. 葡萄牙驻哈瓦那总领事第 45 号公文
Officio N°. 45 do Consul Geral de Portugal em Havana

澳门辅政使司阁下：

　　兹证明：法国三桅船德朗格勒号（Delangle），船长是［页面不清］，由澳门起航，于 4 月 5 日抵达该港，运载前来本岛的华工 270 人，公共健康委员会指定该船前去马列尔港进行停船检疫，然后运载原装乘客于 5 月 3 日返回该港。该船长按照澳门政府的规定向本领事馆报告了他的到来，并将阁下去年12 月 28 日第 155 号公文交给我，我荣幸地告知阁下已经收悉；我希望阁下告知总督阁下，该船抵达数小时之后，我就对其进行了阁下的上述公文中所要求的相关调查；通过上述行动得知，那些乘客受到了善待，该船长执行了澳门政府对船长的全部规定；运达人数比澳门登船总人数 275 缺 5 人，即 272 号、253 号、188 号、150 号和 11 号航行途中死于腹泻和鸦片缺乏。他们的契约都归入了本领事馆的档案簿。该船曾经停圣埃伦娜，船上的医生按照船政官的指令对病人进行了治疗。船舶代理行（casa consignatario）陈出了一份名册和乘客的契约，它们都记录在相应的注册簿内。

　　上帝保佑阁下！

　　总领事费尔南多·德·加威尔—蒂斯卡尔，1867 年 6 月 6 日，于葡萄牙驻西属安德列斯群岛哈瓦那总领事馆。

　　　　——*Boletim Official*，Vol. XIII，N°. 34，26 – 08 – 1867，p. 197.

16. 葡萄牙驻哈瓦那总领事第 46 号公文
Officio N.º 46 do Consul Geral de Portugal em Havana

澳门辅政使司阁下：

  兹证明：法国三桅船尼桑号（Nisam），船长是科尔西（Corsis），由澳门起航，于 4 月 17 日抵达该港，运载前来本岛的华工 254 人，公共健康委员会指定该船前去马列尔港进行停船检疫，然后运载原装乘客于同月 21 日返回该港。该船长按照澳门政府的规定向本领事馆报告了他的到来，并将阁下去年 11 月 21 日第 139 号公文交给我，我荣幸地告知阁下已经收悉；我希望阁下告知总督阁下，该船抵达数小时之后，我就对其进行了阁下的上述公文中所要求的相关调查；通过上述行动得知，那些乘客受到了善待，该船长执行了澳门政府对船长的全部规定；运达人数比澳门登船总人数 262 缺 8 人，皆在航行途中死于腹泻和鸦片缺乏，即 59 号、161 号、147 号、55 号、259 号、52 号和 96 号。船长称他们的契约全部丢失了。该船曾经停圣埃伦娜，以接纳新鲜补给品。船上的医生按照船政官的指令对病人进行了治疗。船舶代理行（casa consignatario）陈出了一份名册和乘客的契约，它们都记录在相应的注册簿内。

  上帝保佑阁下！

  总领事费尔南多·德·加威尔—蒂斯卡尔，1867 年 6 月 6 日，于葡萄牙驻西属安德列斯群岛哈瓦那总领事馆。

    ——*Boletim Official*，Vol. XIII，N.º 34，26 - 08 - 1867，p. 197.

17. 葡萄牙驻哈瓦那总领事第 37 号公文
Officio N.º 37 do Consul Geral de Portugal em Havana

  兹证明：

  比利时三桅圆帆船艾格蒙—合恩号（Egmont et Hoorn），船长是范登（Fandden），由澳门起航，于 4 月 15 日抵达该港，运载前来本岛的华工 361 人，公共健康委员会指定该船前去马列尔港进行停船检疫，然后运载 360 名乘客于同月 20 日返回该港。该船长按照澳门政府的规定向本领事馆报告了船只抵达的消息，船舶代理行（casa consignatario）陈出了一份名册和乘客的契约，它们都记录在相应的注册簿内。本领事馆通过上述行动得知，那些乘客受到了善待，该船长执行了澳门政府对船长的全部规定；记录显示比澳门登船总人数367 缺 7 人，其中 167 号、233 号、279 号、299 号、373 号和 204 号航行途中死于腹泻，165 号在马列尔港死于同一疾病。他们的契约都归入了本领事馆的档案簿。船上的医生按照船政官的指令对病人进行了治疗。船长和船员在航行中善待了乘客。特以此一式三份之证明加以载录，由我签署并加盖本馆印章为据。

总领事费尔南多·德·加威尔—蒂斯卡尔，1867 年 6 月 8 日，于葡萄牙驻西属安德列斯群岛哈瓦那总领事馆。

——*Boletim Official*，Vol. XIII，N°. 35，02 - 09 - 1867，p. 203.

18. 葡萄牙驻哈瓦那总领事第 45 号公文
Officio N°. 45 do Consul Geral de Portugal em Havana

兹证明：

荷兰三桅船克辛彭·莱克号（Ksimpen Lek），船长是罗特根斯（W. G. Rotgens），由澳门起航，途经好望角，经 107 天航行，于 6 月 23 日抵达该港，运载前来本岛的华工 363 人，公共健康委员会指定该船前去马列尔港进行停船检疫，然后运载 363 名乘客于同月 25 日返回该港。该船长按照澳门政府的规定向本领事馆报告了船只抵达的消息，船舶代理行陈出了一份名册和乘客的契约，它们都记录在相应的注册簿内。通过上述行动得知，那些乘客受到了善待，该船长执行了澳门政府对船长的全部规定；记录显示比澳门登船总人数 368 缺 5 人，其中 12 ［页面不清］号和 149 号途中死于哮喘，112 号死于发热，298 号和 311 号死于心脏病（mal de conçao）。他们的契约都归入了本领事馆的档案簿。船上的医生按照船政官的指令对病人进行了治疗。船长和船员在航行中善待了乘客。特以此一式三份之证明加以载录，由我签署并加盖本馆印章为据。

总领事费尔南多·德·加威尔—蒂斯卡尔，1867 年 7 月 4 日，于葡萄牙驻西属安德列斯群岛哈瓦那总领事馆。

——*Boletim Official*，Vol. XIII，N°. 37，16 - 09 - 1867，p. 216.

19. 葡萄牙驻哈瓦那总领事第 49 号公文
Officio N.º 49 do Consul Geral de Portugal em Havana

澳门辅政使司阁下：

兹证明：不来梅三桅船孔子号（Confucius），船长为施腾格尔（Stengel），由澳门起航，于 5 月 7 日抵达该港，运载前来本岛的华工 213 人，公共健康委员会指定该船前去马列尔港进行停船检疫，然后运载原装乘客于同月 12 日返回该港。该船长按照澳门政府的规定向本领事馆报告了他的到来，并将阁下今年 1 月 5 日第 2 号公文交给我，我荣幸地告知阁下已经收悉；我希望阁下告知总督阁下，该船抵达数小时之后，我就对其进行了阁下的上述公文中所要求的相关调查；通过上述行动得知，那些乘客受到了善待，该船长执行了澳门政府对船长的全部规定；运达人数比澳门登船总人数 218 少 5 人，皆在航行途中死于腹泻和鸦片缺乏，即 7 号、28 号、159 号、177 号和 101 号。除了 28 号外，其他四人的契约都归入了本领事馆的档案簿，船长称 28 号的契约丢失了。该船曾经停圣埃伦娜以接纳新鲜补给品，船上的医生按照船政官的指令对病人进行了治疗。船舶代理行（casa consignatario）陈出了一份名册和乘客的契约，它们都记录在相应的注册簿内。

上帝保佑阁下！

总领事费尔南多·德·加威尔—蒂斯卡尔，1867 年 6 月 6 日，于葡萄牙驻西属安德列斯群岛哈瓦那总领事馆。

——*Boletim Official*, Vol. XIII, N.º 40, 07 – 10 – 1867, p. 237.

20. 葡萄牙驻哈瓦那总领事第 59 号公文
Officio N.º 59 do Consul Geral de Portugal em Havana

澳门辅政使司阁下：

兹证明：西班牙三桅船米纳号（Mina），船长为阿丘特吉（Achutegui），由澳门起航，经停圣埃伦娜，航行 129 天，于本月 9 日抵达该港，运载前来本岛的华工 284 人，公共健康委员会指定该船前去马列尔港进行停船检疫，然后运载 282 名乘客于同月 12 日返回该港。该船长按照澳门政府的规定向本领事馆报告了他的到来，并将阁下今年 1 月 28 日第 12 号公文交给我，我荣幸地告知阁下已经收悉；我希望阁下告知总督阁下，该船抵达数小时之后，我就对其进行了阁下的上述公文中所要求的相关调查；通过上述行动得知，那些乘客受到了善待，该船长执行了澳门政府对船长的全部规定；运达人数比澳门登船总人数 284 少 2 人，即 144 号和 281 号在停船检疫期间死于肺结核（tysis）。他们的契约归入了本领事馆的档案簿，船上的医生按照船政官的指令对病人进行了治疗。船舶代理行（casa consignatario）陈出了一份名册和乘客的契约，它们都记录在相应的注册簿内。

上帝保佑阁下！

总领事费尔南多·德·加威尔—蒂斯卡尔，1867 年 6 月 26 日，于葡萄牙驻西属安德列斯群岛哈瓦那总领事馆。

——*Boletim Official*，Vol. XIII，N.º 40，07 – 10 – 1867，p. 237.

21. 葡萄牙驻哈瓦那总领事第 53 号公文
Officio N.º 53 do Consul Geral de Portugal em Havana

兹证明：

奥地利三桅船涅门号（Niemen），船长是贝金斯特（Beckinst），由澳门起航，经好望角和巴巴多斯（Barbadas），经 116 天航行，于 8 月 7 日抵达该港，运载前来本岛的华工 396 人，公共健康委员会指定该船前去马列尔港进行停船检疫，然后运载原乘客于同月 11 日返回该港。该船长按照澳门政府的规定向本领事馆报告了船只抵达的消息，船舶代理行陈出了一份名册和乘客的契约，它们都记录在相应的注册簿内。通过上述行动得知，那些乘客受到了善待，该船长执行了澳门政府对船长的全部规定；记录显示比澳门登船总人数 410 缺 14 人，其中，235 号在船只驶离澳门前下了船，12 号、233 号和 152 号途中死于发热，133 号、196 号、161 号、160 号、348 号、182 号、58 号和 159 号死于腹泻，262 号和 154 号死于肺结核。他们的契约都归入了本领事馆的档案簿，船上的医生按照船政官的指令对病人进行了治疗。船长和船员在航行中善待了乘客。特以此一式三份之证明加以载录，由我签署并加盖本馆印章为据。

总领事费尔南多·德·加威尔—蒂斯卡尔，1867 年 8 月 16 日，于葡萄牙驻西属安德列斯群岛哈瓦那总领事馆。

——*Boletim Official*，Vol. XIII，N.º 45，11 – 11 – 1867，p. 260.

22. 葡萄牙驻哈瓦那总领事第 79 号公文
Officio N.º 79 do Consul Geral de Portugal em Havana

澳门辅政使司阁下：

西班牙三桅船 J. A. U. 号，船长为索尔杜拉（Soltura），由澳门起航，经停安吉尔（Anjer），航行 104 天，于 7 月 16 日抵达该港，运载前来本岛的华工 312 人，公共健康委员会指定该船前去马列尔港进行停船检疫，然后运载原载乘客于同月 19 日返回该港。该船长按照澳门政府的规定向本领事馆报告了他的到来，并将阁下今年 3 月 30 日第 55 号公文交给我，我荣幸地告知阁下已经收悉；我希望阁下告知总督阁下，该船抵达数小时之后，我就对其进行了阁下的上述公文中所要求的相关调查；通过上述行动得知，那些乘客受到了善待，该船长执行了澳门政府对船长的全部规定；运达人数比阁下公文中记载的澳门登船总人数 319 少 7 人，其中 249 号和 109 号航行途中死于皮下水肿，163 号和 246 号死于心脏病，332 号死于腹泻，13 号死于坏血病，83 号死于肺结核（tysis）；他们的契约归入了本领事馆的档案簿。船舶代理行（casa consignatario）陈出了一份名册和乘客的契约，它们都记录在相应的注册簿内。船上的医生按照船政官的指令对病人进行了治疗。

上帝保佑阁下！

总领事费尔南多·德·加威尔—蒂斯卡尔，1867 年 8 月 24 日，于葡萄牙驻西属安德列斯群岛哈瓦那总领事馆。

——*Boletim Official*，Vol. XIII，N.º 48，02 – 12 – 1867，pp. 271 – 272.

23. 葡萄牙驻哈瓦那总领事第 80 号公文
Officio N.º 80 do Consul Geral de Portugal em Havana

澳门辅政使司阁下：

西班牙三桅船阿格塞萨号（Algcesa），船长为多巴兰（Dobaran），由澳门起航，经停圣埃伦娜，航行 120 天，于 7 月 19 日抵达该港，运载前来本岛的华工 415 人，公共健康委员会指定该船前去马列尔港进行停船检疫，然后运载原载乘客于同月 22 日返回该港。该船长按照澳门政府的规定向本领事馆报告了他的到来，并将阁下今年 3 月 19 日第 49 号公文交给我，我荣幸地告知阁下已经收悉；我希望阁下告知总督阁下，该船抵达数小时之后，我就对其进行了阁下的上述公文中所要求的相关调查；通过上述行动得知，那些乘客受到了善待，该船长执行了澳门政府对船长的全部规定；运达人数比澳门登船总人数418 少 3 人，即 117 号、5 号和 224 号航行途中死于鸦片缺少；他们的契约归入了本领事馆的档案簿。船舶代理行（casa consignatario）陈出了一份名册和乘客的契约，它们都记录在相应的注册簿内。船上的医生按照船政官的指令对病人进行了治疗。

上帝保佑阁下！

总领事费尔南多·德·加威尔—蒂斯卡尔，1867 年 8 月 24 日，于葡萄牙驻西属安德列斯群岛哈瓦那总领事馆。

——*Boletim Official*，Vol. XIII，N°. 48，02 – 12 – 1867，p. 272.

24. 葡萄牙驻哈瓦那总领事第 89 号公文
Officio N°. 89 do Consul Geral de Portugal em Havana

澳门辅政使司阁下：

法国三桅船埃伦号（Ephren），船长为巴斯科（Bascaud），由澳门起航，经停安吉尔和好望角，航行 140 天，于 7 月 30 日抵达该港，运载前来本岛的华工 279 人，公共健康委员会指定该船前去马列尔港进行停船检疫，然后运载 278 名乘客于本月 2 日返回该港。该船长按照澳门政府的规定向本领事馆报告了他的到来，并将阁下今年 3 月 6 日第 36 号公文交给我，我荣幸地告知阁下已经收悉；我希望阁下告知总督阁下，该船抵达数小时之后，我就对其进行了阁下的上述公文中所要求的相关调查；通过上述行动得知，那些乘客受到了善待，该船长执行了澳门政府对船长的全部规定；运达人数比澳门登船总人数285 少 7 人，其中 26 号、52 号、74 号、93 号、186 号和 230 号死于航行途中，285 号死于马列尔，皆死于腹泻；船长称他们的契约全都丢失了。船舶代理行（casa consignatario）陈出了一份名册和乘客的契约，它们都记录在相应的注册簿内。船上的医生按照船政官的指令对病人进行了治疗。

上帝保佑阁下！

总领事费尔南多·德·加威尔—蒂斯卡尔，1867 年 8 月 31 日，于葡萄牙驻西属安德列斯群岛哈瓦那总领事馆。

——*Boletim Official*，Vol. XIII，N°. 48，02 – 12 – 1867，p. 272.

25. 葡萄牙驻哈瓦那总领事第 57 号公文
Officio N°. 57 do Consul Geral de Portugal em Havana

兹证明：

法国三桅船阿里奥斯托号（Ariosto），船长是佩尼（Penny），由澳门起航，经停圣埃伦娜，经 131 天航行，于 8 月 16 日抵达该港，运载前来本岛的华工 409 人，公共健康委员会指定该船前去马列尔港进行停船检疫，然后运载原乘客于同月 19 日返回哈瓦那。该船长按照澳门政府的规定向本领事馆报告了船只抵达的消息，船舶代理行陈出了一份名册和乘客的契约，它们都记录在相应的注册簿内；通过上述行动得知，那些乘客受到了善待，该船长执行了澳门政府对船长的全部规定。船上的医生按照船政官的指令对病人进行了治疗，无一人死亡。船长和船员在航行中善待了乘客。特以此一式三份之证明加以载录，由我签署并加盖本馆印章为据。

总领事费尔南多·德·加威尔—蒂斯卡尔，1867 年 9 月 4 日，于葡萄牙驻西属安德列斯群岛哈瓦那总领事馆。

——*Boletim Official*，Vol. XIII，N°. 48，02 – 12 – 1867，p. 272.

26. 葡萄牙驻哈瓦那总领事第 6 号公文
Officio N°. 6 do Consul Geral de Portugal em Havana

兹证明：

俄国三桅船苏奥米号（Suomi），船长是诺德伯格（R. Nordberg），由澳门起航，于本月 5 日抵达该港，运载前来本岛的华工 508 人，公共健康委员会指定该船前去马列尔港进行停船检疫，然后运载原乘客于同月 14 日返回该港。该船长按照澳门政府的规定向本领事馆报告了船只抵达的消息，船舶代理行陈出了一份名册和乘客的契约，它们都记录在相应的注册簿内；通过上述行动得知，那些乘客受到了善待，该船长执行了澳门政府对船长的全部规定；记载显示运达人数比澳门登船总人数 526 少 18 人，其中 240 号和 502 号航行途中死于鸦片缺少，384 号、177 号、181 号、397 号、343 号和 810 号死于腹泻，320 号和 108 号死于发热，266 号和 130 号死于胃病，184 号、102 号和 87 号死于皮下水肿，33 号、220 号和 271 号死于肺结核；船长陈出了他们的契约，已被并入本馆档案。船长和船员在航行中善待了乘客。特以此一式三份之证明加以载录，由我签署并加盖本馆印章为据。

总领事费尔南多·德·加威尔—蒂斯卡尔，1867 年 2 月 22 日，于葡萄牙驻西属安德列斯群岛哈瓦那总领事馆。

——*Boletim Official*，Vol. XIII，N.º 50，16－12－1867，p. 279.

27. 葡萄牙驻哈瓦那总领事第 42 号公文
Officio N.º 42 do Consul Geral de Portugal em Havana

兹证明：

葡萄牙三桅船若瑟菲塔—阿米拉号（Josephita e Almira），船长是佩雷拉·德·席尔维拉（Pereira de Silveira），由澳门起航，于本月 2 日抵达该港，运载前来本岛的华工 512 人，公共健康委员会指定该船前去马列尔港进行停船检疫，然后运载 511 名乘客于同月 8 日返回该港。该船长按照澳门政府的规定向本领事馆报告了船只抵达的消息，船舶代理行陈出了一份名册和乘客的契约，它们都记录在相应的注册簿内；通过上述行动得知，那些乘客受到了善待，该船长执行了澳门政府对船长的全部规定；记载显示运达人数比澳门登船总人数 535 少 24 人，其中 6 号、18 号、72 号、76 号、103 号、113 号、134 号、143 号、154 号、175 号、179 号、232 号、248 号、249 号、263 号、267 号、307 号、362 号、378 号、464 号、488 号、496 号和 532 号死于航行途中，360 号死于马列尔，全部死于腹泻和鸦片缺乏，除了 18 号和 360 号，其余人的契约已被并入本馆档案，船长称这两个人的契约丢失了。船上的医生按照船政官的指令对病人进行了治疗。船长和船员在航行中善待了乘客。特以此一式三份之证明加以载录，由我签署并加盖本馆印章为据。

总领事费尔南多·德·加威尔—蒂斯卡尔，1867 年 6 月 26 日，于葡萄牙驻西属安德列斯群岛哈瓦那总领事馆。

——*Boletim Official*，Vol. XIII，N.º 50，16－12－1867，p. 279.

28. 葡萄牙驻哈瓦那总领事第 12 号公文
Officio Nº. 12 do Consul Geral de Portugal em Havana

兹证明：

法国三桅船内利号（Nelly），船长是普瓦布（Poilbout），由澳门起航，途经安吉尔和圣埃伦娜，航行 103 天，于本月 12 日抵达该港，运载前来本岛的华工 429 人，公共健康委员会指定该船前去马列尔港进行停船检疫，然后运载 428 名乘客于同月 17 日返回哈瓦那。该船长按照澳门政府的规定向本领事馆报告了船只抵达的消息，船舶代理行陈出了一份名册和乘客的契约，它们都记录在相应的注册簿内；通过上述行动得知，那些乘客受到了善待，该船长执行了澳门政府对船长的全部规定；医生按照澳门船政官的指令对病人进行了治疗。记载显示运达人数比澳门登船总人数 444 少 16 人，其中 7 号、20 号、47 号、95 号、98 号、158 号、216 号、235 号、239 号、342 号、348 号、379 号、398 号、14 号和 121 号死于航行途中，139 号死于马列尔，全部死于皮下水肿和腹泻，船长陈出了他们的契约，全部被并入本馆档案。船长和船员在航行中善待了乘客。特以此一式三份之证明加以载录，由我签署并加盖本馆印章为据。

总领事费尔南多·德·加威尔—蒂斯卡尔，1868 年 3 月 20 日，于葡萄牙驻西属安德列斯群岛哈瓦那总领事馆。

——*Boletim Official*, Vol. XIV, Nº. 23, 06 – 06 – 1868, p. 105.

29. 葡萄牙驻哈瓦那总领事第 18 号公文
Officio Nº. 18 do Consul Geral de Portugal em Havana

兹证明：

西班牙三桅船香港号（Hongkong），船长是伊里贝雷（Iriberry），由澳门起航，途经圣埃伦娜，航行 101 天，于本月 20 日抵达哈瓦那，运载前来本岛的华工 316 人，公共健康委员会指定该船前去马列尔港进行停船检疫，然后运载原乘客于同月 25 日返回该港。该船长按照澳门政府的规定向本领事馆报告了船只抵达的消息，船舶代理行陈出了一份名册和乘客的契约，它们都记录在相应的注册簿内；通过上述行动得知，那些乘客受到了善待，该船长执行了澳门政府对船长的全部规定。医生按照澳门船政官的指令对病人进行了治疗。船长和船员在航行中善待了乘客。特以此一式三份之证明加以载录，由我签署并加盖本馆印章为据。

　　总领事费尔南多·德·加威尔—蒂斯卡尔，1868 年 4 月 28 日，于葡萄牙驻西属安德列斯群岛哈瓦那总领事馆。

——Boletim Official，Vol. XIV，N°. 28，11 - 07 - 1868，p. 131.

30. 葡萄牙驻哈瓦那总领事第 33 号公文
Officio N°. 33 do Consul Geral de Portugal em Havana

尊敬的澳门辅政使司阁下：

　　法国三桅船奥里萨号（Orixa），船长为吉朗（Guirand），由澳门起航，经好望角，航行 103 天，于 3 月 30 日抵达该港，运载前来本岛的华工 541 人，公共健康委员会指定该船前去马列尔港进行停船检疫，然后运载 540 名乘客于本月 4 日返回该港。该船长按照澳门政府的规定向本领事馆报告了他的到来，并将阁下去年 11 月 11 日第 162 号公文交给我，我荣幸地告知阁下已经收悉；我希望阁下告知总督阁下，该船抵达数小时之后，我就对其进行了阁下上述公文中所要求的相关调查；通过上述行动得知，那些乘客受到了善待，该船长执行了澳门政府对船长的全部规定；运达人数比澳门登船总人数 556 少 16 人，其中 351 号、227 号、531 号、545 号、44 号、7 号、200 号、388 号、176 号、517 号、455 号、218 号、267 号、454 号和 253 号死于航行途中，27 号死于马列尔；死因为缺少鸦片。他们的契约全都并入了本领事馆的文件档。船舶代理行（casa consignatario）陈出了一份名册和乘客的契约，它们都记录在相应的注册簿内。船上的医生按照船政官的指令对病人进行了治疗。

　　上帝保佑阁下！

　　总领事费尔南多·德·加威尔—蒂斯卡尔，1868 年 4 月　　日，于葡萄牙驻西属安德列斯群岛哈瓦那总领事馆。

——Boletim Official，Vol. XIV，N°. 29，18 - 07 - 1868，pp. 137 - 138.

31. 葡萄牙驻哈瓦那总领事第 19 号公文
Officio N.º 19 do Consul Geral de Portugal em Havana

兹证明：

法国三桅船马拉巴尔号（Malabar），船长是翁特来（Ontré），由澳门起航，途经圣埃伦娜，航行 107 天，于本月 19 日抵达哈瓦那，运载前来本岛的华工 499 人，公共健康委员会指定该船前去马列尔港进行停船检疫，然后运载 492 名乘客于同月 25 日返回该港。该船长按照澳门政府的规定向本领事馆报告了船只抵达的消息，船舶代理行陈出了一份名册和乘客的契约，它们都记录在相应的注册簿内；通过上述行动得知，那些乘客受到了善待，该船长执行了澳门政府对船长的全部规定。记载显示，运达人数比澳门起航时的总人数 500 缺 8 人，只有 8 号死于航行中，而 20 号、34 号、56 号、145 号、161 号和 321 号死于马列尔，269 号死于由马列尔返回哈瓦那的途中，全部死于痢疾。他们的契约已并入本使馆的档案。医生按照澳门船政官的指令对病人进行了治疗。船长和船员在航行中善待了乘客。特以此一式三份之证明加以载录，由我签署并加盖本馆印章为据。

总领事费尔南多·德·加威尔—蒂斯卡尔，1868 年 4 月 30 日，于葡萄牙驻西属安德列斯群岛哈瓦那总领事馆。

——*Boletim Official*，Vol. XIV，N.º 30，25 – 07 – 1868，p. 143.

32. 葡萄牙驻哈瓦那总领事公文
Officio do Consul Geral de Portugal em Havana

兹证明：

萨尔瓦多三桅船阿美利加号（America），船长是费雷罗（Ferreiro），由澳门起航，途经安吉尔和圣埃伦娜，航行 112 天，于本月 17 日抵达哈瓦那，运载前来本岛的华工 607 人，公共健康委员会指定该船前去马列尔港进行停船检疫，然后运载原乘客于同月 20 日返回该港。该船长按照澳门政府的规定向本领事馆报告了船只抵达的消息，船舶代理行陈出了一份名册和乘客的契约，它们都记录在相应的注册簿内；通过上述行动得知，那些乘客受到了善待，该船长执行了澳门政府对船长的全部规定；记载显示，运达人数比澳门起航时的总人数 610 缺 3 人，其中 211 号和 439 号于航行途中死于发热，551 号死于溃疡，他们的契约已并入本使馆的档案。医生按照澳门船政官的指令对病人进行了治疗。船长和船员在航行中善待了乘客。特以此一式三份之证明加以载录，由我签署并加盖本馆印章为据。

总领事费尔南多·德·加威尔—蒂斯卡尔，1868 年 5 月 26 日，于葡萄牙驻西属安德列斯群岛哈瓦那总领事馆。

——*Boletim Official*，Vol. XIV，N.º 33，17 – 08 – 1868，p. 156.

33. 葡萄牙驻哈瓦那总领事第 53 号公文
Officio N.º 53 do Consul Geral de Portugal em Havana

尊敬的澳门辅政使司阁下：

阁下去年 12 月 30 日第 165 号公文及尼古拉斯·坦科·阿梅罗（N. Nicolas Tanco Armero）与华人李才（Li-choi）和孟亚友（Meng-aiao）在该市签订的契约抄件已经收到。

几天前，法国三桅船马拉巴尔号（Malabar）抵达该港，船长为澳特莱（Autre），船主是隆比洛·蒙塔尔沃—卡（Lombillo Montalvo y Ca.），在两名华人李才和孟亚友陪同下，前来本领事馆，为他们与尼古拉斯·坦科·阿梅罗签订的契约履行合法手续，因此指定两名华人 Leon-Sam 和 Carlos Pó 为翻译员，询问华人李才和孟亚友航行途中是否受到善待，来到这个国家是否满意、是否愿意为其雇主工作。他们二人透过翻译员回答说，关于第一个问题，他们都不否认；关于第二个问题，他们说受到了雇主和家人的善待，感到非常满意，并愿意用好的行为回报他。鉴于此，船主隆比洛·蒙塔尔沃—卡认可了两位华人与尼古拉斯·坦科·阿梅罗签订的契约；两位雇主许诺，这两个华人将受到善待和教育，并向他们的家庭传习基督教；这一切都载入了本领事馆的契约簿（libro potocolo），日期为本年 5 月 9 日，页码为 77 至 80 页。阁下的公文及其抄件，连同上述两位华人与阿梅罗签订的契约，都归入了本领事馆办公室的档案室。

再次表明我对阁下的极大信心和尊敬。

上帝保佑阁下！

总领事费尔南多·德·加威尔—蒂斯卡尔，1868 年 6 月 17 日，于葡萄牙驻哈瓦那总领事馆。

——*Boletim Official*，Vol. XIV，N.º 37，14 – 09 – 1868，p. 174.

34. 葡萄牙驻哈瓦那总领事第 29 号公文
Officio N? 29 do Consul Geral de Portugal em Havana

兹证明：

法国三桅船圣罗村号（Ville de St. Lo），船长弗朗西斯·杜波依斯（Francis Dubois），由澳门起航，途经好望角，航行 91 天，于 6 月 21 日抵达哈瓦那，运载前来本岛的华工 274 人，公共健康委员会指定该船前去马列尔港进行停船检疫，然后运载原乘客于同月 26 日返回该港。该船长按照澳门政府的规定向本领事馆报告了船只抵达的消息，船舶代理行陈出了一份名册和乘客的契约，它们都记录在相应的注册簿内；通过上述行动得知，所载乘客受到了善待，该船长执行了澳门政府对船长的全部规定；记载显示，运达人数比澳门起航时的总人数 281 缺 7 人，其中 6 号、33 号、57 号、102 号、257 号和 275 号于航行途中死于各种疾病。医生按照澳门船政官的指令对病人进行了治疗。船长和船员在航行中善待了乘客。特以此一式三份之证明加以载录，由我签署并加盖本馆印章为据。

总领事费尔南多·德·加威尔—蒂斯卡尔，1868 年 7 月 8 日，于葡萄牙驻西属安德列斯群岛哈瓦那总领事馆。

——*Boletim Official*, Vol. XIV, N? 39, 28 – 09 – 1868, p. 182.

35. 葡萄牙驻哈瓦那总领事第 55 号公文
Officio N? 55 do Consul Geral de Portugal em Havana

尊敬的澳门辅政使司阁下：

俄国三桅船亚沃姆号（Avom），船长为雷蒙多·德·图奈塔（Raimundo de Tulneta），由澳门起航，经好望角，航行 112 天，于 6 月 5 日抵达哈瓦那，运载前来本岛的华工 537 人，公共健康委员会指定该船前去马列尔港进行停船检疫，然后运载 536 名乘客于同月 9 日返回该港。该船长按照澳门政府的规定向本领事馆报告了他的到来，并将阁下今年 2 月 13 日第 16 号公文交给我，我荣幸地告知阁下已经收悉；我希望阁下告知总督阁下，该船抵达数小时之后，我就对其进行了阁下上述公文中所要求的相关调查；通过上述行动得知，那些乘客受到了善待，该船长执行了澳门政府对船长的全部规定；运达人数比澳门登船总人数 551 缺 15 人，其中 20 号和 22 号在离开澳门那天下船，12 号、30 号、31 号、109 号、142 号、166 号、167 号、168 号、314 号、433 号、519 号和 522 号航行途中死于发热，151 号于马列尔死于缺少鸦片；除了 12 号和 167 号，其他人的契约都并入了本使馆的文件档，船长报称这两个人的契约丢失了。船舶代理行（casa consignatario）陈出了一份名册和乘客的契约，它们都记录在相应的注册簿内。船上的医生按照船政官的指令对病人进行了治疗。

上帝保佑阁下！

总领事费尔南多·德·加威尔—蒂斯卡尔，1868 年 7 月 9 日，于葡萄牙驻西属安德列斯群岛哈瓦那总领事馆。

——*Boletim Official*，Vol. XIV，N.º 41，12 - 10 - 1868，p. 191.

36. 葡萄牙驻哈瓦那总领事第 57 号公文
Officio N.º 57 do Consul Geral de Portugal em Havana

尊敬的澳门辅政使司里贝罗阁下：

西班牙三桅船恩卡纳西翁号（Encarnacion），船长为格尔多克（J. Gordoque），由澳门起航，经安吉尔，航行 98 天，于本月 1 日抵达哈瓦那，运载前来本岛的华工 286 人，公共健康委员会指定该船前去马列尔港进行停船检疫，然后运载原乘客于同月 5 日返回该港。该船长按照澳门政府的规定向本领事馆报告了他的到来，并将阁下今年 3 月 24 日第 43 号公文交给我，我荣幸地告知阁下已经收悉；我希望阁下告知总督阁下，该船抵达数小时之后，我就对其进行了阁下上述公文中所要求的相关调查；通过上述行动得知，船上的乘客受到了善待，该船长执行了澳门政府对船长的全部规定；运达人数比澳门登船总人数 302 缺 16 人，其中 37 号在航行途中死于脑充血，20 号、226 号、258 号、239 号和 195 号死于肺结核，207 号死于肿瘤，161 号死于腹泻，24 号死于精神错乱，65 号和 233 号死于慢性胃炎，55 号、98 号和 240 号死于胃热，105 号和 196 号死于恶性疟疾。船长报称他们的契约丢失了。船舶代理行（casa consignatario）陈出了一份名册和乘客的契约，它们都记录在相应的注册簿内。船上的医生按照船政官的指令对病人进行了治疗。

上帝保佑阁下！

总领事费尔南多·德·加威尔—蒂斯卡尔，1868 年 7 月 9 日，于葡萄牙驻西属安德列斯群岛哈瓦那总领事馆。

——*Boletim Official*，Vol. XIV，N.º 41，12 - 10 - 1868，p. 191.

37. 葡萄牙驻哈瓦那总领事第 59 号公文

Officio N°. 59 do Consul Geral de Portugal em Havana

尊敬的澳门辅政使司阁下：

　　法国三桅船欧仁—阿代勒号（Eugene & Adele），船长为内沃（E. Neveu），由澳门起航，经好望角，航行 111 天，于本月 8 日抵达哈瓦那，运载前来本岛的华工 456 人，公共健康委员会指定该船前去马列尔港进行停船检疫，然后运载 455 名乘客于同月 11 日返回该港。该船长按照澳门政府的规定向本领事馆报告了他的到来，并将阁下今年 3 月 13 日第 35 号公文交给我，我荣幸地告知阁下已经收悉；我希望阁下告知总督阁下，该船抵达数小时之后，我就对其进行了阁下上述公文中所要求的相关调查；通过上述行动得知，那些乘客受到了善待，该船长执行了澳门政府对船长的全部规定；运达人数比澳门登船总人数 466 缺 11 人，其中 59 号、80 号、137 号、218 号、236 号、287 号、393 号、328 号、353 号和 380 号航行途中死于发热和缺少鸦片，409 号在马列尔死于发热，该船长报称，只有 293 号陈出了契约，其他人的契约都被这些华人毁掉了。船舶代理行（casa consignatario）陈出了一份名册和乘客的契约，它们都记录在相应的注册簿内。船上的医生按照船政官的指令对病人进行了治疗。该船曾停靠安吉尔和圣埃伦娜，以补充新鲜食物。

　　上帝保佑阁下！

　　总领事费尔南多·德·加威尔—蒂斯卡尔，1868 年 7 月 13 日，于葡萄牙驻西属安德列斯群岛哈瓦那总领事馆。

——Boletim Official, Vol. XIV, N°. 41, 12 – 10 – 1868, p. 191.

38. 葡萄牙驻哈瓦那总领事第 33 号公文

Officio N°. 33 do Consul Geral de Portugal em Havana

　　兹证明：西班牙三桅圆帆船阿拉维萨号（Alavesa），船长多巴拉（Dobara），由澳门起航，途经好望角，航行 118 天，于 7 月 27 日抵达哈瓦那，运载前来本岛的华工 408 人，公共健康委员会指定该船前去马列尔港进行停船检疫，然后运载 406 名乘客于 8 月 1 日返回该港。该船长按照澳门政府的规定向本领事馆报告了船只抵达的消息，船舶代理行陈出了一份名册和乘客的契约，它们都记录在相应的注册簿内；通过上述行动得知，所载乘客受到了善待，该船长执行了澳门政府对船长的全部规定；记载显示，运达人数比澳门起航时的总人数 418 缺 12 人，其中 4 号、5 号、22 号、44 号、56 号、57 号、100 号、102 号、106 号和 155 号死于航行途中，221 号和 338 号死于马列尔，均死于腹泻和无鸦片可食；他们的契约已并入本使馆档案。该船在航行途中没有任何经停。船上医生按照澳门船政官的指令对病人进行了治疗。船长和船员在航行中善待了乘客。特以此一式三份之证明加以载录，由我签署并加盖本馆印章为据。

总领事费尔南多·德·加威尔—蒂斯卡尔，1868 年 8 月 5 日，于葡萄牙驻西属安德列斯群岛哈瓦那总领事馆。

——*Boletim Official*，Vol. XIV，N⁰ 43，26 – 10 – 1868，pp. 197 – 198.

39. 葡萄牙驻哈瓦那总领事第 34 号公文
Officio N⁰ 34 do Consul Geral de Portugal em Havana

兹证明：俄罗斯三桅圆帆船苏奥米号（Suomi），船长诺德伯格（Nordberg），由澳门起航，途经安吉尔和圣埃伦娜，于本月 1 日抵达哈瓦那，运载前来本岛的华工 508 人，公共健康委员会指定该船前去马列尔港进行停船检疫，然后运载原乘客于同月 4 日返回该港。该船长按照澳门政府的规定向本领事馆报告了船只抵达的消息，船舶代理行陈出了一份名册和乘客的契约，它们都记录在相应的注册簿内；通过上述调查得知，所载乘客受到了善待，该船长执行了澳门政府对船长的全部规定；记载显示，运达人数比澳门起航时的总人数 525 缺 17 人，皆在航行中死于缺少鸦片、发热和溃疡，他们是：350 号、236 号、192 号、198 号、481 号、362 号、61 号、366 号、323 号、490 号、121 号、516 号、484 号、311 号、284 号、313 号和 422 号；他们的契约已并入本使馆档案。船上医生按照澳门船政官的指令对病人进行了治疗。船长和船员在航行中善待了乘客。特以此一式三份之证明加以载录，由我签署并加盖本馆印章为据。

总领事费尔南多·德·加威尔—蒂斯卡尔（Fernando de Gaver e Tiscar），1868 年 8 月 11 日，于葡萄牙驻西属安德列斯群岛哈瓦那总领事馆。

——*Boletim Official*，Vol. XV，N⁰ 7，15 – 02 – 1869，p. 37.

40. 葡萄牙驻哈瓦那总领事第 38 号公文
Officio N.º 38 do Consul Geral de Portugal em Havana

兹证明：法国三桅圆帆船卡梅利纳号（Carmeline），船长加莱（Gallet），由澳门起航，航行 214 天，于 9 月 12 日抵达哈瓦那，运载前来本岛的华工 353 人，公共健康委员会指定该船前去马列尔港进行停船检疫，然后运载 351 名乘客于同月 17 日返回该港。该船长按照澳门政府的规定向本领事馆报告了船只抵达的消息，船舶代理行陈出了一份名册和乘客的契约，它们都记录在相应的注册簿内；通过上述调查得知，所载乘客受到了善待，该船长执行了澳门政府对船长的全部规定。船上医生按照澳门船政官的指令对病人进行了治疗。该船于今年 1 月 9 日被迫驶进圣莫里西奥港（Sam Mauricio），因为在南纬 10 度、东经 100 度处遇上了风暴，损失了三根桅杆，在该岛修船耽搁了五个半月，6 月 24 日才出发前来哈瓦那港。船长和船员在航行中善待了乘客。特以此一式三份之证明加以载录，由我签署并加盖本馆印章为据。

总领事费尔南多·德·加威尔—蒂斯卡尔，1868 年 10 月 22 日，于葡萄牙驻西属安德列斯群岛哈瓦那总领事馆。

——*Boletim Official*，Vol. XV，N.º 7，15 - 02 - 1869，p. 37.

41. 葡萄牙驻哈瓦那总领事第 39 号公文
Officio N.º 39 do Consul Geral de Portugal em Havana

兹证明：西班牙汽船卡塔卢尼亚号（Cataluña），船长维森特·艾斯卡哈蒂约（Vicente Escajadillo），由澳门起航，途经圣莫里西奥，航行 110 天，于 9 月 14 日抵达哈瓦那，运载前来本岛的华工 504 人，公共健康委员会指定该船前去马列尔港进行停船检疫，然后运载 503 名乘客于同月 18 日返回该港。该船长按照澳门政府的规定向本领事馆报告了船只抵达的消息，船舶代理行陈出了一份名册和乘客的契约，它们都记录在相应的注册簿内；通过上述调查得知，所载乘客受到了善待，该船长执行了澳门政府对船长的全部规定；记载显示，运达人数比澳门起航时的总人数 517 缺 13 ［14］人，其中，9 号、53 号、63 号、77 号、152 号、162 号、240 号、311 号、330 号、365 号、373 号、466 号和 507 号在航行中死于胃炎、痢疾和肺结核，81 号在马列尔死于皮下水肿。

船上医生按照澳门船政官的指令对病人进行了治疗。船长和船员在航行中善待了乘客。特以此一式三份之证明加以载录，由我签署并加盖本馆印章为据。

总领事费尔南多·德·加威尔—蒂斯卡尔，1868 年 10 月 22 日，于葡萄牙驻西属安德列斯群岛哈瓦那总领事馆。

——*Boletim Official*，Vol. XV，N? 8，22 – 02 – 1869，p. 45.

42. **葡萄牙驻哈瓦那总领事第 4 号公文**

Officio N? 4 do Consul Geral de Portugal em Havana

兹证明：法国三桅船尼亚加勒号（Niagara），船长马里（Merie），由澳门起航，途经圣埃伦娜，航行 130 天，于本月 11 日抵达哈瓦那，运载前来本岛的华工 386 人，公共健康委员会指定该船前去马列尔港进行停船检疫，然后运载 385 名乘客于同月 15 日返回该港。该船长按照澳门政府的规定向本领事馆报告了船只抵达的消息，船舶代理行陈出了一份名册和乘客的契约，它们都记录在相应的注册簿内；通过上述调查得知，所载乘客受到了善待，该船长执行了澳门政府对船长的全部规定；记载显示，运达人数比澳门起航时的总人数 406 缺 21 人，其中，3 号、11 号、13 号、17 号、21 号、23 号、79 号、90 号、97 号、182 号、193 号、210 号、218 号、220 号、224 号、274 号、296 号、321 号、385 号和 390 号在航行中死于多种疾病，392 号在马列尔死于鸦片缺少。船长还报称，医生在南纬 23 度、东经 85 度处死于皮下水肿。船上医生按照澳门船政官的指令对病人进行了治疗。船长和船员在航行中善待了乘客。特以此一式三份之证明加以载录，由我签署并加盖本使馆印章为据。

总领事费尔南多·德·加威尔—蒂斯卡尔，1869 年 2 月 24 日，于葡萄牙驻西属安德列斯群岛哈瓦那总领事馆。

——*Boletim Official*，Vol. XV，N? 21，24 – 05 – 1869，p. 106.

43. **葡萄牙驻哈瓦那总领事第 10 号公文**

Officio N? 10 do Consul Geral de Portugal em Havana

尊敬的辅政使司先生：

荷兰三桅船孔子号（Confucius），船长施托雷尔（Steurel），由澳门起航，经安吉尔和好望角，航行 125 天，于 2 月 2 日抵达哈瓦那，运载前来本岛的华工 197 人，公共健康委员会指定该船前去马列尔港进行停船检疫，然后运载 196 名乘客于同月 3 日返回该港。该船长按照澳门政府的规定向本领事馆报告了他的到来，并将阁下去年 10 月 15 日第 115 号公文交给我，我荣幸地告知阁下已经收悉；我希望阁下告知总督阁下，该船抵达数小时之后，我就对其进行了阁下上述公文中所要求的相关调查；通过上述行动得知，那些乘客受到了善待，该船长执行了澳门政府对船长的全部规定；运达人数比澳门登船总人数 218 缺 22 人，其中 3 号、6 号、15 号、21 号、22 号、38 号、40 号、43 号、57 号、61 号、76 号、77 号、78 号、79 号、156 号、180 号、202 号、200 号、207 号、208 号和 216 号于航行途中死于腹泻、腿浮肿和梅毒，81 号在马列尔死于腹泻，他们的契约已还给他们。船舶代理行（casa consignatario）陈出了一份名册和乘客的契约，它们都记录在相应的注册簿内。

上帝保佑阁下！

总领事费尔南多·德·加威尔—蒂斯卡尔，1869 年 3 月 6 日，于葡萄牙驻西属安德列斯群岛哈瓦那总领事馆。

——*Boletim Official*，Vol. XV，N°. 25，21 - 06 - 1869，p. 123.

44. 葡萄牙驻哈瓦那总领事第 18 号公文
Officio N°. 18 do Consul Geral de Portugal em Havana

尊敬的辅政使司阁下：

法国三桅船安塔雷斯号（Antares），船长为诺尔特（Nolte），由澳门起航，经好望角，航行 127 天，于本月 10 日抵达哈瓦那，运载前来本岛的华工 197 人，公共健康委员会指定该船前去马列尔港进行停船检疫，然后运载 195 名乘客于本月 17 日返回该港。该船长按照澳门政府的规定向本领事馆报告了他的到来，并将阁下去年 10 月 28 日第 117 号公文交给我，我荣幸地告知阁下已经收悉；我希望阁下告知总督阁下，该船抵达数小时之后，我就对其进行了阁下上述公文中所要求的相关调查；通过上述行动得知，那些乘客受到了善待，该船长执行了澳门政府对船长的全部规定；运达人数比澳门登船总人数 263 缺 68 人，航行中死于浮肿、鸦片缺乏、发热和肺结核的有：4 号、11 号、12 号、24 号、32 号、39 号、44 号、45 号、47 号、56 号、58 号、63 号、67 号、74 号、86 号、91 号、94 号、95 号、97 号、101 号、105 号、115 号、119 号、121 号、132 号、138 号、140 号、141 号、144 号、147 号、149 号、150 号、

152 号、103 号、109 号、156 号、157 号、163 号、164 号、165 号、166 号、169 号、179 号、182 号、184 号、190 号、195 号、196 号、198 号、202 号、203 号、207 号、210 号、212 号、219 号、220 号、221 号、225 号、230 号、232 号、234 号、244 号、246 号、247 号、252 号和 260 号，另有 148 号和 258 号死于马列尔，除了 103 号、109 号和 258 号，其他人的契约都已并入本使馆的档案簿。船上的医生完整执行了船政官对医生的规定。船舶代理行（casa consignatario）陈出了一份名册和乘客的契约，它们都记录在相应的注册簿内。

上帝保佑阁下！

总领事费尔南多·德·加威尔—蒂斯卡尔，1869 年 3 月 22 日，于葡萄牙驻西属安德列斯群岛哈瓦那总领事馆。

——*Boletim Official*，Vol. XV，N°. 25，21 - 06 - 1869，p. 123.

45. 葡萄牙驻哈瓦那总领事第 28 号公文
Officio N°. 28 do Consul Geral de Portugal em Havana

应本埠蒙塔尔沃贸易公司（L. Montalvo e companhia, do commercio desta praça）请求兹证明：法国三桅船中国—哈瓦那号（Chine et Havana），船长罗伯特（Robert），由澳门起航，经停好望角，航行 109 天，于 6 月 17 日抵达哈瓦那，运载前来本岛的华工 397 人，公共健康委员会指定该船前去马列尔港进行停船检疫，然后运载 396 名乘客于同月 22 日返回该港。该船长按照澳门政府的规定向本领事馆报告了船只抵达的消息，船舶代理行陈出了一份名册和乘客的契约，它们都记录在相应的注册簿内；通过上述调查得知，所载乘客受到了善待，该船长执行了澳门政府对船长的全部规定；记载显示，运达人数比澳门起航时的总人数 446 缺 50 人，其中 49 人在途中死于痢疾和鸦片缺少，他们是：3 号、11 号、18 号、20 号、24 号、46 号、61 号、73 号、108 号、114 号、129 号、136 号、137 号、160 号、169 号、173 号、178 号、183 号、188 号、194 号、204 号、210 号、219 号、221 号、235 号、238 号、265 号、269 号、283 号、288 号、294 号、308 号、320 号、322 号、341 号、342 号、347 号、352 号、353 号、356 号、365 号、372 号、381 号、382 号、397 号、402 号、417 号、420 号和 425 号，435 号在马列尔死于痢疾和鸦片缺少。船长和船员在航行中善待了乘客。特以此一式三份之证明加以载录，由我签署并加盖本使馆印章为据。

总领事费尔南多·德·加威尔—蒂斯卡尔，1869 年 7 月 1 日，于葡萄牙驻西属安德列斯群岛哈瓦那总领事馆。

——*Boletim Official*，Vol. XV，Nº 38，20－09－1869，p. 176.

46. 葡萄牙驻哈瓦那总领事第 29 号公文
Officio Nº 29 do Consul Geral de Portugal em Havana

尊敬的辅政使司阁下：

　　俄罗斯三桅船内瓦号（Neva），船长奥尼亚特（Oñate），由澳门起航，航行 88 天，于 4 月 25 日抵达哈瓦那，运载前来本岛的华工 485 人，公共健康委员会指定该船前去马列尔港进行停船检疫，然后运载 443 名乘客于同月 30 日返回该港。该船长按照澳门政府的规定向本领事馆报告了他的到来，并将阁下今年 1 月 26 日第 4 号公文交给我，我荣幸地告知阁下已经收悉；我希望阁下告知总督阁下，该船抵达数小时之后，我就对其进行了阁下上述公文中所要求的相关调查；通过上述行动得知，那些乘客受到了善待，该船长执行了澳门政府对船长的全部规定；运达人数比澳门登船总人数 537 缺 54 人，其中 50 人在航行途中死于痢疾和鸦片缺乏：18 号、22 号、29 号、34 号、39 号、40 号、53 号、59 号、61 号、77 号、85 号、88 号、90 号、91 号、104 号、123 号、130 号、155 号、165 号、194 号、199 号、206 号、228 号、259 号、289 号、290 号、291 号、293 号、294 号、306 号、341 号、345 号、346 号、363 号、367 号、379 号、380 号、381 号、400 号、413 号、427 号、429 号、453 号、459 号、470 号、490 号、499 号、501 号、505 号和 511 号，另有 140 号和 181 号在马列尔死于痢疾和鸦片缺乏，其中 18 人的契约已并入本使馆的档案，据船长报称，另外 36 人的契约已经丢失，即 18 号、29 号、53 号、59 号、61 号、85 号、88 号、90 号、104 号、155 号、199 号、206 号、228 号、259 号、290 号、293 号、294 号、307 号、309 号、341 号、345 号、363 号、367 号、378 号、381 号、400 号、427 号、429 号、453 号、470 号、490 号、499 号、501 号、511 号、140 号和 181 号。医生执行了澳门船政厅有关医生的规定。船舶代理行（casa consignatario）陈出了一份名册和乘客的契约，它们都记录在相应的注册簿内。

　　上帝保佑阁下！

　　总领事费尔南多·德·加威尔—蒂斯卡尔，1869 年 5 月 8 日，于葡萄牙驻西属安德列斯群岛哈瓦那总领事馆。

　　——*Boletim Official*，Vol. XV，Nº 42，18－10－1869，pp. 191－192.

47. 葡萄牙驻哈瓦那总领事第 40 号公文
Officio N.º 40 do Consul Geral de Portugal em Havana

尊敬的辅政使司阁下：

　　法国三桅船中国—哈瓦那号（Chine et Havana），船长罗伯特（Robert），由澳门起航，航行 109 天，于 6 月 17 日抵达哈瓦那，运载前来本岛的华工 397 人，公共健康委员会指定该船前去马列尔港进行停船检疫，然后运载 396 名乘客于同月 22 日返回该港。该船长按照澳门政府的规定向本领事馆报告了他的到来，并将阁下今年 2 月 25 日第 15 号公文交给我，我荣幸地告知阁下已经收悉；我希望阁下告知总督阁下，该船抵达数小时之后，我就对其进行了阁下上述公文中所要求的相关调查；通过上述行动得知，那些乘客受到了善待，该船长执行了澳门政府对船长的全部规定；运达人数比澳门登船总人数 446 缺 50 人，其中 49 人在航行途中死于痢疾和鸦片缺乏：3 号、11 号、18 号、20 号、24 号、46 号、61 号、73 号、108 号、114 号、129 号、136 号、137 号、160 号、169 号、173 号、178 号、183 号、188 号、194 号、204 号、210 号、219 号、221 号、235 号、238 号、265 号、269 号、283 号、288 号、294 号、308 号、320 号、322 号、341 号、342 号、347 号、352 号、353 号、356 号、365 号、372 号、381 号、382 号、397 号、402 号、417 号、420 号和 425 号，另有 435 号在马列尔死于痢疾和鸦片缺乏，他们的契约已并入本使馆的档案。医生冒着危险执行了澳门船政厅有关医生的规定。船舶代理行（casa consignatario）陈出了一份名册和乘客的契约，它们都记录在相应的注册簿内。

　　上帝保佑阁下！

　　总领事费尔南多·德·加威尔—蒂斯卡尔，1869 年 7 月 1 日，于葡萄牙驻西属安德列斯群岛哈瓦那总领事馆。

　　　　　——*Boletim Official*，Vol. XV，N.º 47，22－11－1869，p. 210.

48. 葡萄牙驻哈瓦那总领事第 26 号公文
Officio N.º 26 do Consul Geral de Portugal em Havana

致澳门辅政使司：

　　1869 年 5 月 7 日，在哈瓦那，法国三桅船帕克托勒号（Pactole）船长奥

利万 (T. Ollivand) 和华人 Tam-chiom、Hachoe 来到葡萄牙驻哈瓦那总领事馆。
该船长出示了那两个华人的契约的正式副本，呈给我的原始文件内容如下：将
由本澳开往哈瓦那的法国三桅船帕克托勒号船长奥利万与 15 岁的新会县华人
孤儿 Tam-chiom 已签署的契约条款如下：1. 该奥利万承诺每月支付该华人 4
比索银币 (pesos de sueldo)，足量提供其他食物和衣服，期限固定为八年；该
华人 Tam-chiom 承诺为该船长奥利万工作。2. 该船长奥利万承诺支付由澳门
往哈瓦那的航行运费和航行中的其他花销，如果该华人 Tam-chiom 生病，该船
长必须出钱为他治病直至病愈。3. 该华人 Tam-chiom 承诺作为船长的佣人
(criado) 为其提供服务。4. 该船长奥利万将向该 Tam-chiom 支付一笔 8 比索
的津贴，且任何时间都不减扣。5. 履行完八年服务之后，该 Tam-chiom 可自
由寻找其他对他更有利的职业，或者返回他的祖国，而不能以未履行承诺为借
口必须延长他们同该船长签订的契约以及向莱利亚兄弟的转让约定。[6. 双方
对该契约满意，内容和日期已经双方确认。澳门，1868 年 11 月 6 日，T. 奥利
万（签名）、华人 Tam-chiom（签名）。]①

上帝保佑阁下！

总领事费尔南多·德·加威尔—蒂斯卡尔，1869 年 6 月 9 日，于葡萄牙
驻西属安德列斯群岛哈瓦那总领事馆。

——*Boletim Official*，Vol. XV，N.º 48，29 – 11 – 1869，p. 214.

49. 葡萄牙驻哈瓦那总领事第 38 号公文
Officio N.º 38 do Consul Geral de Portugal em Havana

尊敬的辅政使司阁下：

阁下去年 11 月 7 日第 120 号公文及所附帕克托勒号船长奥利万与华人
Tam-chiom 和 Hachoe 在该市签署的契约附件及时收到了。这艘法国三桅船帕
克托勒号到达前几天，该船船长奥利万、堂·胡安·莱利亚 (Dn. Juan Lheria)
代表其兄堂·弗朗西斯科·莱利亚 (Dn. Francisco Lheria)，在两位华人陪同下
来到本领事馆，请求为该两个华人与该船长签署的契约办理合法手续，同时办
理将 Tam-chiom 转给雷格拉王国 (reino de Regla) 的堂·胡安·莱利亚、
Hachoe 转给玛塔萨斯王国 (reino de Matasas) 的堂·弗朗西斯科·莱利亚的转
让手续，为此，请华人 Leon-san 和 Carlos Poo 充当翻译，询问 Tam-chiom 和

① 该第 6 条原缺，据下文内容补入。

Hachoe 航行途中是否得到善待，对来到的这个国家是否满意，是否愿意为其雇主或他们的合法代表做工。两人透过翻译回答说，关于第一个问题，他们都不否认雇主和船长，甚至也不否认船员的善待；至于第二个问题，他们非常愿意为新的雇主服务，因为船长奥利万已经将他们签署的契约和转让合同办理了合法手续。这两位雇主表示，将善待并教育这两个华人，并且向他们的家人传授基督教。上述一切行动均载录于本领事馆的契约簿（libro Protocolo）第38～85 页，日期为本年 5 月 7 日，阁下的公文和那位华人的契约也在本使馆归档保存。

将由本澳开往哈瓦那的法国三桅船帕克托勒号船长奥利万与 19 岁的鹤山县华人孤儿 Hachoe 签署的契约条款如下：1. 该奥利万承诺每月支付该华人 4 比索银币（pesos de sueldo），足量提供其他食物和衣服，期限固定为八年；该华人 Hachoe 承诺为该船长奥利万工作。2. 该船长奥利万承诺支付由澳门往哈瓦那的航行运费和航行中的其他花销，如果该华人 Hachoe 生病，该船长必须出钱为他治病，并负责提供生病期间的其他费用。3. 该华人 Hachoe 承诺作为船长奥利万的佣人（criado）为其提供服务。4. 该船长奥利万将向该 Hachoe 支付一笔 8 比索的津贴，且任何时间都不减扣。5. 八年服务期届满之后，该 Hachoe 可自由寻找其他对他更有利的职业，或者返回他的祖国，而不能以未履行承诺为借口必须延长他们同该船长签订的契约。6. 双方对该契约满意，内容和日期已经双方确认。澳门，1868 年 11 月 6 日，T. 奥利万（签名）、华人 Hachoe（签名）。

同日该船长签署了将他们转让的契约：Hachoe 转让给玛塔萨斯王国的堂·弗朗西斯科·德保拉·莱利亚、Tam-chiom 转给雷格拉王国的堂·胡安·莱利亚。他们的雇主（Snria）透过本使馆指定的两位翻译对前述两个华人 Hachoe 和 Tam-chiom 进行询问，其中 Leo-sam 为亚洲人，已成年，职业是马车夫；另一位 Carlos Poo，也是亚洲人，已成年，职业是厨师，二人均居住在本市，按照规定进行了宣誓。这两个华人接受询问后，他们确认了前述由翻译员 Sam 和 Poo 所翻译的契约。又被问及航行途中是否按照契约规定受到善待，两人没有任何对雇主和船长不利的举证，对运载他们到达该港口的船只的船员也没有不利举证。针对其雇主问及对出洋是否满意、是否愿意履行与该法国三桅船帕克托勒号船长奥利万或其任何合法代表所签契约的承诺的问题，两人确认满意，并且愿意履行在澳门与该船长所签署的契约或其将该契约给予任何人的转让契约。上述各项双方皆知晓并确认。

这些契约已转让，Hachoe 转让给堂·弗朗西斯科·德保拉·莱利亚、Tam-chiom 转给堂·胡安·莱利亚，上述两位雇主承诺，履行契约中对他们的承诺，还要仔细认真地教育和照顾他们，向他们传授基督教的道德和宗教。上述全部向两位华人 Hachoe 和 Tam-chiom 做了解释。他们明确表示，完全同意承诺给新雇主好好服务。

本总领事向他们的雇主说明，本使馆收到了澳门政府 1868 年 11 月 7 日第 120 号公文以及该两位华人签订的契约副本，他们应处在本使馆的保护之下。在询问了两位华人 Hachoe 和 Tam-chiom 在乘坐法国三桅船帕克托勒号航行期间的待遇之后，他们的雇主下令在本总领事馆的公共文件册簿登录了这份证明，以获得应有的确证。前面提到的文书和契约已经在本领事馆的办事处归档保存，文件的原本交换给相关利益人。在向奥利万和胡安·莱利亚宣读了本证明书之后，同样由两位翻译员 Carlos Poo 和 Leo-sam 向两位华人做了翻译，他们对此予以确认。该船长奥利万、胡安·莱利亚（本人并以其兄德保拉·莱利亚名义）、翻译 Leo-sam（画十字符）、翻译 Carlos Poo（签中国字）、他们的雇主，一同在本领事馆面前证明。

T. 奥利万、胡安·莱利亚（我本人并代表我兄）、Hachoe 的签字（中文）和 Tam-chiom 的签字（中文）、Leo-sam（画十字符）、Carlos Poo（签中文名）、总领事费尔南多·德·加威尔—蒂斯卡尔、阿塞尼奥·费尔南德斯·德·拉巴尔卡纳（Arsenio Fernandes de la Barcana）。

与寄给我的原件逐字校过。此文件载入册簿，由我签字并加盖葡萄牙驻哈瓦那总领事馆印章为据。

总领事费尔南多·德·加威尔—蒂斯卡尔，1869 年 6 月 9 日，于葡萄牙驻哈瓦那总领事馆（总领馆印章）。

——*Boletim Official*，Vol. XV，N°. 48，29 – 11 – 1869，pp. 214 – 215.

50. 葡萄牙驻哈瓦那总领事馆第 60 号公文
Officio N°. 60 do Consulado Geral de Portugal em Havana

尊敬的辅政使司阁下：

西班牙汽船卡塔卢尼亚号（Cataluña），船长艾斯卡哈蒂约（Escajadillo），由澳门起航，经停好望角，航行 120 天，于本月 9 日抵达哈瓦那，运载前来本岛的华工 470 人，公共健康委员会指定该船前去马列尔港进行停船检疫，然后运载 449 名乘客于同月 15 日返回该港。该船长按照澳门政府的规定向本领事馆报告了他的到来，并将阁下去年 11 月 10 日第 69 号公文交给我，我荣幸地告知阁下已经收悉；我希望阁下告知总督阁下，该船抵达数小时之后，我就对其进行了阁下上述公文中所要求的相关调查；通过上述行动得知，那些乘客受到了善待，该船长执行了澳门政府对船长的全部规定；运达人数比澳门登船总人数 524 缺 75 人，其中 54 人死于航行途中，即 5 号、14 号、29 号、36 号、51 号、63 号、70 号、80 号、88 号、100 号、132 号、136 号、141 号、167 号、173 号、180 号、218 号、245 号、263 号、266 号、272 号、273 号、277 号、283 号、298 号、299 号、315 号、330 号、332 号、341 号、352 号、365 号、375 号、376 号、397 号、406 号、407 号、417 号、422 号、423 号、434 号、438 号、450 号、451 号、454 号、462 号、467 号、472 号、480 号、494 号、501 号、506 号、521 号和 4 号，除了 4 号，他们的契约已并入本使馆的档案；21 名死于马列尔，即 62 号、101 号、118 号、159 号、194 号、212 号、240 号、253 号、275 号、320 号、323 号、343 号、356 号、359 号、380 号、387 号、394 号、408 号、414 号、458 号和 483 号，船长承认他们的契约丢失了；死因皆为肺结核、痢疾和皮下水肿。医生冒着危险执行了澳门船政厅有关医生的规定。船舶代理行（casa consignatario）陈出了一份名册和乘客的契约，它们都记录在相应的注册簿内。

　　上帝保佑阁下！

　　总领事费尔南多·德·加威尔—蒂斯卡尔，1870 年 3 月 21 日，于葡萄牙驻西属安德列斯群岛哈瓦那总领事馆。

　　　　　　　——*Boletim Official*，Vol. XVI，N°. 26，27 – 06 – 1870，p. 112.

51. 葡萄牙驻哈瓦那总领事馆第 65 号公文
Officio N°. 65 do Consulado Geral de Portugal em Havana

尊敬的澳门辅政使司阁下：

　　俄罗斯三桅船内瓦号（Neva），由澳门出发，航行 118 天，于本月 3 日到达哈瓦那，运载前来本岛的华工 534 名，公共健康委员会指定该船前往马列尔进行停船检疫，然后运载 534 名乘客于同月 7 日返回哈瓦那港。该船长遵照澳门政府的规定，向本使馆通报了他的到来，并将阁下今年 1 月 7 日第 3 号公文交给了我。谨以此函告知阁下我已收到，并希望阁下转呈总督阁下，该船到达后我就对其进行了阁下公文中要求的检查，由此获知，那些乘客受到了善待，该船长执行了澳门政府对船长的全部规定；运达人数比澳门登船总人数 537 缺 3 人，即 190 号、254 号和 312 号在航行途中死于肺结核和痢疾，他们的契约已并入本使馆的档案。医生冒着危险执行了澳门船政厅有关医生的规定。船舶代理行（casa consignatario）陈出了一份名册和乘客的契约，它们都记录在相应的注册簿内。

上帝保佑阁下！

总领事费尔南多·德·加威尔—蒂斯卡尔，1870 年 5 月 14 日，于葡萄牙驻西属安德列斯群岛哈瓦那总领事馆。

——*Boletim Official*，Vol. XVI，N°. 50，12 – 12 – 1870，pp. 209 – 210.

52. 葡萄牙驻哈瓦那总领事第 75 号公文

Officio N°. 75 do Consul Geral da Nação Portugueza no Archipelago das Antilhas Hespanholas em Havana

兹应本埠阿利安萨—卡（Aliança e Ca.）贸易行的要求证明：西班牙汽船卡塔卢尼亚号（Cataluña），船长罗尔丹（J. Roldan），由澳门起航，途经好望角，航行 95 天，于本月 9 日抵达哈瓦那，运载前来本岛的华工 505 人，公共健康委员会指定该船前去马列尔港进行停船检疫，然后运载 505 名乘客于同月 13 日返回该港。该船长按照澳门政府的规定向本领事馆报告了船只抵达的消息，船舶代理行陈出了一份名册和乘客的契约，它们都记录在相应的注册簿内；通过上述调查得知，所载乘客受到了善待，该船长执行了澳门政府对船长的全部规定；记载显示，运达人数比澳门起航时的总人数 531 缺 26 人，其中，46 号、49 号、51 号、75 号、105 号、140 号、142 号、166 号、167 号、219 号、244 号、246 号、253 号、259 号、263 号、330 号、379 号、432 号、489 号、95 号、136 号、215 号、231 号、393 号、458 号和 477 号在航行中死于肺结核、发热和痢疾。船长和船员在航行中善待了乘客。特以此一式三份之证明加以载录，由我签署并加盖本使馆印章为据。

总领事费尔南多·德·加威尔—蒂斯卡尔，1871 年 5 月 17 日，于葡萄牙驻西属安德列斯群岛哈瓦那总领事馆。

——*Boletim Official*，Vol. XVII，N°. 45，06 – 11 – 1871，p. 181.

53. 葡萄牙驻哈瓦那总领事第 76 号公文

Officio Nº 76 do Consul Geral da Nação Portugueza no Archipelago das Antilhas Hespanholas em Havana

兹应本埠阿利安萨—卡（Aliança e Ca.）贸易行的要求证明：法国三桅船露西号（Lucie），船长迪迪埃（Didier），由澳门起航，途经圣埃伦娜，航行109 天，于本月 13 日抵达哈瓦那，运载前来本岛的华工 332 人，公共健康委员会指定该船前去马列尔港进行停船检疫，然后运载 332 名乘客于同月 17 日返回该港。该船长按照澳门政府的规定向本领事馆报告了船只抵达的消息，船舶代理行陈出了一份名册和乘客的契约，它们都记录在相应的注册簿内；通过上述调查得知，所载乘客受到了善待，该船长执行了澳门政府对船长的全部规定；记载显示，运达人数比澳门起航时的总人数 360 缺 28 人，其中，17 号、26 号、38 号、53 号、75 号、85 号、90 号、120 号、122 号、136 号、150 号、152 号、162 号、184 号、206 号、233 号、237 号、238 号、240 号、248 号、254 号、259 号、263 号、286 号、298 号、307 号、318 号和 338 号在航行中死于鸦片短缺。船长和船员在航行中善待了乘客。特以此一式三份之证明加以载录，由我签署并加盖本使馆印章为据。

总领事费尔南多·德·加威尔—蒂斯卡尔，1871 年 5 月 31 日，于葡萄牙驻西属安德列斯群岛哈瓦那总领事馆。

——*Boletim Official*，Vol. XVII，Nº 45，06 – 11 – 1871，p. 181.

54. 葡萄牙驻哈瓦那总领事第 77 号公文

Officio Nº 77 do Consul Geral da Nação Portugueza no Archipelago das Antilhas Hespanholas em Havana

兹应本埠阿利安萨—卡（Aliança e Ca.）贸易行的要求证明：西班牙三桅船阿尔塔格拉夏号（Altagracia），船长奥纳因德（I. B. Onainde），由澳门起航，途经安吉尔，航行 125 天，于本月 21 日抵达哈瓦那，运载前来本岛的华工 343 人，公共健康委员会指定该船前去马列尔港进行停船检疫，然后运载343 名乘客于同月 26 日返回该港。该船长按照澳门政府的规定向本领事馆报告了船只抵达的消息，船舶代理行陈出了一份名册和乘客的契约，它们都记录在相应的注册簿内；通过上述调查得知，所载乘客受到了善待，该船长执行了澳门政府对船长的全部规定；记载显示，运达人数比澳门起航时的总人数 361 缺 18 人，即 44 号、46 号、69 号、89 号、108 号、125 号、131 号、135 号、173 号、250 号、252 号、274 号、312 号、325 号、327 号、335 号、342 号和 350 号在航行中死于皮下水肿、发热和痢疾。船长和船员在航行中善待了乘客。特以此一式三份之证明加以载录，由我签署并加盖本使馆印章为据。

总领事费尔南多·德·加威尔—蒂斯卡尔，1871 年 5 月 31 日，于葡萄牙驻西属安德列斯群岛哈瓦那总领事馆。

——*Boletim Official*，Vol. XVII，N.º 45，06 – 11 – 1871，p. 181.

55. 葡萄牙驻哈瓦那总领事第 94 号公文

Officio N.º 94 do Consul Geral da Nação Portugueza no Archipelago das Antilhas Hespanholas em Havana

兹应本埠阿利安萨一卡（Aliança e Ca.）贸易行的要求证明：西班牙三桅船恩卡纳西翁号（Encarnacion），船长加尔多奇（J. A. Gardoqui），由澳门起航，途经圣埃伦娜，航行 121 天，于本月 8 日抵达哈瓦那，运载前来本岛的华工 311 人。公共健康委员会指定该船前去马列尔港进行停船检疫，然后运载 310 名乘客于同月 12 日返回该港。该船长按照澳门政府的规定向本领事馆报告了船只抵达的消息，船舶代理行陈出了一份名册和乘客的契约，它们都记录在相应的注册簿内；通过上述调查得知，所载乘客受到了善待，该船长执行了澳门政府对船长的全部规定；记载显示，运达人数比澳门起航时的总人数 327 缺 17 人，即 26 号、28 号、43 号、63 号、78 号、105 号、131 号、139 号、148 号、163 号、164 号、142 号、194 号、212 号、217 号和 300 号死于航行中，172 号死于马列尔，皆死于发热、肺结核和痢疾。船长和船员在航行中善待了乘客。特以此一式三份之证明加以载录，由我签署并加盖本使馆印章为据。

总领事费尔南多·德·加威尔—蒂斯卡尔，1871 年 7 月 26 日，于葡萄牙驻西属安德列斯群岛哈瓦那总领事馆。

——*Boletim Official*，Vol. XVII，N.º 45，06 – 11 – 1871，p. 181.

七、葡萄牙驻秘鲁总领事馆文件

nicos, a quaesquer emigrantes chinas, ou colonos com o destino acima mencionado.

As autoridades a quem o conhecimento e execução d'esta pertencer, assim o tenham entendido e cumpram.

Macau, 18 de novembro de 1868.

Antonio Sergio de Sousa,
Governador de Macau e Timor.

QUARTEL DO GOVERNO DA PROVINCIA DE MACAU E TIMOR

Macau, 20 de novembro de 1868
ORDEM Á FORÇA ARMADA
N.º 48

Sua Ex.ª o Governador tendo mandado formar um conselho de investigação para averiguar das circumstancias que se deram no abalroamento da corveta *Sá da Bandeira* com um navio de véla, na noite de 27 para 28 de outubro ultimo, manda publicar a opinião do mesmo conselho, com a qual S. Ex.ª se conforma.

Vendo-se n'este conselho de investigação a parte do guarda marinha Carlos Leopoldo dos Santos Diniz, o officio do commandante da corveta *Sá da Bandeira* que a acompanha, e os depoimentos das testemunhas e do dito guarda marinha; é o conselho unanimemente de opinião que não ha culpabilidade alguma da parte d'aquelle guarda marinha, nem de qualquer outra praça da corveta, não havendo por tanto rasão para se proceder; sendo o sinistro devido só á manobra errada do navio de véla, que orçou em vez de arribar quando via que a corveta arribava, e que não trazia as luzes regulamentares, de que resultou não se avistar senão quando ja muito perto, e sem ser possivel verificar como vinha marcado, e em que direcção vinha cortar o rumo da corveta. Sala da capitania do porto.—Macau, 18 de novembro de 1868.—*J. E. Scarnichia,* capitão-tenente, presidente.—*João Climaco de Carvalho,* 1.º tenente de armada, vogal interrogante.—*V. S. Maciel,* 2.º tenente secretario.

Expediente Geral.—N.º 578.—Circular.—A fim de poder dar cumprimento ás ordens do governo de Sua Magestade, expedidas á Junta da fazenda publica d'esta colonia, em portaria de 30 de setembro do corrente anno: S. Ex.ª o Governador manda recommendar a todos os chefes das repartições publicas, e commandantes de forças de terra e mar d'esta provincia, que somente requesitem o que for indispensavel para o serviço, abstendo-se de toda e qualquer despesa extraordinaria que não seja de urgente e reconhecida necessidade.

Macau, secretaria do governo, 19 de novembro de 1868.

O Secretario do Governo,
Gregorio José Ribeiro.

Occurrencias policiaes de 14 a 21 do corrente mez.

Presos por suspeitos de ladrões - Chinas 14
Idem por ladrões e conniven- }
cia em furtos . . . . } 6
Idem por contravenções . . . 1
                                ___
Total dos presos 21

Remetteram-se á Policia do Porto para serem enviados ás suas terras 54 mendigos, e 2 lazaros chinas. Mandaram-se para o Asylo dos lazaros 16 lazaros, e para o Asylo dos pobres 11 mendigos, chinas de Macau.

Foram presos na Superintendencia por contravenções dos regulamentos 5 chinas.

Macau, secretaria do governo, 21 de novembro de 1868.

Gregorio José Ribeiro,
Secretario do Governo.

Consulado geral de Portugal no Perú.—Lima 2 d'agosto de 1868.—Tenho a honra de accusar as appreciaveis notas de V. Ex.ª n.os 24 e 26 datadas, a primeira de 25 e a segunda de 26 d' fevereiro d'este anno. Acompanha a primeira o contrato e fiança de dois menores chinas que em Macau contratou o capitão Castrynola da galera italiana *Fray Bentos,* a qual chegou a Callaon no dia 3 de junho passado com 318 colonos chinas, todos em muito bom estado de saude, havendo perdido somente quatro na viagem. Os dois rapazes chinas servem n'esta cidade em uma casa particular onde os tratam bem, sendo de suppor que cumpram com o contrato eu todas as suas clausulas.

Antes da galera *Fray Bentos* havia chegado a este porto (15 de abril) a barca Italiana *Aurora* conduzindo 392 colonos dos 400 que recebeu em Macau.

Creio do meu dever saber a V. Ex.ª que houve aqui um acontecimento desagradavel com os colonos chinas. Um agricultor d'esta costa, tomou em Callao 48 chinas contratados, e temendo provavelmente que elles se perdessem, os marcou com um ferro quente, como se fossem escravos. A imprensa do paiz denunciou um facto tão criminoso, e pela minha parte tive que protestar d'um feito tão contrario á civilisação christã, e ás ideas de um paiz republicano, adjuntando a V. Ex.ª copia d'esse documento e da resposta que me foi dado pelo ministro de relações exteriores d'este paiz; esto assumpto acha-se sujeito aos tribunaes de justiça, não sabendo todavia quando terminará; porem qualquer que seja o resultado darei parte a V. Ex.ª quando se finalize. Deus guarde a V. Ex.ª muitos annos. e Exmo. Sr. Governador da colonia portugueza de Macau.—*Narciso Velarde,* consul geral.

Consulado geral de Portugal en el Perú.—Lima 17 de junio de 1868.—El infrascrito tiene el honor de dirigirse á S. E. el Sr. Ministro de Relaciones Exteriores, llamándole muy particularmente la atencion sobre uno de esos hechos que deshonran al hombre que los comete y a la nacion que no castiga al criminal; hecho de alta significacion política, humanitaria, moral é industrial.

El *Comercio* n.º 9772 publica una carta á la Sociedad Amiga de los Ind'os fechada en Lambayeque el 11 de mayo, haciendo ver uno de esos actos que deshonran la humanidad del siglo diez y nueve.

Un hacendado sin conciencia ha tomado 48 chinos y temeroso de que pudieran escapársele, en lugar de hacerlos retratar por el sistema fotográfico, ha proferido á ese medio que la costoria algunos pesos, marcarlos con un fierro candente.

Parece increible Exmo. Sr., que en la época en que vivimos haya hombres capaces de cometer actos de tanta barbarie; sin enbargo el hecho es demasiado cierto y no necesita comentarios.

El infrascrito se abstendria de llamar la atencion de V. E., si los colonos que vienen contratados para el Perú no salisen de una colonia de Portugal y con las armas de esa Nacion estampadas en cada contrato, y si el gobernador de Macau no recomendara al infrascrito muy particularmente en cada buque que sale de aquel puerto, le dé cuenta de la manera como han sido tratados en su travesia. Parece que al llegar los colonos á las playas del Perú, mi jurisdiccion habria cesado si esos infelices que viegen á fecundizar con su sudor el suelo peruano y á aumentar la agricultura que tanto necesita de brazos,

---

encontrasen leys protectoras que los amparasen en su estado c.valido; por desgracia no es asi; porque venidos á los hacendados, con honrosas escepciones, mirar al colono, no como a un hombre, sino como á un instrumento y ménos que á un esclavo. Bastantes veces la prensa, en diferentes épocas, ha levantado su voz en favor de esa raza desgradada por la codicia de sus patrones; los males han seguido sin que se haya tomado ninguna medida en favor de esos desgraciados.

El infrascrito se vé en la dura, pero imprecindible necesidad, de pedir al ilustrado gobierno de V. E. se sirva dar las ordenes convenientes para que esos 48 colonos que han sido marcados cou el fierro de la ignominia, se les cancelo sus contratas y se les deje en completa libertad, bien como al autor de ese delito someterlo á juicio y castigarlo segun lo determinan las leyes para casos semejantes.

Si por estrañas influencias el delito de que me ocupo quédare impune, el infrascrito se verá en la dolorosa necesidad de enviar á suogobierno una copia de esta nota, agregando á ella el cuadro desagradable que presentan las calles de Lima con la immensa cantidad de chinos mutilados en el servicio de sus patrones y abandonados por estos cuando no pueden trabajar para que vayan á vivir de la pública caridad, con el objeto de que mi gobierno, si lo halla por conveniente, mande las ordenes necesarias al gobernador de Macau para que no permita por aquel puerto la inmigracion de colonos chinos para los del Perú.

El infrascrito aprovecha esta ocasion para reiterar á S. E. el Sr. Ministro de Relaciones Exteriores del Perú, el sentimiento de la mas alta consideracion, teniendo el honor de suscribir, su muy obsecuente S. S.—Al Señor Ministro de Relaciones extreriores del Perú Dr. Dn. Juan M. Polar.—Dn. *Narciso Velarde,* Consul Geral de Portugal.

Contestacion.—Lima 18 junio de 1868. Impuesto del estimable officio de V. fecha de ayer, en el que, refiriendose U. á una carta publicada en el *Comercio* n.º 9,772 denunciando el hecho de haber marcado un hacendado á cuarenta y ocho colonos chinos, solicita U. que el gobierno del Perú haga cancelar las contratas de dichos chinos, la he trascrito al Sr. Ministro de Justicia á fin de que por ese despacho se expidan las órdenes convenientes para la averiguacion del hecho y juzgamiento, conforme á las leyes, de quienes resulten delincuentes.

Me es grato dejar así contestado el officio de V. a que me refiero y suscribirme de V., atento servidor, *Juan M. Polar.*—Sr. D. Narciso Velarde, Cónsul geral de Portugal.

Expediente Consular.—N.º 124.—Illmo. Sr.—Encarrega-me S. Ex.ª o Governador de accusar recebido o officio de V. S.ª de 2 de agosto do corrente anno, e de lhe dizer em resposta que S. Ex.ª viu com bastante interesse semelhante communicação, e que julga mui louvavel, com respeito ao ultimo paragrapho do citado officio, o seu energico procedimento, tão digno de um consul portuguez, protestando, como protestou, contra os factos escandalosos praticados n'essa cidade contra subditos de uma nação amiga, e por ventura contractados como colonos, ou trabalhadores n'esta colonia.

N'esta data se dá conhecimento ao governo de Sua Magestade dos factos por V.

图7　葡萄牙驻秘鲁总领事馆公文三件（《澳门宪报》1868 年 11 月 23 日）

根据 1864 年 6 月 18 日葡萄牙驻秘鲁总领事安东尼奥·埃瓦里斯托·多内拉斯（Antonio Evaristo d'Ornellas）写给澳门总督的信，葡萄牙政府同样赋予了该总领事监管抵达秘鲁华工的职责，包括负责调查华工在航行途中的待遇，并向澳门政府提供有关信息；有责任关注并提供这些华工在移居地的劳动和生活情况的报告；同样有权向抵达秘鲁的船只开具载明其没有违规的证明，有权查验船只在澳门离港时由澳葡当局签发的证明，还有权陪同当地卫生委员会医生登船检查抵达的船只。本部分收录的文献反映了驻秘鲁总领事在这方面的活动，包括对澳门总督所提要求的回复，致澳门辅政司署的公函，登船检查船只后的证明等。

01. 葡萄牙驻秘鲁总领事馆公文

Officio do Consulado Geral de Portugal no Perú，Lima

尊敬的总督阁下：

今年 1 月 25 日，澳门辅政使司奉阁下之命并以阁下之名义，给本总领事馆寄来一份公函，要求紧急提供有关出洋华工在这里所受的待遇以及他们命运的准确信息。

迟复为歉；不过，我已透过于 4 月 25 日抵达该地的葡萄牙船圣维森特·保禄号接到了该函，可以做出及时的回复。

载运到此上岸的大量的华工一直是我关注的事项，但不是带着投机的意图，因为那样的话会有损我的职责；也没有渴望增加其人数以便获得收入，因为我从未想过也从未收到过任何费用；而是希望使之成为真正的移民而非奴隶贩运，并尽可能和善而宽厚地规范此类活动。

我总是非常高兴地按照你所要求的方式监督华工运载中的治安状况，因为多年来我一直如此理解华工特别是男性契约华工的出洋。澳门政府是两个废除了奴隶制度并继续努力阻止之的代表之一，当然不愿看到这里有一个类似的奴隶贩运。

尽管对于华工出洋已经形成了预判断，我完全相信，这里的政府按照澳门的做法进行了严格的保护和监管，阻止先前在广州秘密进行的那种可怕的贩运；改善苦力在离开令其失望的一个国家所处的条件，减轻他的失望和惨状；保障这里的耕种者得到自由签约的工人。

在进入这个问题之前，我已经获悉，出洋华工的死亡率是值得注意的，常常是很高的，因为在由澳门到卡亚俄的航行期间运输船上维生素缺乏症的蔓延；但是，他一到达就构成了正常人群的一部分。事实上，在秘鲁的苦力们所处的卫生条件大大优于他们在天朝所能享受的条件。

几乎所有的华工很快就转入了该国海岸的农场的工作。专门从事棉花种植、甘蔗种植和葡萄树种植的人，的确将自己置于了地方疾病，尤其是间歇热的危险之中，但是，很快就因为适应了气候条件并与土著人和谐相处而结束了。他们中的大部分人都履行了自己的合同，通过节俭以及华人特有的勤劳而实现了自立，积累起了超越其一切必要消费所需的财富。

然而，在这个公文中，我没有特别关注在秘鲁华人的状况问题。他们在这里受到善待，像自由耕种者那样获得了在他们的协定中所规定的薪水，工作时间也不比自由耕作者长；他们还享有食物和医疗救助。换言之，他们在一个富裕的国度处境良好，这里雇主们（patrões）性情和善，热心于保护耕作者的健康。

法律规定农场主对亚洲劳动者所享有的权利并不比对其他自由劳作者多，法律所规定的处罚在各种情况下都是均等的；鞭笞是被严格禁止的。法律只要求签约人（contratantes）和被雇者（contratados）履行彼此的承诺，除民事权利外，对后者给予与其市民完全均等的保护。

我应该向阁下说的最重要的是关于航行中的抗拒。在抵达这里的航行过程中，某些情况下的死亡率很高，以至于运载的人死去半数，而在另一些情况下，甚至达到三分之二，一些人死于维生素缺乏症，一些人死于其他疾病。在一个由卡亚俄港的船政官所提供的统计表（该表虽经精心制作但仍有某些轻微差错）中可以看到，自第一艘运载华工的船只于 1850 年 6 月 26 日抵达卡亚俄起至今，有总吨位为 44 840 吨的 70 艘船将 21 121 名华工运到了卡亚俄港，另有 3 560 人死于航行途中，由此可以计算出平均死亡率为 16%。死亡原因是多样性的，但总是与许多船长在离开澳门后所实施的欺骗行为有关。

事实上，许多人对这件事情怀有恶意。他们利欲熏心，卑鄙无耻，不仅损害了他们自身利益，也使代理商的资金都蒙受损失。有的人供应劣质的食物，特别是那些必需品，如大米等。有的人走私货物，违法犯罪，伤害他人，离开澳门后接受无正规合同的华工，导致船上的华工人数不断增加。有的人追求快速航行，驾驶船只直线航行，经过气压明显增高的纬度区域。

为了避免如此严重的弊端，在征询了各种宽厚和熟悉的人的意见后，我向阁下建议了某些措施，将其与我们章程中规定的内容相结合，至少显示了严格履行的必要性。

我深知，船长们不会理会澳门的葡萄牙当局，诸如他们应对善待华人做出的保证和保金，但我以为这远远不够。在我看来，除了担保和保金，他还必须对大量的违法行为负责，违反章程的代价应该比船长所期望的利润更大，我是要说，违反章程的代价不应该只是用没收缴存的保金来抵偿。再者，仅有保金是不够的，还应该由葡萄牙驻卡亚俄或利马的领事出具其没有违反章程的证明，因为在那些港口的官员的文件中常常有些遗漏，使那项担保变得形同虚设，也就是说，被打了折扣，或者未能禁止某些违法行为的发生。这些遗漏一旦为我所知，就在证明签署确认的当场加以补救。于是，在秘鲁政府的监管尚未开始，也就是说，在华工受到该国法律的直接保护之前，葡萄牙政府的管束一直持续不断。我们的政府向他们提供的保障，只有在契约华工移交给雇主之后或者当他们在所要工作的国家下船后才会停止。

担保可能达到的一个目的，也就是说，是借助于它将澳门政府的行动延伸到一个外国的港口。对此可以这样回应之：葡萄牙政府有义务采取一切手段保证在其领土内签约、登船并受其保护的华工受到善待。当然，这不是说要来一场革新，而是对现行措施加以改良，使之更有效。不必担心缴存款额的增加会减少出洋华工的数量；因为只要这里缺少人手，只要华工必须在庄园生活，就有巨大的利润空间。

接下来向阁下说说我认为有助于使出洋华工具备全部可期望之道德品行的建议。任何运载出洋苦力的船只都必须经过严格的检查，以确认它是否能够进行长时间的航行。任何船只都必须在澳门进行准确的测量，以检查它所注册的吨位数是否属实。将查看由龙骨到第一甲板的高度是否能让乘客在其宿处站立，是否有足够的通风管通向舱口。同样，在船的舷侧必须有一定数量的小门或窗口，以方便内部通风。船上的食物诸如米饭、肉、鱼等，必须质量上乘且供量丰富。

从澳门载运华工出洋的任何船只的船长，不得在航行过程中接收任何一名没有正式合约且不在该港口登船的乘客上船。

所有合约都必须有船只始发港的葡萄牙有关当局的签注和官印。澳门政府透过每艘船寄来本领事馆的公函，应载录登船者契约的准确数字，并要一式两份。所有合约须以西班牙语和华语写成，内容须包括合约持续的时间（不得超过六年），并声明在其履行了第一合约之后六个月方可在秘鲁进行合法续约，即他已经完全获得自由，并在一名口译的协助下，当一名地方法官的面进行续约。最后还须指明，如果在航行中遭受虐待，乘客应该向卡亚俄港口官员、相应省的省长或者葡萄牙领事馆投诉。

任何船的船长在离开澳门之前，必须按照所载运华工每百人 2 000 比索

（pezos）的标准向有关部门缴纳保证金。该保金是针对下列确凿无疑的情况而预设的：1. 两年之内没有提交过一份葡萄牙驻利马总领事的正式证明书；2. 船长允许登船的人数只要比澳门核准的人数多出一名；3. 船长减少了澳门官员在船上检查时核定的食物的数量或者用其他劣质食物替换之；4. 华工被证实在航行期间遭受了虐待；5. 在向葡萄牙领事代办通报船只到达之前有任何华工在秘鲁口岸下船，进行该通报时该代办应由一位翻译陪同登船检查，并提取必要的资料。

最后，我相信，一个有益的做法是给每个船长发一份印刷册，将所有关于华工出洋的章程条例载录其中，以免他们以不知情作为违反规定的借口。

我将全力以赴搜集并提交信息供阁下考虑，以使阁下旨在改善出洋华工待遇的努力取得良好的结果。

上帝保佑您，尊敬的阿穆恩总督阁下。

葡萄牙驻秘鲁总领事安东尼奥·埃瓦里斯托·多内拉斯（Antonio Evaristo d'Ornellas）。

——*Boletim Official*，Vol. X，N°. 37，12 – 09 – 1864，pp. 146 – 148.

02. 葡萄牙驻秘鲁总领事馆公文
Officio do Consulado Geral de Portugal no Perú，Lima

致尊敬的澳门总督阿穆恩阁下：

为扩大对出洋华工运输的监管，我向秘鲁政府提出的一项建议已获接纳，即卡亚俄的健康委员会在对由澳门运载华工前来的船只进行首次检查时，应由葡萄牙驻该港口的一位副领事陪同。现在，我荣幸地将该国外交部与本总领事官交换文件的全真抄件呈与阁下。自即日起，葡萄牙驻利马的副领事纳西索·维拉德（Narcizo Velarde）就负责该总领事馆的档案室。

上帝保佑阁下。

总领事安东尼奥·埃瓦里斯托·多内拉斯（Antonio Evaristo d'Ornellas）。

——*Boletim Official*，Vol. XI，N°. 48，27 – 11 – 1865，p. 191.

［附件］秘鲁外交部公文
　　Officios do Ministerio de Relacioncs Exteriores del Perú，Lima

致葡萄牙总领事阁下：

　　阁下在 3 月 18 日照会中曾提出建议，葡萄牙驻卡亚俄副领事官应陪同健康委员会检查从澳门载运华工前来的船只。该建议已获本政府接纳，阁下将透过一份公函抄件看到部长给我的公文，并给你发去全真抄件。

　　秘鲁外交部，1865 年 4 月 4 日，利马。

　　国务部长批文：

　　据卡亚俄市市长来函告知，葡萄牙驻该市领事官寄来公文，希望该港口的副领事可陪同卫生委员会检查自澳门运载华工来此的船只，以便阁下向领事馆提供证明，本政府已接纳该项建议，并发布适当的命令，以便很快产生有益的结果。

　　上帝保佑阁下！

　　埃瓦里斯托·戈麦斯·桑切斯（Evaristo Gomes Sanches）、曼努埃尔·贾鲁普（Manoel Galup）。

　　总领事多内拉斯（A. E. d'Ornellas）核对无误。

——Boletim Official，Vol. XI，N°. 48，27 – 11 – 1865，p. 191.

03.　葡萄牙驻秘鲁总领事证明
Certificado do Narcizo Velarde，Consul Geral de Portugal en el Peru

奉上级命令刊布下列文件：

　　葡萄牙驻秘鲁总领事纳西索·维拉德（Narcizo Velarde）证明：意大利三桅船天命号（Provindencia），船长为纳尔蒂尼（Narttini），自澳门开出，于本年 4 月 3 日抵达本港，船上运载的 405 名亚洲劳工（colonos asiaticos），健康状况良好，澳门出发时核准人数 413 人，8 人在途中死亡。

　　特此证明。

　　纳西索·维拉德，1866 年 6 月 22 日，于利马。

　　辅政使司格雷戈里奥·若泽·里贝罗核对无误。

——Boletim Official，Vol. XII，N°. 51，07 – 12 – 1866，p. 207.

04. 葡萄牙驻秘鲁总领事证明
Certificado do Consul General de Portugal en el Peru

兹证明：意大利三桅船普拉托朗格号（R. Pratolongo），自澳门港出发，经停派塔（Paita），抵达卡亚俄，运载 448 名亚洲劳工，澳门核准人数为 455 人，途中 7 人死亡。

此证明属实。

葡萄牙驻秘鲁总领事纳西索·维拉德，1866 年 11 月 6 日，于利马。

——*Boletim Official*, Vol. XIII, N.º 6, 11 – 02 – 1867, p. 26.

05. 葡萄牙驻秘鲁总领事馆证明 3 件
Certificados do Consulado Geral de Portugal no Peru

奉上级命令刊布葡萄牙驻秘鲁总领事馆的下列文件：

葡萄牙驻秘鲁总领事证明：

意大利三桅船利马号，由船长梅因塔德（Meintardt）指挥，由澳门起航，有 41 名船员，经 141 天航行，于 10 月 22 日抵达该港，自澳门出发时运载亚洲劳工 148 人，运到 141 名，航行途中因病死亡 7 人。另证明：根据透过一位翻译官在船上获得的信息，这些劳工在航行期间得到了善待。

特此证明。

葡萄牙驻秘鲁总领事纳西索·维拉德，1867 年 1 月 7 日，于利马。

葡萄牙驻秘鲁总领事证明：

意大利三桅船弗雷·本多号（Fray Bento），由船长卡尔布瓦尼奥塔（J. R. Carboynhota）指挥，由澳门起航，船上有船员 25 名，经 142 天航行，经停派塔，于 11 月 9 日抵达该港，澳门出发时运载亚洲劳工 361 人，运抵 352 名，航行途中因病死亡 9 人。另证明：根据透过一位翻译官在船上获得的信息，这些劳工在航行期间得到了善待。

特此证明。

葡萄牙驻秘鲁总领事纳西索·维拉德，1867 年 1 月 7 日，于利马。

葡萄牙驻秘鲁总领事证明：

意大利三桅船卡尔号（Karl），由船长巴阿斯（Baas）指挥，由澳门起航，抵达卡亚俄，澳门出发时载运 200 名亚洲劳工，运抵 197 名，航行途中因病死亡 3 人。

特此证明。

葡萄牙驻秘鲁总领事纳西索·维拉德，1867 年 2 月 4 日，于利马。

——*Boletim Official*，Vol. XIII，Nº. 17，29 – 04 – 1867，pp. 93 – 94.

06. 葡萄牙驻秘鲁总领事证明 2 件
Certificados del Consul General de Portugal en el Peru

兹证明：

意大利三桅船阿美利加号（America）自澳门起航，经 117 天航行，本年 3 月 8 日抵达卡亚俄港，载运亚洲劳工 584 人，离开澳门时登船人数为 622 人，航行途中死亡 38 人。

特此证明。

葡萄牙驻秘鲁总领事纳西索·维拉德，1867 年 4 月 13 日，于利马。

兹证明：

意大利三桅船奥罗拉号（Aurora）自澳门起航，于本月 8 日抵达卡亚俄港，载运亚洲劳工 259 人，离开澳门时登船人数为 272 人，航行途中死亡 13 人。

特此证明。

葡萄牙驻秘鲁总领事纳西索·维拉德，1867 年 4 月 13 日，于利马。

——*Boletim Official*，Vol. XIII，Nº. 27，08 – 07 – 1867，p. 156.

07. 葡萄牙驻秘鲁总领事证明
Certificado del Consul General de Portugal en el Peru

兹证明：

意大利三桅船哥伦布号（Colombo），船长为斯特凡诺·基亚帕拉（Stefano Chiapparra），自澳门起航，于去年 9 月 11 日抵达卡亚俄港，载重吨位775 吨，运载亚洲劳工 364 名，离开澳门时登船人数为 370 人，航行途中 6 人病死。

此证明属实。

葡萄牙驻秘鲁总领事纳西索·维拉德，1867 年 7 月 13 日，于利马。

——*Boletim Official*，Vol. XIII，N.º 40，07 – 10 – 1867，p. 237.

08. 葡萄牙驻秘鲁总领事证明 2 件
Certificados del Consul General de Portugal en el Peru

兹证明：

意大利三桅船温科瓦号（Uncowah），船长为罗西亚诺（L. Rosciano），登记吨位 988 吨，自澳门起航，于本年 1 月 29 日抵达卡亚俄港，运载亚洲劳工491 名，离开澳门时登船人数为 498 人，航行途中 7 人病死。劳工们在航行途中受到了善待。

此证明属实。

葡萄牙驻秘鲁总领事纳西索·维拉德，1868 年 4 月 15 日，于利马。

兹证明：

葡萄牙三桅船佩德罗一世号（Pedro Primeiro），船长为安东尼奥·富勒（Antonio Fulle），登记吨位 1 488 吨，自澳门起航，于本年 2 月 1 日抵达卡亚俄港，运载亚洲劳工 653 名，离开澳门时登船人数为 680 人，航行途中 27 人病死。华工们在航行途中受到善待。

此证明属实。

葡萄牙驻秘鲁总领事纳西索·维拉德，1868 年 4 月 15 日，于利马。

——*Boletim Official*，Vol. XIV，N.º 27，04 – 07 – 1868，pp. 122 – 123.

09. 葡萄牙驻秘鲁总领事证明

Certificado del Consul General de Portugal en el Peru

兹证明：

萨尔瓦多共和国三桅船奥罗拉号（Aurora），船长是加尔西亚（Dn. N. G. ý Garcia），于 4 月 14 日抵达卡亚俄，运载 392 名劳工，澳门起航时载客 400 人。根据本领事馆获得的信息，乘客在航行中得到了善待。特此证明。

总领事纳西索·维拉德，1868 年 6 月 6 日，于利马。

——*Boletim Official*，Vol. XIV，N°. 35，31 – 08 – 1868，p. 164.

10. 葡萄牙驻秘鲁总领事证明

Certificado del Consul General de Portugal en el Peru

兹证明：意大利三桅船弗雷·本多号（Fray Bento），本月 3 日入泊卡亚俄港，船上有 26 名船员，运载 318 名华工，自澳门出发时人数为 322 人。本使馆调查获知，航行途中华工们得到了善待，有 4 人不幸死亡。

特此证明。

总领事纳西索·维拉德，1868 年 7 月 24 日，于利马。

——*Boletim Official*，Vol. XIV，N°. 46，16 – 11 – 1868，p. 210.

11. 葡萄牙驻秘鲁总领事馆公文

Officio do Consulado Geral de Portugal no Perú

致尊敬的澳门总督阁下：

我荣幸地收到了阁下 2 月 25 日第 24 号和 2 月 26 日第 26 号两封令人称颂的公文。第一封附有两位未成年华人在澳门与意大利三桅圆帆船弗雷·本多号的船长卡斯泰诺拉（Castaynola）签署的契约和担保书。该船于 6 月 3 日抵达该港，运载 318 名华工，他们全部健康状况良好，航行中仅有 4 位丧生。这两位华人小孩，在该市的一家私人商行做工，可以认为他们履行了契约的全部条款。

在弗雷·本多号抵达本港之前，即 4 月 16 日，另一艘意大利三桅船奥罗拉号（Aurora）也到达了该港，载运华工 392 名，在澳门出发时接纳了 400 名。

我相信我有义务告知阁下这里发生的一件与出洋华工有关的令人讨厌的事情：这个海岸的一位农民，在卡亚俄接纳了 48 名签约的华工，或许是担心失去他们，就用烙铁给他们烙上印记，像对待奴隶一样。该国的一份报纸揭露了这个犯罪事实，而我出于职责必须对这种违反基督教文明和一个共和国家观念的做法表示抗议，并随函附上这些文件的副本和该国外交部长给我的答复。这件事情必须诉诸司法法院（tribunaes de justiça），但不知何时能有结果。然而，不管结果如何，案子一结束，我就会告知阁下。

上帝保佑阁下！

葡萄牙驻秘鲁总领事馆总领事纳西索·维拉德，1868 年 8 月 2 日，于利马。

——*Boletim Official*，Vol. XIV，N.º 47，23 – 11 – 1868，p. 214.

12. 葡萄牙驻秘鲁总领事证明
Certificado del Consul General de Portugal en el Peru

兹证明：意大利三桅船天命号（Providencia），载重 564 吨，于 1867 年 11 月 6 日入泊卡亚俄港，自澳门出发时人数为 342 人。本使馆调查获知，航行途中华工们得到了善待，然而有 18 人不幸死亡。

特此证明。

总领事纳西索·维拉德，1868 年 12 月 15 日，于利马。

——*Boletim Official*，Vol. XV，N.º 13，29 – 03 – 1869，p. 75.

13. 葡萄牙驻秘鲁总领事证明
Certificado del Consul General de Portugal en el Peru

兹证明：意大利三桅船卡米洛·卡武尔号（Camilo Cavour），于 1868 年 10 月 12 日入泊卡亚俄港，运到亚洲劳工 543 名，自澳门出发时人数为 554 人，

11 人死于航行途中。本使馆调查获知，航行途中华工们得到了善待。

特此证明。

总领事纳西索·维拉德，1869 年 1 月 19 日，于利马。

——*Boletim Official*，Vol. XV，N°. 16，19 - 04 - 1869，p. 88.

14. 葡萄牙驻秘鲁总领事馆第 21 号公文
Officio N°. 21 do Consulado Geral de Portugal en el Peru

尊敬的辅政使司阁下：

阁下去年 11 月 19 日第 124 号公文及该殖民地总督于前一日发出的决定的全真抄件已收到。该决定命令在本港停止以卡亚俄为目的地的出洋华工收容站的许可证的效力。

由于上述决定是根据我去年 8 月 2 日的公文所发布的，但我必须告知阁下本领事馆向秘鲁政府提出抗议的那些问题目前所处的状态。

该市的慈善机构已经建立了一所济贫院（hospicio），以救济衣食无着的乞丐，并收容治疗丧失劳动力的华工。由此，曾经引致我提出抗议的一个抱怨，已经如所希望的那样得到了关注。

至于其他的要求，我告知阁下，我那些对华工有利的义愤和热情，即他们被人用烙铁烙印的说法，是被一份期刊上的一篇文章鼓动的，作者声称所述属实。

但是，实施的调查结果显示，这个事情并未发生，上述文章的断言不过是恶意诽谤而已，把这种野蛮的行动归于了这个庄园主。

既然如此，根据我的以上陈述，并考虑到可能对这个殖民地和投资于澳门契约华工出洋事业的利益人相继带来的损失，我相信，总督阁下废止 1868 年 11 月 18 日训令决定，将是合适的，本领事馆将在第一时间赞成这项措施，视之为一项公正有利的行动。

值此机会寄去给总督阁下的函件的抄件。

祈求上帝保佑阁下长寿！

总领事纳西索·维拉德，1869 年 2 月 20 日，于利马。

——*Boletim Official*，Vol. XV，N°. 20，17 - 05 - 1869，p. 102.

15. 葡萄牙驻秘鲁总领事证明
Certificado del Consul General de Portugal en el Peru

  兹证明：三桅船安科瓦号（Ancowah），载重 998 吨，挂萨尔瓦多旗帜，于今年 1 月 7 日入泊卡亚俄港，运到亚洲劳工 478 名，自澳门出发时人数为 499 人，21 人死于航行途中。本使馆调查获知，航行途中华工们得到了善待。
  特此证明。
  总领事纳西索·维拉德，1869 年 3 月 6 日，于利马。
——Boletim Official, Vol. XV, N.º 30, 26 - 07 - 1869, p. 141.

16. 葡萄牙驻秘鲁总领事证明
Certificado do Consul General de Portugal en el Peru

  兹证明：意大利三桅船卡米洛·卡武尔号（Camilo Cavour），于本月 19 日入泊卡亚俄港，运到亚洲劳工 567 名，全部健康状况良好，自澳门出发时人数为 586 人。本人亲自到船上，从有关翻译那里得到应该的信息，从中获知，航行途中劳工们受到了善待，19 人于航行途中正常死亡（muerte natural）。
  特此证明。
  总领事纳西索·维拉德，1869 年 9 月 20 日，于利马。
——Boletim Official, Vol. XV, N.º 49, 06 - 12 - 1869, p. 219.

17. 葡萄牙驻秘鲁总领事证明
Certificado do Consul General de Portugal en el Peru

  兹证明：萨尔瓦多三桅船弗雷·本多号（Fray Bento），自澳门出发，停经派塔，航行 105 天，于本月 23 日入泊卡亚俄港，有 20 名船员，运来亚洲劳工 343 名，自澳门出发时人数为 352 人。从本领事馆获得消息中获知，航行途中劳工们受到了善待，5 人于航行途中死于固有的疾病，3 人淹死于海上，1 人在由派塔到卡亚俄的航行中逃跑。

特此证明。

总领事纳西索·维拉德，1869 年 10 月 30 日，于利马。

——Boletim Official，Vol. XV，N<u>o</u> 1，03 – 01 – 1870，p. 3.

18. 葡萄牙驻秘鲁总领事证明
Certificado del Consul General de Portugal en el Peru

　　兹证明：萨尔瓦多三桅船阿美利加号（America），自澳门出发，停经派塔，于本月 12 日入泊卡亚俄港，运到劳工 667 名，自澳门出发时人数为 669 人，2 人死于航行途中。从本领事馆获得消息中获知，航行途中劳工们受到了善待。

　　特此证明。

　　总领事纳西索·维拉德，1869 年 11 月 22 日，于利马。

——Boletim Official，Vol. XVI，N<u>o</u> 5，31 – 01 – 1870，p. 20.

19. 葡萄牙驻秘鲁总领事证明
Certificado del Consul General de Portugal en el Peru

　　兹证明：萨尔瓦多三桅船卡亚俄号（Callao），自澳门出发，停经派塔，于本月 1 日入泊卡亚俄港，运到亚洲劳工 622 名，自澳门出发时人数为 653 人，25 人死于派塔，6 人死于从派塔到卡亚俄的航行途中，皆系正常死亡。从本领事馆获得消息中获知，航行途中劳工们受到了善待。

　　特此证明。

　　总领事纳西索·维拉德，1869 年 11 月 22 日，于利马。

——Boletim Official，Vol. XVI，N<u>o</u> 5，31 – 01 – 1870，p. 20.

20. 葡萄牙驻秘鲁总领事证明
Certificado do Consul General de Portugal en el Peru

　　兹证明：萨尔瓦多三桅船天命号（Providencia），经停派塔（Payta），航行 115 天，于 11 月 24 日入泊卡亚俄港，运来亚洲劳工 378 名，自澳门出发时人数为 386 人，8 人于航行途中正常死亡（muerte natural）。根据本总领事馆得到的信息，航行途中劳工们受到了善待。

　　特此证明。

　　总领事纳西索·维拉德，1869 年 12 月 11 日，于利马。

——*Boletim Official*, Vol. XVI, N°. 10, 07 – 03 – 1870, p. 48.

21. 葡萄牙驻秘鲁总领事证明 2 件
Certificados do Consul General de Portugal en el Peru

　　兹证明：法国三桅船茹尔丹号（Jourdain），自澳门出发，于本月 16 日入泊卡亚俄港，运来劳工 238 名，自澳门出发时人数为 242 人。根据本总领事馆得到的信息，航行途中劳工们受到了善待；4 人于航行途中死于固有疾病（enfermedad natural）。

　　特此证明。

　　总领事纳西索·维拉德，1870 年 1 月 31 日，于利马。

　　兹证明：萨尔瓦多三桅船路易莎·卡内瓦罗号（Luisa Canevaro），自澳门出发，于本月 15 日入泊卡亚俄港，运来华工 694 名，自澳门出发时人数为 721 人。根据本总领事馆得到的信息，航行途中劳工们受到了善待；27 人于航行途中正常死亡（muerte natural）。

　　特此证明。

　　总领事纳西索·维拉德，1870 年 1 月 31 日，于利马。

——*Boletim Official*, Vol. XVI, N°. 16, 18 – 04 – 1870, p. 72.

22. **葡萄牙驻秘鲁总领事证明 2 件**
Certificados do Consul General de Portugal en el Peru

　　兹证明：葡萄牙三桅圆帆船堂·玛利亚·皮亚号（D. Maria Pia），自澳门出发，于 3 月 27 日入泊卡亚俄港，运来华工 367 名，自澳门出发时人数为 370 人，3 人死于航行途中，系正常死亡。根据本总领事馆得到的信息，航行途中劳工们受到了善待。

　　特此证明。

　　总领事纳西索·维拉德，1870 年 4 月 2 日，于利马。

　　兹证明：法国三桅船安戈号（Ango），自澳门出发，于 2 月 1 日入泊卡亚俄港，运来华工 318 名，自澳门出发时人数为 320 人。根据本总领事馆得到的信息，航行途中劳工们受到了善待；2 人于航行途中死于固有疾病（enfermedad natural）。

　　特此证明。

　　总领事纳西索·维拉德，1870 年 4 月 2 日，于利马。
　　　　　　　——*Boletim Official*，Vol. XVI，N°. 26，27 - 06 - 1870，p. 112.

23. **葡萄牙驻秘鲁总领事证明**
Certificado do Consul General de Portugal en el Peru

　　兹证明：三桅船昂科瓦号（Uncowah），挂萨尔瓦多旗帜，载重 700 吨，自澳门出发，于本月 1 日入泊卡亚俄港，运来华工 533 名，自澳门出发时人数为 536 人，3 人于航行途中正常死亡（muerte natural）。根据本总领事馆得到的信息，航行途中劳工们受到了善待。

　　特此证明。

　　总领事纳西索·维拉德，1870 年 3 月 29 日，于利马。
　　　　　　　——*Boletim Official*，Vol. XVI，N°. 29，18 - 07 - 1870，p. 124.

24. 葡萄牙驻秘鲁总领事证明

Certificado do Consul General de Portugal en el Peru

兹证明：萨尔瓦多三桅船卡米洛·卡武尔号（Camilo Cavour），自澳门出发，于 4 月 26 日入泊卡亚俄港，运来华工 650 名，自澳门出发时人数为 662 人。根据本总领事馆得到的信息，航行途中劳工们受到了善待；12 人于航行途中死于固有的疾病（enfermedad natural）。

特此证明。

总领事纳西索·维拉德，1870 年 5 月 12 日，于利马。

——*Boletim Official*，Vol. XVI，N°. 30，25 – 07 – 1870，p. 127.

25. 葡萄牙驻秘鲁总领事证明

Certificado do Consul General de Portugal en el Peru

兹证明：法国三桅船马埃拉号（Mahela），自澳门出发，于 4 月 23 日入泊卡亚俄港，运来华工 243 名，自澳门出发时人数为 247 人，4 人于航行途中死于固有的疾病（enfermedad natural）。根据本总领事馆得到的信息，航行途中劳工们受到了善待。

特此证明。

总领事纳西索·维拉德，1870 年 5 月 14 日，于利马。

——*Boletim Official*，Vol. XVI，N°. 35，29 – 08 – 1870，p. 148.

26. 葡萄牙驻秘鲁总领事证明

Certificado do Consul General de Portugal en el Peru

兹证明：萨尔瓦多三桅船弗雷·本多号（Fray Bento），自澳门出发，于本月 4 日入泊卡亚俄港，运来华工 323 名，自澳门出发时人数为 353 人，30 人于航行途中死于固有的疾病（enfermedad natural），另有一名菲律宾籍的船员菲利普·圣地亚哥（Felipe Santiado）死亡。根据本总领事馆得到的信息，航行途中劳工们受到了善待。

特此证明。

总领事纳西索·维拉德，1870 年 6 月 4 日，于利马。

　　——*Boletim Official*，Vol. XVI，N°. 38，19 – 09 – 1870，p. 159.

27. **葡萄牙驻秘鲁总领事证明 2 件**
Certificados do Consul General de Portugal en el Peru

兹证明：萨尔瓦多三桅船天命号（Providencia），载重 664 吨，船长是维森特·维多拉萨戈（Vicente Vidaurrazaga），自澳门出发，经停派塔，于 8 月 29 日入泊卡亚俄港，运来华工 410 名，自澳门出发时人数为 416 人。根据本总领事馆得到的信息，航行途中劳工们受到了善待；4 人于航行途中死于固有的疾病（enfermedad natural），2 人逃走。

特此证明。

总领事纳西索·维拉德，1870 年 9 月 3 日，于利马。

兹证明：葡萄牙三桅船塞西莉亚号（Cicilia），载重 533 吨，船长奥古斯托·德·梅士基达（Augusto de Mesquita），自澳门出发，经停派塔，于 8 月 17 日入泊卡亚俄港，运来华工 320 名，自澳门出发时人数为 370 人，50 人于航行途中死于各种固有的疾病（enfermedade natural）。根据本总领事馆得到的信息，航行途中劳工们受到了善待。

特此证明。

总领事纳西索·维拉德，1870 年 9 月 3 日，于利马。

　　——*Boletim Official*，Vol. XVI，N°. 46，14 – 11 – 1870，p. 192.

28. **葡萄牙驻秘鲁总领事证明**
Certificado do Consul General de Portugal en el Peru

兹证明：萨尔瓦多三桅船卡亚俄号（Callao），自澳门出发，经停派塔，于本月 5 日入泊卡亚俄港，运来华工 649 名，自澳门出发时人数为 671 人，22 人死于航行途中。根据本总领事馆得到的信息，航行途中劳工们受到了善待。

特此证明。

总领事纳西索·维拉德，1870 年 9 月 20 日，于利马。

——*Boletim Official*，Vol. XVI，N.º 50，12 – 12 – 1870，p. 210.

29. 葡萄牙驻秘鲁总领事证明
Certificado do Consul General de Portugal en el Peru

兹证明：哥伦比亚三桅船克洛蒂尔德号（Clotilde），船长纳西索·加尔西亚—加尔西亚（Narciso Garcia y Garcia），由澳门出发，于 10 月 28 日到达派塔港，运载 710 名华工，出发时乘船人数为 750 人，40 人死于航行途中。根据本使馆调查获得的信息，乘客在航行期间受到了善待。

特此证明。

总领事纳西索·维拉德，1870 年 11 月 16 日，于利马。

——*Boletim Official*，Vol. XVII，N.º 8，20 – 02 – 1871，p. 33.

30. 葡萄牙驻秘鲁总领事证明 2 件
Certificados do Consul General de Portugal en el Peru

兹证明：萨尔瓦多三桅船玛利亚·戈维纳号（Maria Govina），船长吉耶莫·加尔西亚—加尔西亚（Guillermo Garcia y Garcia），由澳门出发，于 10 月 24 日到达本派塔港，运载 199 名华工，出发时乘船人数为 205 人，6 人死于航行途中。根据本使馆调查获得的信息，乘客在航行期间受到了善待。

特此证明。

总领事纳西索·维拉德，1870 年 11 月 16 日，于利马。

兹证明：在萨尔瓦多三桅船玛利亚·戈维纳号（Maria Govina）上，来了 4 名未成年人，他们的契约已被以附件的形式送交给领事馆，上有该港总督 7 月 8 日的收据。那 4 个签约人已被船长做了处理，安置在了这个首府的房间里。

总领事纳西索·维拉德，1870 年 11 月 18 日，于利马。

——*Boletim Official*，Vol. XVII，N.º 8，20 – 02 – 1871，p. 33.

31. 葡萄牙驻秘鲁总领事馆第 42 号公文

Officio N.º 42 do Consulado Geral de Portugal em Lima

尊敬的辅政使司先生：

在 7 月 11 日寄给阁下的第 25 号公函中，我附加了佩雷斯·萨乌尔 (J. Peres Saul) 与 4 个华人儿童签署的 4 件契约的副本，现告知阁下，这些文件已在本领事馆归档保存。

总领事纳西索·维拉德，1870 年 12 月 16 日，于利马。

——*Boletim Official*，Vol. XVII，N.º 9，27 - 02 - 1871，p. 37.

32. 葡萄牙驻秘鲁总领事证明

Certificado do Consul General de Portugal en el Peru

兹证明：萨尔瓦多三桅船多洛雷斯·乌加特号 (Dolores Ugarte)，船长佩雷斯·萨乌尔 (J. Peres Saul)，由澳门出发，于本月 2 日到达卡亚俄港，运载 486 名华工，出发时乘船人数为 605 人，途中因病在火奴鲁鲁下船 43 人，76 人航行途中死于固有的疾病。根据本使馆调查获得的信息，乘客在航行期间受到了善待。

特此证明。

总领事纳西索·维拉德，1870 年 12 月 15 日，于利马。

——*Boletim Official*，Vol. XVII，N.º 9，27 - 02 - 1871，p. 37.

33. 葡萄牙驻秘鲁总领事证明

Certificado do Consul General de Portugal en el Peru

兹证明：萨尔瓦多三桅船路易莎·卡内瓦罗号 (Luiza Canevaro)，船长达莫洛 (R. Damoro)，由澳门出发，于去年 12 月 10 日到达卡亚俄港，运载 683 名华工，出发时乘船人数为 705 人。根据本使馆调查获得的信息，乘客在航行期间受到了善待，22 人死于航行途中。

特此证明。

总领事纳西索·维拉德，1871 年 1 月 11 日，于利马。

——Boletim Official，Vol. XVII，N.º 14，03 – 04 – 1871，p. 58.

34. 葡萄牙驻秘鲁总领事馆公文
Officio do Consulado Geral de Portugal em Lima

尊敬的辅政使司先生：

阁下奉督宪命于 10 月 19 日寄给我的第 49 号公文中，附有该船长拉门·莫塔与两名华人儿童签署的契约附件，我必须告知阁下，该船长已将这两个人带到了卡亚俄，全部履行了规定的义务，目前在该首府的一名商人堂·胡安·费加尔（D. Juan Figare）的家里。

请将此通知转告总督阁下。

上帝保佑阁下！

总领事纳西索·维拉德，1871 年 2 月 4 日，于利马。

——Boletim Official，Vol. XVII，N.º 15，10 – 04 – 1871，p. 59.

35. 葡萄牙驻秘鲁总领事证明
Certificado do Consul General de Portugal en el Peru

兹证明：萨尔瓦多三桅船弗雷·本多号（Fray Bento），船长拉门·莫塔（Ramon Mota），由澳门出发，于 1 月 21 日到达本港口，运载 364 名华工，出发时乘船人数为 366 人。根据本使馆调查获得的信息，乘客在航行期间受到了善待，有 2 人于航行途中死于固有的疾病。

特此证明。

总领事纳西索·维拉德，1871 年 2 月 2 日，于利马。

——Boletim Official，Vol. XVII，N.º 15，10 – 04 – 1871，pp. 59 – 60.

36. 葡萄牙驻秘鲁总领事证明

Certificado do Consul General de Portugal en el Peru

兹证明：萨尔瓦多三桅船澳门号（Macao），船长莫拉雷斯（Morales），由澳门出发，于本月 22 日到达本卡亚俄，运载 426 名华工，出发时乘船人数为436 人，10 人于航行途中死于固有的疾病。根据本使馆调查获得的信息，乘客在航行期间受到了善待。

特此证明。

总领事纳西索·维拉德，1871 年 1 月 26 日，于利马。

——*Boletim Official*，Vol. XVII，Nº. 17，24 – 04 – 1871，p. 70.

37. 葡萄牙驻秘鲁总领事证明 2 件

Certificados do Consul General de Portugal en el Peru

兹证明：法国三桅船费迪南·马里耶号（Ferdinand Marie），船长是雅克雷基埃（P. Jacrequiere），由澳门出发，于今年 1 月 11 日到达本港口，运载296 名华工，出发时乘船人数为 310 人，14 人在航行途中死于固有的疾病。根据本使馆调查获得的信息，乘客在航行期间受到了善待。

特此证明。

总领事纳西索·维拉德，1871 年 2 月 16 日，于利马。

兹证明：萨尔瓦多三桅船卡米洛·卡武尔号（Camilo Cavour），船长是阿斯图尔吉斯（A. Asturgues），由澳门出发，于 1 月 25 日到达卡亚俄，运载 652名华工，出发时乘船人数为 661 人。根据本使馆调查获得的信息，乘客在航行期间受到了善待，有 9 人于航行途中死于固有的疾病。

特此证明。

总领事纳西索·维拉德，1871 年 2 月 16 日，于利马。

——*Boletim Official*，Vol. XVII，Nº. 19，08 – 05 – 1871，pp. 77 – 78.

38. 葡萄牙驻秘鲁总领事证明
Certificado do Consul General de Portugal en el Peru

兹证明：葡萄牙三桅圆帆船堂·玛利亚·皮亚号（D. Maria Pia），船长是埃杜亚多·梅士基达·德·索萨（Eduardo Mesquita de Sousa），由澳门出发，于1月22日到达本港口，运载316名华工，出发时乘船人数为371人，55人于航行途中死于固有的疾病。根据本使馆调查获得的信息，乘客在航行期间受到了善待。

特此证明。

总领事纳西索·维拉德，1871年2月17日，于利马。

——*Boletim Official*, Vol. XVII, N°. 23, 05 – 06 – 1871, p. 94.

39. 葡萄牙驻秘鲁总领事证明
Certificado do Consul General de Portugal en el Peru

兹证明：法国三桅圆帆船若波勒号（Jaupore），船长是莱瑟（H. Layseau），由澳门出发，于1月16日到达卡亚俄，运载290名亚洲劳工，出发时乘船人数为327人。根据本使馆调查获得的信息，乘客在航行期间受到了善待。

特此证明。

总领事纳西索·维拉德，1871年3月8日，于利马。

——*Boletim Official*, Vol. XVII, N°. 24, 12 – 06 – 1871, p. 96.

40. 葡萄牙驻秘鲁总领事证明3件
Certificados do Consul General de Portugal en el Peru

兹证明：法国三桅船内利号（Nelly），由澳门出发，于4月2日到达卡亚俄港，运载410名华工，出发时乘船人数为444人，34人死于航行途中。根据本使馆调查获得的信息，乘客在航行期间受到了该船长珀尔博特

（Poelboth）的善待，病人得到了治疗。

特此证明。

总领事纳西索·维拉德，1871 年 4 月 15 日，于利马。

兹证明：法国三桅船库罗纳芒号（Couronnement），船长是布尔东（C. Bourdon），由澳门出发，于本月 8 日到达卡亚俄港，运载 515 名华工，出发时乘船人数为 557 人，42 人死于航行途中。根据本使馆调查获得的信息，乘客在航行期间受到了善待，病人得到了治疗。

特此证明。

总领事纳西索·维拉德，1871 年 3 月 17 日，于利马。

兹证明：法国三桅船圣埃夫斯号（Saint Eves），船长是贝尔坦（Bertan），由澳门出发，于本月 14 日到达卡亚俄港，运载 354 名华工，出发时乘船人数为 363 人，9 人死于航行途中。根据本使馆调查获得的信息，乘客在航行期间受到了善待，病人得到了治疗。

特此证明。

总领事纳西索·维拉德，1871 年 3 月 17 日，于利马。

——*Boletim Official*, Vol. XVII, Nº. 32, 07 – 08 – 1871, p. 130.

41. 葡萄牙驻利马总领事馆第 57 号公文
Officio Nº. 57 do Consulado Geral de Portugal em Lima

尊敬的辅政使司先生：

透过阁下 11 月 26 日第 64 号公文，收到了塞萨尔·A. 德尔里奥（Cesar A. del Rio）与所提到的华人在本市签订的契约副本，在运载他们的法国三桅船世界主义者号到达卡亚俄后，文件原件已经做了登记，并在本领事馆归档保存。

这些华人目前在堂·若泽·玛利亚·德尔里奥（Don Jose Maria del Rio）的家里，对所受到的善待感到满意。

请将该函的内容转呈总督阁下。

总领事纳西索·维拉德，1871 年 3 月 27 日，于利马。

——*Boletim Official*, Vol. XVII, Nº. 33, 04 – 08 – 1871, pp. 133 – 134.

42. **葡萄牙驻秘鲁总领事证明**

Certificado do Consul General de Portugal en el Peru

兹证明：法国三桅船世界主义者号（Cosmopolite），船长是迪布勒伊（F. Dubriuelh），由澳门出发，于 3 月 10 日到达卡亚俄港，运载 297 名华工，出发时乘船人数为 300 人，3 人死于航行途中。根据本使馆调查获得的信息，船长在航行期间善待了乘客，对病人进行了有效的治疗。

特此证明。

总领事纳西索·维拉德，1871 年 3 月 24 日，于利马。

——*Boletim Official*，Vol. XVII，N.º 33，14 – 08 – 1871，p. 134.

43. **葡萄牙驻秘鲁总领事证明 3 件**

Certificados do Consul General de Portugal en el Peru

兹证明：萨尔瓦多三桅船天命号（Providencia），船长是维森特·维多拉萨戈（Vicente Vidaurrazaga），由澳门出发，航行 103 天，于 4 月 11 日到达卡亚俄港，运载 406 名华工，出发时乘船人数为 416 人，10 人死于航行途中。根据本使馆调查获得的信息，乘客在航行期间受到了善待。

特此证明。

总领事纳西索·维拉德，1871 年 5 月 16 日，于利马。

兹证明：萨尔瓦多三桅船劳拉号（Lola），载重 800 吨，船长是皮奥·埃洛里恩塔（Pio Elorienta），由澳门出发，于本月 20 日到达卡亚俄港，运载 475 名华工，出发时乘船人数为 479 人，4 人在航行途中死于不同的疾病。据本使馆调查获得的信息，乘客在航行期间受到了善待。

特此证明。

总领事纳西索·维拉德，1871 年 5 月 27 日，于利马。

兹证明：萨尔瓦多三桅船秘鲁号（Peru），船长是巴萨戈伊蒂（A. Basagoite），由澳门出发，于 4 月 28 日到达卡亚俄港，运载 350 名华工，出发时乘船人数为 380 人。根据本使馆调查获得的信息，那些华工在航行期间受到了善待，30 人死于各种固有的疾病。

特此证明。

总领事纳西索·维拉德，1871 年 5 月 31 日，于利马。

——*Boletim Official*，Vol. XVII，N.° 33，13 – 08 – 1871，p. 134.

44. **葡萄牙驻秘鲁总领事证明 3 件**

Certificados do Consul General de Portugal en el Peru

兹证明：俄罗斯三桅船维斯图拉号（Vistula），由澳门出发，于 3 月 12 日到达卡亚俄港，运载 413 名华工，出发时乘船人数为 430 人，17 人死于各种固有的疾病。根据本使馆调查获得的信息，那些华工在航行期间受到了善待。

特此证明。

总领事纳西索·维拉德，1871 年 5 月 23 日，于利马。

兹证明：秘鲁三桅船香港号（Hongkong），由澳门出发，于 4 月 10 日到达卡亚俄港，运载 299 名华工，出发时乘船人数为 313 人，14 人于航行途中死于各种固有的疾病。根据本使馆调查获得的信息，那些华工在航行期间受到了善待。

特此证明。

总领事纳西索·维拉德，1871 年 5 月 24 日，于利马。

兹证明：萨尔瓦多三桅船卡亚俄号（Callao），由澳门出发，于 4 月 7 日到达卡亚俄港，运载 662 名华工，出发时乘船人数为 691 人。根据本使馆调查获得的信息，那些华工在航行期间受到了善待，29 人于航行途中死于各种固有的疾病。

特此证明。

总领事纳西索·维拉德，1871 年 5 月 27 日，于利马。

——*Boletim Official*，Vol. XVII，N.° 36，04 – 09 – 1871，pp. 143 – 144.

45. 葡萄牙驻利马总领事馆第 69 号公文
Officio Nº 69 do Consulado Geral de Portugal em Lima

尊敬的辅政使司先生：

谨以此函告知阁下，阁下 3 月 18 日公文中所附的附件已在本领事馆归档保存，其中言及将几个佣人交给利益人埃利亚斯（Elias）和爱斯潘多索（Espantoso），以便送到他们在该市的家里做家内佣工。

那些佣工是由萨尔瓦多三桅船克洛蒂尔德号（Clotilde）运到这里来的，该船长加尔西亚—加尔西亚已经将他们交给相应的雇主；雇主善待了他们，他们感到满意。

上帝保佑阁下！

总领事纳西索·维拉德，1871 年 7 月 25 日，于利马。

——*Boletim Official*，Vol. XVII，Nº 48，27 - 11 - 1871，p. 191.

46. 葡萄牙驻利马总领事馆第 74 号公文
Officio Nº 74 do Consulado Geral de Portugal em Lima

尊敬的辅政使司先生：

谨以此函回复阁下 4 月 26 日第 36 号公文，阁下随函所附的由船长罗门·莫塔（Romon Mota）签署的使 6 名华童进入胡安·费加力（Juan Figari）家中佣工的责任状副本已在本领事馆存档保存。

这些华人受到了该船长的善待，于 8 月 16 日到达卡亚俄，18 日交给了胡安·费加力，他们的契约由此日开始，本领事馆和费加力分别将有关情况记入了契约原件和契约副本。

请转呈总督阁下。

上帝保佑阁下！

总领事纳西索·维拉德，1871 年 9 月 13 日，于利马。

——*Boletim Official*，Vol. XVII，Nº 48，27 - 11 - 1871，pp. 191 - 192.

47. 葡萄牙驻秘鲁总领事证明5件
Certificados do Consul General de Portugal en el Peru

　　兹证明：葡萄牙三桅船塞西莉亚号（Cecilia），船长是奥古斯托 C. 德·梅士基达（Augusto C. de Mesquita），由澳门出发，于 5 月 31 日到达卡亚俄港，运载 369 名华工，出发时乘船人数为 370 人，1 人于航行途中死于固有的疾病。根据本使馆调查获得的信息，那些华工在航行期间受到了善待。

　　特此证明。

　　总领事纳西索·维拉德，1871 年 6 月 14 日，于利马。

　　兹证明：法国三桅船帕克托勒号（Pactole），载重 391 吨，船长奥利万（J. Olivand），由澳门出发，于 7 月 1 日到达卡亚俄港，运载 233 名华工，出发时乘船人数为 278 人，45 人于航行途中死于各种固有的疾病。根据本使馆调查获得的信息，那些华工在航行期间受到了善待。

　　该船的船员中，有 4 名水手死亡，停靠安杰雷斯（Anjeles）数日。

　　特此证明。

　　总领事纳西索·维拉德，1871 年 8 月 22 日，于利马。

　　兹证明：俄罗斯三桅船内瓦号（Neva），由澳门出发，于 6 月 1 日到达卡亚俄港，运载 715 名华工，出发时乘船人数为 762 人，47 人于航行途中死于各种固有的疾病。根据本使馆调查获得的信息，那些华工在航行期间受到了善待，病人得到了治疗。

　　特此证明。

　　总领事纳西索·维拉德，1871 年 8 月 25 日，于利马。

　　兹证明：萨尔瓦多三桅船克洛蒂尔德号（Clotilde），载重 1 311 吨，船长为 N. 加尔西亚—加尔西亚（N. Garcia y Garcia），由澳门出发，于 6 月 28 日到达卡亚俄港，运载 700 名华工，出发时乘船人数为 780 人，80 人于航行途中死于各种固有的疾病。根据本使馆调查获得的信息，那些华工在航行期间受到了善待，病人得到了治疗。

　　特此证明。

　　总领事纳西索·维拉德，1871 年 7 月 24 日，于利马。

兹证明：秘鲁三桅船弗雷·本多号（Fray Bento），船长为拉门·马莫（Ramon Mota），由澳门出发，于 8 月 16 日到达卡亚俄港，运载 360 名华工，出发时乘船人数为 366 人，6 人于航行途中死于各种固有的疾病。根据本使馆调查获得的信息，那些华工在航行期间受到了善待。病人得到了精心治疗。

特此证明。

总领事纳西索·维拉德，1871 年 9 月 13 日，于利马。

——*Boletim Official*，Vol. XVII，Nº. 48，27 – 11 – 1871，p. 192.

48. 葡萄牙驻秘鲁总领事证明

Certificado do Consul General de Portugal en el Peru

兹证明：萨尔瓦多三桅船若亚敬·里高号（Joaquin Rigau），由澳门出发，于 7 月 13 日到达卡亚俄港，运载 195 名华工，出发时乘船人数为 245 人，50 人于航行途中死于各种固有的疾病。根据本使馆调查获得的信息，那些华工在航行期间受到了善待。

该船曾停经安杰雷斯港（puerto de Anjeles）。

特此证明。

总领事纳西索·维拉德，1871 年 8 月 31 日，于利马。

——*Boletim Official*，Vol. XVII，Nº. 49，04 – 12 – 1871，p. 196.

八、澳门船政厅文件

CAPITANIA DO PORTO

O capitão do porto faz saber aos ca-pitães dos navios, que estiverem surtos, ou se acharem no rio de Macau durante o espaço de tempo, que medeia entre os dias 15 de junho e 15 de outubro, que deverão ter os seus navios com os mastareos e ver-gas de joanetes arriados ao convez, duran-te a sua estada no porto; e recomenda-lhes particular cuidado em conservarem as suas amarrações claras, e os ferros da roça prom-ptos a largar, bem como em tomarem to-das as precauções convenientes para maior segurança dos seus navios, logo que haja indicios de máo tempo.

Capitania do porto de Macau, 10 de ju-nho de 1867.

J. E. Scarnichia,
Capitão do Porto.

Chama-se a attenção dos capitães de navios, para as seguintes disposições do re-gulamento do porto.

1.ª—Logo que os barometros comecem a descer e que esta descida seja acompa-nhada de signaes atmosphericos indicado-res de temporal o sr. capitão do porto man-dará içar no Pontão da policia do mar, e na Fortim de S. Pedro a bandeira conven-cionada—toda branca com um quadro ver-melho no centro—dando o Pontão um tiro de peça.

2.ª—Sendo de noite em lugar da ban-deira serão içados perpendicularmente dois faroes de luz natural. Estes se içarão no mastro do Pontão, firmados tambem com um tiro, e no Fortim no laes da verga dos signaes.

Illmo. sr.

Tenho a honra de levar ao conhecimen-to de v. s.ª para os fins convenientes que hoje passei visita aos navios *Prato Longo* e *Catalnña* para ver se entre os colonos desses navios havia algum anpuamita; porem ne-nhum foi encontrado pelo interprete anna-mita que levei em minha companhia, e que me foi dado pelo sr. juiz de direito. No primeiro navio examinei tambem se havia a bordo algumas creanças chinas, tanto do sexo masculino como do feminino, e ne-nhuma encontrei; o consul peruano que é dono do dito navio promptificou-se a fir-mar qualquer declaração sobre este obje-cto, se o exmo. sr. governador assim o exigisse. Do *Catalnña*, que se destina pa-ra Havana, forão examinados os colonos; desembarcando cinco, um doente e os qua-tro restantes por virtude de reclamação de parentes. Este navio pertende des-pachar com o numero de 487 colonos e o *Prato Longo*, que tem medico europeu a bordo, despacha com 403 colonos.

Deus guarde a v. s.ª Capitania do por-to de Macau, 9 de junho de 1867. Illmo. sr. Gregorio José Ribeiro, secretario do governo.

J. E. Scarnichia,
Capitão do porto.

Repartição de Estatistica de Macau.—N.º 89.

Illmo. e Exmo. Sr.

Tenho a honra de participar a V. Ex.ª que n'esta repartição se acha tudo dispos-to para encetar a distribuição das listas aos fogos chinezes, a fim de darem conta do numero de pessoas de que se compõe cada um delles, com designação dos maiores e menores de doze annos, seus sexos, natu-ralidades e occupações; e bem assim para a distribuição de outras listas aos fogos portuguezes e diversos estrangeiros resi-dentes nesta cidade, a fim de darem tam-bem eguaes esclarecimentos a respeito dos criados chinezes que se acham servindo os mesmos fogos, e que pernoitam em casa destes.

Para poder chegar a esta consecução, além de ter feito o registo de todos os fo-gos chinezes e dos portuguezes, de que já tive a honra de dar conta a V. Ex.ª nos meus officios n.º 59 de 3 de maio do cor-rente anno e n.º 68 de 22 do mesmo mez e anno,—fiz tambem um outro registo dos differentes estrangeiros residentes em Ma-cau. Tomei para base deste registo as informações officiaes que solicitei dos con-sulados das nações que teem subditos nes-tas paragens. Constando-me, porém, que para o complemento de algumas das rela-ções que recebi dos consules faltavam ain-da varios nomes, diligenciei obtel-os por informações particulares; e com effeito pude apurar mais sete subditos britanni-cos, sete hespanhoes, um italiano, um fran-cez, um americano e um chileno. Assim, dó registo que hei feito dos fogos dos di-versos estrangeiros residentes nesta cida-de, consta o seguinte:

Fogos inglezes	17
" hespanhoes	29
" italianos	3
" francezes	4
" peruanos	4
" americanos	3
" hollandezes	1
" prussianos	3
" chilenos	1
Somma	**65**

As listas, que hão de ser distribuidas, tanto aos fogos chinezes, como aos portu-guezes e estrangeiros, já se acham todas impressas. O numero de individuos, que as hão de distribuir, tambem já está apu-rado. São vinte e quatro portuguezes, e vinte e quatro chins dos que sabem ler e es-crever. Tres dos portuguezes vão ser en-carregados de distribuir as listas aos por-tuguezes e estrangeiros, nas tres fregue-zias da cidade, e os outros vinte e quatro, cada um acompanhado de um dos vinte e quatro chins, estão destinados para fazer a distribuição das listas aos fogos chine-zes, como se segue:

Seis distribuidores na cidade Christã, outros seis no Bazar, quatro em Patane, outros quatro em Mong-h'a, dois em S. Lazaro, e dois restantes, na serra da Penha, no sitio denominado Tanque Mai-nato e na povoação da Barra.

Nesta divisão, tive em vista regular os trabalhos de maneira tal, que não ficassem uns distribuidores muito mais sobrecarre-gados de que outros. No entanto, antes de pôr em pratica o plano desses traba-lhos, tenho a honra de o submetter á illustrada apreciação de V. Ex.ª

A necessidade, que ha, de ir cada um dos distribuidores das listas chinezas acom-panhado de um chim que saiba ler e escre-ver a sua lingua,—bem se patenteia, at-tendendo-se a que uma grande parte das familias chinezas, principalmente as que pertencem ás classes indigentes, não sabem ler. Casos destes, que são muitos, haviam necessariamente alongar um trabalho, que, como V. Ex.ª muito bem sabe, deve ser levado em um espaço de tempo o mais cur-to possivel. Para obviar, pois, a este in-conveniente, o chim que acompanha o dis-tribuidor, vae encarregado de tomar os precisos esclarecimentos de toda e qual-quer familia, que, pelo precitado motivo ou por qualquer outra cousa, não podér ou hesitar em os escrever na lista que lhe for distribuida.

Tenho tambem á honra de dizer a V. Ex.ª que o dia que tenho destinado para começar a alludida distribuição, é o d[...] do presente mez; e, calculando dou[...] para a distribuição, e outros tantos [...] colher as listas, refiro o recenseamen[...] população chineza ao dia 14 do cor[...] sendo por conseguinte referidos tamb[...] este dia os mappas (que já requisita[...] cialmente) dos chins empregados e [...] pernoitam nos quarteis dos corpos, n[...] tabelecimentos publicos, nas egrejas, [...] pitaes, etc., bem como dos colonos q[...] se acharem nos estabelecim[...] de emigração chineza.

Deus guarde a V. Ex.ª—Repartiç[...] Estatistica de Macau, 7 de junho de [...] —Illmo. e Exmo. Sr. José Maria de [...] te e Horta, Governador da Provinc[...] Macau e Timor.

Manuel de Castro Sampa[...]
Chefe da repartição.

PARTE NÃO OFFICIAl

MACAU, 10 DE JUNHO DE 1867

A MALA ingleza de 26 de a[...] chegou a Hongkong, no *Emet[...]* dia 4 do corrente mez. De[...] de foi a nossa corresponde[...] recebida em Macau. As [...] cias do reino alcançam a 18[...] abril. Toda a real familia [...] tugueza ficava de perfeita sa[...] Dizia-se que a projectada via[...] de El-Rei o sr. D. Luiz I e de [...] augusta consorte se realisari[...] dia 25, ficando El-Rei D. Fer[...] do com a regencia do reino.

O *China Express* de 26 [...] março confirma a partida dos [...] gustos viajantes de Lisboa [...] Madrid, devendo deixar a ca[...] da Hespanha para Pariz, no [...] 29.

O projecto da reforma ad[...] nistrativa fôra approvado na [...] neralidade, e já em parte na [...] pecialidade, na camara elect[...] por grande maioria. O proj[...] do imposto de viação foi ap[...] vado na camara dos pares. [...] camaras foram prorogadas [...] 15 de maio, e suppõe-se qu[...] seriam até mais tarde.

Alguns tumultos tinham [...] recido no Porto, os quaes fo[...] suffocados sem difficuldade, [...] dendo dizer-se que reinava s[...] go em todo o paiz.

Ficava bastante doente o [...] presidente do conselho de mi[...] tros, Joaquim Antonio de Ag[...]

Descobriu-se uma grande [...] ção de notas falsas do Banc[...] Portugal; os directores toma[...] logo as devidas providencias, [...] do sido preso um photograph[...] qual se attribue cumplicidade [...] quelle crime.

—Os telegrammas que al[...] çam a 14 de maio dão espera[...] de não ser alterada a paz euro[...] A questão politica importa[...] parece ter sido decidida am[...]

图 8　船政厅 1867 年 6 月 9 日致辅政司署函（《澳门宪报》1867 年 6 月 10 日）

　　澳葡当局在实现取代中国海关对澳门港口管理之过程中，自设了澳门船政厅（Capitania do Porto de Macau），直接对澳门港口进行管理，其头目称为船政官（Capitão do Porto）。① 按照船政厅的管理制度，对载运华工出港的船只加以检查放行，就是船政官的应尽职责。除了前文第二部分列表中提及的签发离港证书外，本部分收录的文献主要是船政官给辅政司署的回复，内容主要是向他汇报对载运华工从澳门港开出的船只登船检查的结果。具体的检查事项则包括：所载华工是否出于自愿、是否签署了契约，华工中有无未成年人，起运和到港人数的变动，船只的通风设备是否符合章则所要求的标准等，并且要对船只是否具备运输核载人数的必备条件做出评判结果。船政官的文件与领事馆的文件相互对照，有助于了解华工出洋的完整过程。

01. 澳门船政官致澳门辅政使司函

Officio da Capitania do Porto ao Secretario do Governo de Macau

澳门辅政使司阁下：

　　我荣幸地向阁下通报，我今天巡查了普拉托·朗格号（Prato Longo）和卡塔卢尼亚号（Cataluña）两艘船，以便调查它们运载的劳工中是否有安南人（Annamita），但是，那个安南翻译未能找到一个安南人。他是经按察使司允许被我带上去的。在第一艘船，我还查问了船上是否有未成年华人，不论男性还是女性，也没有发现任何儿童。该艘船的船主秘鲁领事表示，只要总督阁下提出要求，他愿意随时就该问题的任何说明加以确认。第二艘船的目的地是哈瓦那。我考察了船上的劳工，5名下了船，其中一人患病，其余4人是父母要求的。这艘船核准起运的人数为487人，普拉托·朗格号上有一名欧洲医生，载有华工403人。

　　上帝保佑阁下！

　　船政官斯卡尔尼西亚（J. E. Scarnichia），1867年6月9日，于澳门船政厅。

　　　　　　——*Boletim Official*, Vol. XIII, Nº. 23, 10 – 06 – 1867, p. 132.

---

① 参见张廷茂：《晚清澳门海上贸易研究》，北京：社会科学文献出版社；澳门：澳门特区政府文化局，2015年，第185–186页。

02. 澳门船政官致澳门辅政使司函

Officio da Capitania do Porto ao Secretario do Governo de Macau

尊敬的辅政使司阁下：

谨以此函通知阁下我登船检查秘鲁三桅圆帆船堂·胡安号（D. Juan）的情况。该船由澳门港起航，运载华工前来卡亚俄港口。他们全部自愿出洋，签署了自己的契约。该船离港时核载人数 655 人，医生和翻译也登记在册。

上帝保佑阁下！

澳门船政官 J. E. 斯卡尔尼西亚（J. E. Scarnichia），1871 年 5 月 4 日，于澳门船政厅。

——*Boletim Official*, Vol. XVII, N.º 19, 08 - 05 - 1871, p. 76.

03. 澳门船政官致澳门辅政使司恩里克·德·卡斯特罗函 2 件

Officios da Capitania do Porto ao Secretario do Governo de Macau

尊敬的辅政使司先生：

按照总督阁下的命令，谨以此函通报阁下并请转呈总督阁下，秘鲁三桅圆帆船罗萨莉亚号（Rosalia）入泊本澳拉达口，准备运载华工前往秘鲁卡亚俄港。其通风设备有：

1. 在船篷上有 3 个舱口，分布于从船头至船尾的不同位置，每个长 6.59 米、宽 5.56 米；

2. 在上甲板的各边有 4 个出口，总长 11.20 米、各宽 0.22 米；

3. 不同位置有 9 个直径 0.18 米的金属风扇和 3 个帆布风扇，还有一个通风泵；

4. 有 4 个固定的泵和一个防火的流动泵。

我认为，这艘船具备了章程所规定的运载 456 名华工的基本条件。

请总督阁下定夺。

船政官斯卡尔尼西亚，1871 年 6 月 17 日，于澳门船政厅。

尊敬的辅政使司先生：

谨以此函向阁下汇报对秘鲁三桅圆帆船路易莎·卡内瓦罗号检查的结果。该船运载华工由本港出发前往卡亚俄；船上的华工都是自愿出洋，且全部签署了各自的契约；其申请核载人数为 733 人。

36 号、239 号、370 号、702 号和 579 号华工说非自愿出洋，下了船；597 号和 668 号华工因无效而下了船；578 号华工跳海，消失了。

该船长声明，船上面没有运载嫌疑海盗，也没有运载非自愿出洋的华工。

下船的华工都已经送还给了华工出洋监理官。

船政官斯卡尔尼西亚，1871 年 6 月 19 日，于澳门船政厅。

——*Boletim Official*, Vol. XVII, N⁰. 25, 19 – 06 – 1871, p. 100.

04. 澳门船政官致澳门辅政使司恩里克·德·卡斯特罗函
Officio da Capitania do Porto ao Secretario do Governo de Macau

尊敬的辅政使司先生：

按照总督阁下的命令，谨以此函通报阁下并请转呈总督阁下，秘鲁三桅船萨拉号（Sara）入泊本澳拉达口，准备运载华工前往秘鲁卡亚俄港。其通风设备有：

1. 在船篷上有 4 个舱口，分布于从船头至船尾的不同位置，每个长 6.85 米、宽 6.06 米；

2. 在上甲板的各边有 2 个出口，总长 5.42 米、各宽 0.31 米；

3. 不同位置有 6 个直径 0.25 米的金属风扇和 3 个帆布风扇，还有一个通风泵；

4. 在每个船舷的舷侧有 4 个窗口。

我认为，这艘船具备了章程所规定的运载 344 名华工的基本条件。

请总督阁下定夺。

船政官斯卡尔尼西亚，1871 年 6 月 22 日，于澳门船政厅。

——*Boletim Official*, Vol. XVII, N⁰. 26, 26 – 06 – 1871, p. 106.

05. 澳门船政官致澳门辅政使司恩里克·德·卡斯特罗函

Officio da Capitania do Porto ao Secretario do Governo de Macau

尊敬的辅政使司先生：

按照总督阁下的命令，谨以此函向阁下通报对秘鲁三桅圆帆船澳门号检查的结果，并请转呈总督阁下。该船运载华工由本港出发前往卡亚俄，其通风设备如下：

1. 在从船头至船尾的不同位置有 3 个舱口，每个长 5.33 米、宽 3.93 米；
2. 每个船舷的上甲板有 4 个出口，各长 3.73 米、宽 0.15 米；
3. 每个船舷的舷侧有 7 个通风口，在舱口有通风泵和帆布风扇。

我认为，这艘船具备了章程所规定的运载 436 名华工的基本条件。

船政官斯卡尔尼西亚，1871 年 7 月 18 日，于澳门船政厅。

——*Boletim Official*，Vol. XVII，N°. 30，24 − 07 − 1871，pp. 121 − 122.

06. 澳门船政官致澳门辅政使司恩里克·德·卡斯特罗函 2 件

Officios da Capitania do Porto ao Secretario do Governo de Macau

尊敬的辅政使司先生：

谨以此函通报阁下，并请转呈总督阁下，法国三桅船静默号（Silence），自本港前往哈瓦那，拥有如下通风设备：

1. 有 4 个舱口，分置在从船头至船尾的不同位置，每个长 6.90 米、宽 6.13 米；
2. 每个船舷的上甲板有 3 个出口，各长 2.79 米、宽 0.18 米；
3. 有 3 个金属风扇，直径 0.36 米，还有通风泵等。

我认为，这艘船具备了章程所规定的运载 207 名华工前往哈瓦那的基本条件。

上帝保佑阁下！

船政官斯卡尔尼西亚，1871 年 10 月 6 日，于澳门船政厅。

尊敬的辅政使司先生：

谨以此函通报阁下，昨天下午，432 名华工由秘鲁三桅船卡米洛·卡武尔号转入法国三桅船米勒—特内号，前者因为失去了一根桅杆，不得不返回本港，由后者载运华工前往卡亚俄。所有华工均表示满意，无人对出洋提出异议。

该船长声明船上没有载运海盗，也没有载运不愿出洋者。医生和翻译均持有护照。

上帝保佑阁下！

船政官斯卡尔尼西亚，1871 年 10 月 7 日，于澳门船政厅。

——*Boletim Official*，Vol. XVII，Nº. 41，09 – 10 – 1871，pp. 164 – 165.

07. 澳门船政官致澳门辅政使司恩里克·德·卡斯特罗函 3 件

Officios da Capitania do Porto ao Secretario do Governo de Macau

尊敬的辅政使司先生：

谨以此函向阁下报告，已对法国三桅船勒内号（René）进行了最后一次检查。该船运载华工由本港开往哈瓦那，他们都签署了契约，自愿前往。该船要求核载的人数为 274 人。

该船船长声明，其船上没有运载海盗，也没有运载非自愿出洋的华工。医生和翻译都已经登记在册。

上帝保佑阁下！

澳门船政官斯卡尔尼西亚，1871 年 10 月 10 日，于澳门船政厅。

尊敬的辅政使司先生：

谨以此函向阁下报告，已对俄罗斯三桅圆帆船那不勒斯号（Naples）进行了最后一次检查。该船运载华工由本港开往哈瓦那，他们都系自愿前往，并签署了契约。该船要求核载的人数为 511 人。

该船船长声明，其船上没有运载海盗，也没有运载非自愿出洋的华工。医生和翻译都已经登记在册。

上帝保佑阁下！

澳门船政官斯卡尔尼西亚，1871 年 10 月 10 日，于澳门船政厅。

尊敬的辅政使司先生：

谨以此函向阁下报告，已对秘鲁三桅圆帆船香港号（Hongkong）进行了最后一次检查。该船运载华工由本港开往卡亚俄。其中 179 人是从秘鲁三桅圆帆船卡米洛·卡武尔号转过来的，该船由于失去了一根桅杆而不得不返回本澳港口。

华工们都已签署了契约，系自愿前往。

该船船长声明，其船上没有运载海盗，也没有运载非自愿出洋的华工。医生和翻译都已经登记在册。

上帝保佑阁下！

澳门船政官斯卡尔尼西亚，1871 年 10 月 12 日，于澳门船政厅。

——*Boletim Official*, Vol. XVII, Nº. 42, 16 – 10 – 1871, p. 170.

08. 澳门船政官致澳门辅政使司恩里克·德·卡斯特罗函 2 件

Officios da Capitania do Porto ao Secretario do Governo de Macau

尊敬的辅政使司先生：

谨以此函向阁下通报对秘鲁三桅圆帆船天命号检查的结果。该船由该港出发，运载华工前往卡亚俄，华工均已签署了契约，系自愿出洋。该船申请核载的人数为 416 人。

该船船长宣布，船上没有运载海盗，也未运载非自愿出洋的华工。医生和翻译也已经注册。

上帝保佑阁下！

船政官斯卡尔尼西亚，1871 年 10 月 15 日，于澳门船政厅。

尊敬的辅政使司先生：

阁下曾于本月 10 日给我公文，要求我对载运华工由本澳前往哈瓦那的法国船静默号（Silence）再次进行丈量，因为其船长增扩了华工的住宿空间。现以此函回复阁下，并请转呈总督阁下。我已对船长准备的用于载运增加人数的住宿空间进行了丈量，可以增加 10 人，加上本人在本月 6 日公文中提到的 207 人，核载总人数为 217 人。

上帝保佑阁下！

船政官斯卡尔尼西亚，1871 年 10 月 20 日，于澳门船政厅。

——*Boletim Official*，Vol. XVII，N.º 43，23 – 10 – 1871，p. 172.

09. 澳门船政官致澳门辅政使司恩里克·德·卡斯特罗函 4 件

Officios da Capitania do Porto ao Secretario do Governo de Macau

尊敬的辅政使司先生：

遵照总督阁下的命令，谨以此函向阁下报告，并请转呈总督阁下，葡萄牙三桅圆帆船堂·玛利亚·皮亚号的通风设备如下：

1. 有 4 个舱口，分置在从船头至船尾的不同位置，每个长 5.37 米、宽 4.84 米；

2. 每个船舷的上甲板有 4 个出口，各长 5.94 米、宽 0.20 米；

3. 每个船舷边上有 4 个窗口，另有通风泵和防火泵。

我认为，除了将 43 名分遣队的黑人士兵（praças de pret do contingente）运往里斯本外，该船具备了章程所规定的运载 329 名华工前往哈瓦那的基本条件。

船上没有欧洲医生。

一切由总督阁下定夺。

上帝保佑阁下！

船政官斯卡尔尼西亚，1871 年 10 月 24 日，于澳门船政厅。

尊敬的澳门辅政使司先生：

我荣幸地向阁下通报，已经完成了对西班牙三桅圆帆船孔塞普西翁号（Concepcion）的最后一次检查。该船将运载华工由本港前往哈瓦那，他们都签署了契约，系自愿前往。该船申请核载的总人数为 495 人。

该船船长声明，船上没有搭载可疑海盗，也没有非自愿出洋的华工。

医生和法医已经注册。

上帝保佑阁下！

船政官斯卡尔尼西亚，1871 年 10 月 26 日，于澳门船政厅。

尊敬的辅政使司先生：

我荣幸地向阁下通报，已经完成了对法国三桅船宇宙号（Univers）的最后一次检查。该船将运载华工由本港前往哈瓦那，他们都系自愿前往，且已签署了契约。该船申请核载的总人数为 291 人。

该船船长声明，船上没有搭载海盗，也没非自愿出洋的华工。

医生和法医已经注册。

上帝保佑阁下！

船政官斯卡尔尼西亚，1871 年 10 月 26 日，于澳门船政厅。

尊敬的辅政使司先生：

遵照总督阁下的命令，谨以此函向阁下报告，秘鲁三桅圆帆船卡亚俄号（Callao），将载运华工由本港前往卡亚俄，其通风设备如下：

1. 有 3 个舱口，分置在从船头至船尾的不同位置，每个长 5.83 米、宽 5.61 米；

2. 每个船舷的上甲板有 2 个出口，总长 15.08 米、各宽 0.35 米；

3. 船舷每个边上有 12 个窗口，在船尾有 2 个直径 0.17 米的风扇，另有通风泵等。

我认为，该船具备了章程所规定的运载 695 名华工的基本条件。

一切由总督阁下定夺。

上帝保佑阁下！

船政官斯卡尔尼西亚，1871 年 10 月 28 日，于澳门船政厅。

——*Boletim Official*, Vol. XVII, Nº 44, 31 - 10 - 1871, pp. 176 - 177.

10. 澳门船政官致澳门辅政使司恩里克·德·卡斯特罗函 3 件

Officios da Capitania do Porto ao Secretario do Governo de Macau

尊敬的辅政使司先生：

　　我荣幸地向阁下通报，已经完成了对法国三桅船静默号（Silence）的最后一次检查。该船将运载华工由本港前往哈瓦那，他们都系自愿前往，且已签署了契约。该船申请核载的总人数为217人。

　　该船船长声明，船上没有搭载海盗，也没有非自愿出洋的华工。

　　医生和法医已经注册。

　　上帝保佑阁下！

　　船政官斯卡尔尼西亚，1871 年 10 月 30 日，于澳门船政厅。

尊敬的辅政使司先生：

　　遵照总督阁下的命令，谨以此函向阁下报告并请转呈总督阁下，法国三桅船朱尔·迪福尔号（Jules Dufaure），将载运华工由本港前往哈瓦那，其通风设备如下：

　　1. 有 3 个舱口，分置在从船头至船尾的不同位置，每个长 4.80 米、宽 4.69 米；

　　2. 每个船舷的上甲板有 2 个出口，各长 3.76 米、宽 0.23 米；

　　3. 有一个通风泵，3 个直径 0.17 米的金属风扇，分置在船的不同位置，另有一个帆布风扇。

　　我认为，该船具备了章程所规定的运载 311 名华工的基本条件。

　　一切由总督阁下定夺。

　　上帝保佑阁下！

　　船政官斯卡尔尼西亚，1871 年 11 月 4 日，于澳门船政厅。

尊敬的辅政使司先生：

　　我荣幸地向阁下通报，已经完成了对秘鲁三桅圆帆船秘鲁号（Peru）的最后一次检查。该船将运载华工由本港前往卡亚俄，他们都已签署了契约，系自愿前往。该船申请核载的总人数为 400 人。

该船船长声明，船上没有搭载海盗，也没有非自愿出洋的华工。

医生和法医已经注册。

上帝保佑阁下！

船政官斯卡尔尼西亚，1871 年 11 月 5 日，于澳门船政厅。

——*Boletim Official*，Vol. XVII，N⁰. 45，06 – 11 – 1871，pp. 180 – 181.

11. 澳门船政官致澳门辅政使司恩里克·德·卡斯特罗函

Officio da Capitania do Porto ao Secretario do Governo de Macau

尊敬的辅政使司先生：

我荣幸地向阁下通报，已经完成了对葡萄牙三桅圆帆船堂·玛利亚·皮亚号（D. Maria Pia）的最后一次检查。该船将运载华工由本港前往哈瓦那，他们都已签署了契约，系自愿前往。该船申请核载的总人数为 329 人。

该船船长声明，船上没有搭载海盗，也没有非自愿出洋的华工。

医生和法医已经注册。

上帝保佑阁下！

船政官斯卡尔尼西亚，1871 年 11 月 9 日，于澳门船政厅。

——*Boletim Official*，Vol. XVII，N⁰. 46，13 – 11 – 1871，p. 184.

12. 澳门船政官致澳门辅政使司恩里克·德·卡斯特罗函 4 件

Officios da Capitania do Porto ao Secretario do Governo de Macau

尊敬的辅政使司先生：

遵照总督阁下的命令，谨以此函向阁下报告并请转呈总督阁下，法国三桅船帕皮永号（Papillon），将载运华工由本港前往哈瓦那，其通风设备如下：

1. 有 4 个舱口，分置在从船头至船尾的不同位置，每个长 6.80 米、宽 6.08 米；

2. 每个船舷的上甲板有 3 个出口，总长 6.20 米、各宽 0.20 米；

3. 有一个通风泵，2 个直径 0.29 米的金属风扇，一个帆布风扇。

我认为，该船具备了章程所规定的运载 345 名华工前往哈瓦那的基本条件。

一切由总督阁下定夺。

上帝保佑阁下！

船政官斯卡尔尼西亚，1871 年 11 月 20 日，于澳门船政厅。

尊敬的辅政使司先生：

遵照总督阁下的命令，谨以此函向阁下报告并请转呈总督阁下，法国三桅船兰加号（Linga），将载运华工由本港前往哈瓦那，其通风设备如下：

1. 有 4 个舱口，分置在从船头至船尾的不同位置，每个长 7.53 米、宽 6.49 米；

2. 在船舷的上甲板有 4 个出口，长 8.92 米、宽 0.18 米；

3. 有一个通风泵，2 个金属风扇，一个帆布风扇。

我认为，该船具备了章程所规定的运载 253 名华工的基本条件。

一切由总督阁下定夺。

上帝保佑阁下！

船政官斯卡尔尼西亚，1871 年 11 月 20 日，于澳门船政厅。

尊敬的辅政使司先生：

我荣幸地向阁下通报，已经完成了对法国三桅船朱尔·迪福尔号（Jules Dufaure）的最后一次检查。该船将运载华工由本港前往哈瓦那，他们都已签署了契约，系自愿前往。该船申请核载的总人数为 311 人。

该船船长声明，船上没有搭载海盗，也没有非自愿出洋的华工。

医生和法医已经注册。

上帝保佑阁下！

船政官斯卡尔尼西亚，1871 年 11 月 23 日，于澳门船政厅。

尊敬的辅政使司先生：

谨以此函向阁下报告并请转呈总督阁下，秘鲁三桅圆帆船劳拉号（Lola），将载运华工由本港前往卡亚俄，其通风设备如下：

1. 有 5 个舱口，分置在从船头至船尾的不同位置，每个长 6.15 米、宽 5.33 米；

2. 在船舷的上甲板有 6 个出口，总长 11.96 米、各宽 0.19 米；

3. 有一个通风泵，舷侧有 16 个窗口，4 个直径 0.25 米的金属风扇。

我认为，该船具备了章程所规定的运载 590 名华工的基本条件。

一切由总督阁下定夺。

上帝保佑阁下！

船政官斯卡尔尼西亚，1871 年 11 月 24 日，于澳门船政厅。

——*Boletim Official*, Vol. XVII, N.º 48, 27 – 11 – 1871, p. 191.

13. 澳门船政官致澳门辅政使司恩里克·德·卡斯特罗函

Officio da Capitania do Porto ao Secretario do Governo de Macau

尊敬的辅政使司先生：

我荣幸地向阁下通报，已经完成了对秘鲁三桅船卡亚俄号（Callao）的最后一次检查。该船将运载华工由本港前往卡亚俄，他们都已签署了契约，系自愿前往。该船申请核载的总人数为 623 人。

该船船长声明，船上没有搭载海盗，也没有非自愿出洋的华工。

医生和法医已经注册。

上帝保佑阁下！

船政官斯卡尔尼西亚，1871 年 11 月 27 日，于澳门船政厅。

——*Boletim Official*, Vol. XVII, N.º 49, 04 – 12 – 1871, p. 195.

14. 澳门船政官致澳门辅政使司恩里克·德·卡斯特罗函

Officio da Capitania do Porto ao Secretario do Governo de Macau

尊敬的辅政使司先生：

我荣幸地向阁下通报，已经完成了对法国三桅船兰加号（Linga）的最后一次检查。该船将运载华工由本港前往哈瓦那，他们都已签署了契约，系自愿前往。该船申请核载的总人数为 253 人。

该船船长声明，船上没有搭载海盗，也没有非自愿出洋的华工。

医生和法医已经注册。

上帝保佑阁下！

船政官斯卡尔尼西亚，1871 年 12 月 15 日，于澳门船政厅。

——Boletim Official，Vol. XVII，N.º 51，18 − 12 − 1871，p. 205.

15. 澳门船政官致澳门辅政使司恩里克·德·卡斯特罗函 2 件

Officios da Capitania do Porto ao Secretario do Governo de Macau

尊敬的辅政使司先生：

谨以此函向阁下报告并请转呈总督阁下，秘鲁三桅圆帆船弗雷·本多号 (Fray Bento)，将载运华工由本港前往卡亚俄，其通风设备如下：

1. 有 5 个舱口，分置在从船头至船尾的不同位置，每个长 6. 28 米、宽 5. 93 米；

2. 在船舷的上甲板有 2 个出口，总长 8. 80 米、各宽 0. 16 米；

3. 有一个通风泵，舷侧有 4 个窗口，2 个直径 0. 20 米的金属风扇。

我认为，该船具备了章程所规定的运载 366 名华工的基本条件。

一切由总督阁下定夺。

上帝保佑阁下！

船政官斯卡尔尼西亚，1871 年 12 月 19 日，于澳门船政厅。

尊敬的辅政使司先生：

我荣幸地向阁下通报，已经完成了对秘鲁三桅圆帆船劳拉号（Lola）的最后一次检查。该船将运载华工由本港前往卡亚俄，他们都系自愿前往，且已签署了契约。该船申请核载的总人数为 590 人。

该船船长声明，船上没有搭载海盗，也没有非自愿出洋的华工。

医生和法医已经注册。

上帝保佑阁下！

船政官斯卡尔尼西亚，1871 年 12 月 21 日，于澳门船政厅。

——Boletim Official，Vol. XVII，N.º 52，25 − 12 − 1871，p. 209.

16. 澳门船政官致澳门辅政使司恩里克·德·卡斯特罗函 2 件

Officios da Capitania do Porto ao Secretario do Governo de Macau

尊敬的辅政使司先生：

我荣幸地向阁下通报，已经完成了对西班牙三桅圆帆船中国号（China）的最后一次检查。该船将运载华工由本港前往哈瓦那，他们都系自愿前往，且已签署了契约。该船申请核载的总人数为 762 人。

该船船长声明，船上没有搭载海盗，也没有非自愿出洋的华工。

医生和法医已经注册。

上帝保佑阁下！

船政官 J. E. 斯卡尔尼西亚，1871 年 12 月 30 日，于澳门船政厅。

尊敬的辅政使司先生：

谨以此函向阁下报告并请转呈总督阁下，葡萄牙三桅船塞西莉亚号（Cecilia），将载运华工由本港前往卡亚俄，其通风设备如下：

1. 有 3 个舱口，分置在从船头至船尾的不同位置，每个长 5.33 米、宽 4.75 米；

2. 在船舷的上甲板有 2 个出口，总长 8.80 米、各宽 0.18 米；

3. 有一个通风泵，舷侧有 3 个窗口，6 个直径 0.25 米的金属风扇。

我认为，该船具备了章程所规定的运载 370 名华工的基本条件。

一切由总督阁下定夺。

上帝保佑阁下！

船政官 J. E. 斯卡尔尼西亚，1871 年 12 月 30 日，于澳门船政厅。

——*Boletim Official*，Vol. XVIII，N.º 1，01 – 01 – 1872，p. 2.

参考文献

一、史料

陈翰笙主编:《华工出国史料汇编》(10 辑),北京:中华书局,1981 年。

中国第一历史档案馆等编:《明清时期澳门问题档案文献汇编》(3-6 册),北京:人民出版社,1999 年。

中国第一历史档案馆编:《清宫粤港澳商贸档案全集》(12 册),北京:中国书店,2003 年。

中国第一历史档案馆编:《明清宫藏中西商贸档案》,北京:中国档案出版社,2010 年。

Pereira, A. Marques, *Relatorio da Emigração Chineza e do Porto de Macau Dirigido a S. Ex.ª o Governador Geral de Macau Isidoro Francisco Guimarães*, Macau: Typographia de José da Silva, 1861.

Sampaio, Manuel de Castro, *Relatorios da Repartição de Estatistica de Macau acerca da População Chineza da Mesma Colonia*, Macau: Typographia de José da Silva, 1868.

Ministro e Secretario D'estado dos Negócios da Marinha e Ultramar, *Relatorio e Documentos sobre a Abolição da Emigração de Chinas Contratados em Macau Apresentado às Côrtes Sessão Legislativo de 1874 pelo Ministro e Secretario D'estado dos Negócios da Marinha e Ultramar*, Lisboa: Imprensa Nacional, 1874.

二、著作

吴凤斌:《契约华工史》,福州:福建人民出版社,1989 年。

颜清湟著,粟明鲜、贺跃夫译:《出国华工与清朝官员》,北京:中国友谊出版社,1990 年。

张廷茂:《晚清澳门海上贸易研究》,北京:社会科学文献出版社;澳门:澳门特区政府文化局,2015 年。

张廷茂编译:《澳门历史文献辑译》(第一辑),广州:暨南大学出版社,2016 年。

Duarte, Mário, *Eça de Queiroz, Consul, al Servicio de la Patria y de la*

Humanidad, Editorial Nascimento, Santiago, Chile, 1959.

Moura, Carlos Francisco, *Colonos Chineses no Brasil no Reinado de D. João VI*, Macau：Imprensa Nacional, 1973.

Queiroz, Eça de, J. M., *A Emigração como Força Civilizadora*, Prefácio de Raúl Rego. Ed., Lisboa：Perspectivas e Realidades / Secretaria de Estado da Cultura, 1979.

Silva, Beatriz Basto da, *Emigração de Cules – Dossier Macau 1851 –1894*, Macau：Fundação Oriente, 1994.

Silva, Beatriz Basto da, *Cronologia da História de Macau*, Vol. 3, Século XIX, Macau：Direcção dos Serviços de Educação e Juvetude, 1995.

Stewart, Walt, *Chinese Bondage in Peru（A History of the Chinese Coolie in Peru）*, Durham, 1951.

Teixeira, Pe. Manuel, *O Comércio de Escravos em Macau（So Called Portuguese Slave Trade in Macao）*, Macau：Imprensa Nacional de Macau, 1976.

三、论文

陈泽宪：《十九世纪盛行的契约华工制》，《历史研究》1963 年第 2 期。

彭家礼：《十九世纪开发西方殖民地的华工》，《世界历史》1980 年第 1 期。

李家驹：《清政府对华工出洋的态度与政策》，《近代史研究》1989 年第 6 期。

安德拉·科尔沃：《苦力移民》，《文化杂志》（中文版）第 7 – 8 期，1989 年。

若昂·格德斯：《埃萨·科尔沃与澳门的苦力贩运》，《文化杂志》（中文版）第 7 – 8 期，1989 年。

李家驹：《同治年间清政府对华工出洋的态度与政策》，《近代史研究》1992 年第 3 期。

徐艺圃：《清末澳门猪仔馆述评》，《文化杂志》（中文版）第 19 期，1994 年。

康大寿：《近代澳门的苦力贸易》，《史学月刊》1998 年第 4 期。

沈毅：《也谈猪仔贩运与苦力贸易异同问题》，《东南亚研究》1998 年第 4 期。

王珊珊：《近代澳门与苦力贸易》，郑州大学硕士学位论文，2006 年。

莫世祥：《港澳苦力贸易与英葡之争》，《广东社会科学》2016 年第 2 期。

Gudes, João, "Macau, Eça, Corvo e o Tráfico de Cules", in *Revista de Cultura*, Edição em Português, Número 7 e 8, Macau: Instituto Cultural de Macau, pp. 41 – 48.

McCarthy, S. J. Fr. Charles. J. , "Coolie Chines in Peru 100 Years Ago", in *Boletim de Instituto Luis Camões*, Vol. X, N.ºs 1 e 2, Macau, 1976, pp. 90 – 93.

Pires, S. J. Pe. B. Videira, "A Emigração da China", *in Religião e Pátria*, Vol. XXXVIII, N.º 6, pp. 20 – 24; N.º 7, pp. 5 – 7. Macau, 1952.